트립 투 이탈리아 2

일러두기

- 영화 제목은 국내에서 통용되는 관례를 따르는 것을 원칙으로 했다.
- 외국의 인명, 지명 표기는 일반적인 관례를 따랐다.
- 이탈리아어 표기도 관례를 따르는 것을 원칙으로 했다.

트립 투 이탈리아 2

숨어 있는 도시와 영화

한창호 지음

볼피

은영, 승재와 승은에게

차례

머리글 · 13

2부, 이탈리아 중부

머리글

서구의 이방인

"원래는 어디 출신인지 물어도 될까요?"(로버트)

"네, 괜찮아요. 저는 이탈리아에서 태어났어요."(프란체스카)

"음, 이탈리아 어디입니까?" "이탈리아 남동쪽의 작은 마을입니다. 바리(Bari)라고 합니다."

"나는 바리를 알아요." "그럴 리가?"

"기차를 타고 그곳을 지나치다, 마을이 너무 예뻐서 내렸습니다. 그리고 며칠 머물렀습니다."

—클린트 이스트우드, 〈매디슨 카운티의 다리〉, 1995

사진작가 로버트(클린트 이스트우드)는 아이오와주에 있는 '매디슨 카운티의 다리'를 찍기 위해 시골로 향한다. 다리는 사방이 옥수수밭으로 둘러싸인 저 멀리 한적한 농촌에 있다. 길을 잃은 그가 동네 주민 프란체스카(메릴 스트립)에게 방향을 물었고, 한참 설명을 하던 프란체스카는 안 되겠는지 '이탈리아인답게' 그의 차를 타고, 직접 그곳까지 안내한다. 차 안에서 두 사람은 서로의 출신을 물었다. 알고 보니 프란체스카는 바리 출신의 이탈리아 여성이었다. 미군이었던 남편을 따라 미국에 왔다. 미국 사람은 바리라는 도시를 모를 것이라고 여긴 프란체스카는 처음엔 그냥 남쪽 동부의 작은 마을이라고만 말했다. 그런데 로버트는 바로 그 '예쁜 마을'에 반해서 기차에서 내렸고, 그곳에서 심지어 며칠 머물렀다고 말한다. 프란체스카는 약간 넋이 나간 표정으로 그를 잠깐 바라본다. 로버트는 바리가 예쁜지, 여성이 예쁜지 혼동되는 표정으로 옆에서 미소짓고 있다. 이후의 이야기는 우리가 아는 대로다.

로버트에게 그랬던 것처럼, 이방인들에게 이탈리아는 '그냥 내려라'라는 유혹을 종종 한다. 앞으로 가던 길을 멈추고, 숨 한 번 크게 쉬고, 더 높은 하늘을 보고 싶은 그런 마음이 들게 한다. 일상이 각박하게 돌아가는 산업국가에선 좀체 드문 일인데, 그런 '나태한' 멈춤의 순간이 이탈리아에서는 쉽게 만나진다. 이탈리아에서 알게 된 여러 나라의 학생들, 직장인들 생각이 로버트와 별로 다르지 않왔다. 이탈리아에는 느닷없이 일상에서 내리고 싶고, 잠시 멈추고 싶고, 아니 계속 머물고 싶은 마음이 들게 하는 곳이 어쩌면 늘려 있다. 〈트립 투 이탈리아 2 - 숨어 있는 도시와 영화〉는 주로 그런 곳을 찾아간다. 로버트처럼 전혀 알지 못했던 곳에서 그냥 내리게 만드는 마을들 말이다.

이런 '느린' 나라가 서방 7개국(G7)에 포함된 게 신기하고, 어쩌면 그것이 이탈리아의 매력일 것이다. '느리다는 것'은 각박하지 않고, 사람 목을 조르지 않는 '기분 좋은 무관심' 같은 것이다. 서방 7개국은 미국, 영국, 독일, 프랑스, 이탈리아, 캐나다, 그리고 일본이다. 대개 산업이 발달돼 있고, 경쟁이 치열하며, 자본주의 질서에 잘 적응된 국가들이다. G7은 거칠게 말하면, 미국이 주도하는 선진국 모임이다. 그런데 여기서 가장 낯선 태도를 보이는 국가가 바로 이탈리아다. 이탈리아는 G7의 이방인 혹은 독불장군이다. 미국 주도의 질서에서 엇나가는 행보를 종종 보인다. 이탈리아에서는 베를린 장벽이 무너지기 전까지, '이탈리아공산당'이 제2당이었다(현재의 민주당은 공산당 출신들이 주축이 돼 창당했다). 이탈리아는 시장경제의 대표국 가운데 하나이지만, 이곳엔 반대 의견을 가진 무리가 만만치 않게 존재한다는 뜻이다. 그래서 이탈리아에서는 G7 국가에서 소수 의견이거나, 아예 거론조차 되지 않는 의견을 쉽게 들을 수 있다. 이탈리아의 도시에는 레닌의 이름, 심지어 스탈린의 이름을 딴 광장과 거리가 제법 있다. 닐 암스트롱 거리보다 유리 가가린 거리가 더 많다. 선거 때가 되면, '적기'가 곳곳에 휘날린다. 분단국 출신인 나로서는 그런 모습이 처음엔 몹시 낯설었다.

이탈리아에 도착하기 전에는 이곳이 서구의 다른 나라와 크게 다를 게 없다고 여겼는데, 현실은 그렇지 않았다. 이탈리아는 서구 중에서도 독특한 다른 의견, 다른 시선을 갖고 있어서, 분단이라는 특별한 조건 속에 있는 한국엔 더욱 알려지기 어려웠고, 그래서 더욱 낯설었다. 문맥은 잘려나가고, 결과만 전해져, 소통이 엉성하게 이뤄지는 사례가 적지 않(았)다. 특히 정치적으로 예민한 주제가 포함되면 더욱 그랬다. 이를테면 '스파게티 웨스턴'을 사례로 들 수 있다. 우리에겐 대체로 액션 웨스턴 코미디로 전해져 있는데, 스파게티 웨스턴을 만든 당대의 감독들, 예를 들어 세르지오 레오네, 세르지오 코르부치 등은 지독한 반시장주의자, 혹은 자본주의 비판자들이라는 점은 대체로 무시돼 있다. 그러니 이탈리아 웨스턴 속에 들어 있는 혁신적인 주제들도 온전히 전해지지 못했다. 아쉽지만 이런 불완전한 소통은 지금도 현재진행형이다. 이 책은 이탈리아의 독특한 '다름'을 이해하는 나침판 같은 역할을 하려 한다.

이탈리아 전체가 그렇지만, 바리 같은 비교적 작은 도시에 가면, 단번에 느끼게 되는 게, 시계가 늦게 가는 점이다. 이상하게 그런 기분이 든다. 아마 그래서 사진작가 로버트도 시각적 아름다움뿐 아니라, 시간이 잠시 멈춘 것 같은 나른함에 기차역에서 내렸을 것이다. 다른 사람들은 앞서기 위해 막 뛰고 있는데, 일부러 뒤에서 천천히 걷고 있는 여유로운 은둔자 같은 분위기가 이탈리아의 땅에는 서려 있다. 나에게 그런 여유, 자유, 관용은 이탈리아가 세상의 주류와는 다른 시선, 다른 의견을 갖고 있어서 가능한 것 같다. 거의 하나의 의견이 강제되고, 그 의견이 다수의 의견이 되고, 그래서 대다수 사람이 다수의 의견에 잘 적응하기 위해 경쟁하는 사회와는 다른 문화 말이다. 로마, 밀라노 같은 대도시보다는 작은 도시에는 그런 문화가 더 잘 보존돼 있다. 지배적인 제도에 잘 적응하기 위해 안간힘을 쓰는 게 아니라, 잠시 물러나 있는 사람에게서 느껴지는 여유 같은 게 있다. 그런데도 이탈리아는 아직 G7에 포함돼 있으니, 이건 수수께끼이고, 그래서 이탈리아는 로버트 같은 자유로운 영혼에겐 대단히 매력적으로 다가왔을 것이다. 천천히, 아니 느리게 살아도, 여유로운 일상을 기대할 수 있으니 말이다.

이번의 〈트립 투 이탈리아 2 – 숨어 있는 도시와 영화〉에선 주로 그런 작은 도시들을 소개한다. 덜 알려진 도시들 배경의 영화들을 다루다 보니, 상대적으로 이탈리아 영화가 많이 거론됐다. 일반적인 극장 영화들은 대체로 로마와 피렌체 같은 유명 도시를 좋아하지, 굳이 작은 도시로는 가지 않는 관행도 하나의 이유가 됐다. 유명 도시들은 〈트립 투 이탈리아 1〉에서 다뤘다. 그랬더니 결과적으로 이 책은 '이탈리아 영화사 입문' 정도의 역할도 하게 됐다. 펠리니, 안토니오니, 파졸리니 같은 '이탈리아 영화의 황금기' 감독들 작품은 물론이고, 모레티, 가로네, 소렌티노 같은 동시대 감독들 작품들도 다루고 있어서다. 알다시피 이탈리아 북부는 전부 알프스이다. 남쪽 끝은 아프리카, 중동과 친근한 시칠리아이다. 문화적 차이의 폭이 이렇듯 매우 큰 나라다. 그래서 책 읽기의 편리함을 위해 북부, 중부, 남부 등 3부로 나누어 편집했다. 각 지역의 특징을 비교하기 위해서이다.

적응하기 위해 경쟁하고, 뛰고, 밀치는 삶에서 잠시 물러나, 조금은 손해 보더라도 주머니에 손 넣고 천천히 주변을 보며 걷고 싶은 사람들에게 이 책이 기분 좋은 동반자가 되기를 희망한다.

한강이 보이는 김포의 운양에서

2023. 11. 11.

한창호

이탈리아 북부

1. 비첸차

건축의 도시

루키노 비스콘티, 〈센소〉, 1954

릴리아나 카바니, 〈리플리스 게임〉, 2002

조셉 로지, 〈돈 조반니〉, 1979

르네상스 거장 팔라디오의 건축 전시장

조셉 로지는 1950년대 미국의 매카시즘을 피해 유럽으로 망명한 감독이다. 1930년대에 옛 소련을 방문하여, 세르게이 에이젠슈타인 같은 볼셰비키 영화인들과 교류하고, 당시 그곳에 있던 베르톨트 브레히트와 친교를 맺은 사실이 그의 발목을 잡았다. 이후로도 로지는 브레히트와 친했다. 아직 매카시즘의 광풍이 불기 전인 1947년, L.A.에서 브레히트의 희곡 〈갈릴레오〉를 무대에 올려 그와 공동연출을 맡기도 했다. 그 연극을 연출하며, 로지는 바로크 시대의 과학자 갈릴레오 갈릴레이로부터 자신의 분신을 봤다. 곧 국가와 화합하지 못하고 긴장 관계에 놓인 인물, 혹은 사회적 통념에 반항하는 억압받는 개인으로서의 갈릴레이를 봤다. 갈릴레이처럼 매카시즘의 '정치적 재판정' 피고석에 앉을 위기에 놓였을 때, 로지는 유럽으로 자발적 망명을 떠난다.

조셉 로지, 비첸차에서 〈돈 조반니〉를 찍다

청년 로지의 분신이 갈릴레이였다면, 노년 로지의 분신은 모차르트 오페라의 주인공 '돈 조반니'일 것이다. 돈 조반니는 사회에는 금기라는 게 존재한다는 사실조차 모르는 듯, 혹은 무시하는 듯 행동하는 문제아다. 그가 관심을 보이는 것은 오로지 여인의 사랑뿐인 것 같다. 돈 조반니는 오페라가 시작하자마자 귀족 여성을 겁탈하려다 들켜, 그녀의 부친과 결투를 벌이고, 결국 (유사)부친살해의 범죄자가 된다. 그러나 돈 조반니는 전혀 뉘우치지 않고 또 다음 '목표'를 찾아가는 탕아다. 그런데 모차르트는 돈 조반니를 약간 복잡하게 묘사한다. 사드 후작의 캐릭터를 섞어 놓았다. 곧 자신을 둘러싼 세상의 그 모든 통념을 부정하고, 잔인할 정도로 비웃는 자발적 아웃사이더의 성격을 입혀놓았다. 통념의 상징은 부친이고, 돈 조반니는 마지막에 회개하라는 (유사)부친의 권고를 7번 부정하며, 스스로 불길에 뛰어들어 죽는다. 말하자면 통념과 제도에 순응하느니 차라리 죽음을 선택하는 돈 조반니의 반항에서 로지는 자신의 분신을, 또 모차르트의 분신을 본 것 같다.

말년에 로지는 희곡 〈갈릴레오〉를 영화로도 발표했고

(1975년), 뒤이어 모차르트의 오페라 〈돈 조반니〉를 영화로 각색한다(1979년). 망명자 로지에게 갈릴레이와 돈 조반니는 어쩌면 말년의 길동무 같은 존재였을 테다. 영화 〈돈 조반니〉는 '오페라 필름'이다. 곧 오페라 대본을 이용하여, 극장이 아니라 실제 장소에서 영화처럼 찍은 것이다. 로지가 선택한 공간이 이탈리아 북동부의 비첸차(Vicenza)이다. 베네치아에서 서쪽으로 60km 떨어진 곳이다. 인구 20만 명 정도 되는 작은 도시인데, 건축학도들에겐 일종의 성지(聖地)이다. 왜냐하면 르네상스 건축의 거장 안드레아 팔라디오(Andrea Palladio)의 대표작들이 이곳에 몰려 있어서다.

고전건축을 이용한 열주(列柱)와 로지아(loggia, 실외로 나와 있는 실내 또는 그 역)가 특징인 '팔라디오 스타일'은 16세기 당대뿐 아니라 후대에도 큰 영향을 미친다. 비첸차 시내에만 팔라디오가 설계한 23개의 건물이 있고, 비첸차 인근의 전원에는 25개의 빌라(villa, 고급 저택)가 있다. 이 건물들은 전부 유네스코의 문화유산으로 지정돼 있다. 말하자면 도시 전체가 팔라디오의 건물로 둘러싸여 있는 셈이다. '가우디의 바르셀로나'와 비교되곤 하지만, 한 명의 건축가가 도시 전체를 장악하다시피 한 도시는 아마 '팔라디오의 비첸차'가 거의 유일할 것이다. 괴테는 〈이탈리아 기행〉에서 팔라디오를 '비첸차의 북극성'이라고 불렀다. 가장 높은 곳에서, 가장 빛나는 별이라는 뜻일 테다.

이탈리아식 '노블레스 오블리주'

〈돈 조반니〉는 팔라디오의 건물 가운데 아마도 가장 유명한 빌라인 '라 로톤다'(La Rotonda)를 돈 조반니의 집으로 이용하고 있다. 사방이 모두 똑같은 계단과 웅장한 열주, 그리고 로지아로 지어져 있어서, 네 방향 모두에서 건물의 외관은 똑같아 보인다. 건물 한가운데는 '둥근'(rotonda) 홀이 있어서 '라 로톤다'라는 이름을 얻었다. 르네상스 특유의 반듯한 권위가 묻어나는 고전주의 양식이다. 그런데 흥미롭게도 보통 사람들에게 탄성을 자아내는 이 반듯한 건물을 조셉 로지는 다르게 해석하고 있다. 곧 로지에게 '라 로톤다'는 질서와 제도의 상징으로 쓰였다. 특히 거대한 건물의 둥근 홀에서 만찬을 벌이며 (유사)부친과 논쟁을 이어가는 마지막 장면의 경우, 건물은 그 자체로 억압하는 부권의 상징이다. 일말의 흐트러짐도 없이, 견제와 균형을 이룬 고전주의 건물은 '개인' 돈 조반니의 존재를 짓누르는 듯 보이기 때문이다. 이곳에서 반항아 돈 조반니는 최후를 맞는다.

말하자면 조셉 로지는 비첸차를 모차르트의 돈 조반니 캐릭터처럼 이중적으로 표현하고 있다. 먼저 르네상스 건물들의 시각적 아름다움을 전면에 배치하고 있다. 화려하고 과시적이다. 이와 덧붙여 고전주의 양식의 심리적 중압감도 놓치지 않았다. 이런 억압의 심리적 기제는 그리스 로마 시대부터 이어져 온 전통적인 건물들 속에 고스란히 남아 있어서다.

'라 로톤다'가 남성적이라면, 이와 대조되는 여성적인 건물이 '빌라 칼도뇨'(Villa Caldogno)인데, 돈 조반니의 애인인 돈나 안나의 집으로 나온다. 역시 팔라디오의 작품이다. 모성을 상징하는 공간이어서인지, 빌라 칼도뇨는 편안한 느낌이 나도록 표현돼 있다. 이 건물은 밝은 갈색의 외관과 내부에 그려진 벽화로 유명하다. 르네상스 화가 조반니 안토니오 파졸로(Giovanni Antonio Fasolo)의 벽화는 과시적인 신화나 종교적 내용을 그린 게 아니라, 사람들의 일상을 담고 있어서, 건물에 인간적인 따뜻함을 더해준다.

비첸차를 영화의 주요 배경으로 이용한 또 다른 대표작
으로 릴리아나 카바니의 〈리플리스 게임〉(2002)이 있다.
원작은 패트리샤 하이스미스의 '리플리 시리즈' 가운데 하
나다. 톰 리플리(존 말코비치)가 돈과 화려한 생활을 동경해
범죄를 저지르기는 여기서도 마찬가지다. 화려한 생활에
의 매혹은 하이스미스 소설의 범죄적, 대중적 유혹일 것이
다. 누구든 한 번쯤은 화려하게 살고 싶지 않을까? 〈리플
리스 게임〉에는 두 도시, 곧 베를린과 비첸차가 대조돼 있
다. 리플리가 베를린에서 범죄를 저질러 한몫 잡은 뒤, 정
착한 곳이 바로 비첸차이다. 이곳에서 톰 리플리가 거주하
는 고풍스러운 저택은 '빌라 에모'(Villa Emo)인데, 역시 팔
라디오의 작품이다. 열주와 로지아의 균형 잡힌 자태, 그
리고 전면으로 쭉 뻗어 있는 정원이 돋보이는 건물이다.
말하자면 범죄자 리플리는 빌라 에모에 살며 어두운 과거
를 지우고, 자신을 교양이 넘치는 귀족처럼 보이고 싶어
한다. 이처럼 팔라디오의 르네상스 건물은 평범한 사람의
신분을 바꿔버릴 정도로 고전주의의 품위가 넘치는 공간
이다. 팔라디오가 설계한 세계 최고(最古)의 실내 극장 가
운데 하나인 '올림픽 극장'(Teatro Olimpico)에서 리플리의

아내가 하프시코드를 연주하는 마지막 장면은 비첸차의 고전적 아름다움에 정점을 찍는 순간일 것이다.

거장 팔라디오의 초년병 시절을 볼 수 있는 작품도 비첸차에 있다. 루키노 비스콘티의 〈센소〉(1954)인데, 전쟁 때문에 여주인공 리비아(알리다 발리)의 가족이 피난 간 곳이 비첸차 인근에 있는 '빌라 고디'(Villa Godi)라는 저택이다. 장식적인 계단, 반원형 전면, 로지아, 넓은 정원 등 팔라디오 특유의 디자인이 돋보이지만, 전체적으로는 후반기 작품에 비교해 단순한 편이다. 하지만 그런 단순함이 전쟁의 불안을 통제하는 평화로운 마음을 느끼게 한다. '빌라 고디' 장면은 비스콘티가 훗날 건축의 거장으로 성장하는 '청년 팔라디오'에게 표현하는 일종의 예술적 헌정이다.

팔라디오가 이렇게 마음껏 실력을 발휘한 데는 안목을 가진 비첸차 시민들의 지지가 있었고, 또 상상력을 실현케 하는 지역 귀족들의 실질적인 후원이 있어서였다. 팔라디오의 기록에 따르면, 그 귀족들이 건축을 의뢰하며 가장 자주 한 말은 "(자신은)고향을 아름답게 만들 책임이 있다"라는 것이었다. '아름다움에 대한 책임', 이것은 이탈리아식 '노블레스 오블리주'(noblesse oblige)일 것이다.

2. 돌로미티

이탈리아의 알프스

존 글렌, 〈007 유어 아이스 온리〉, 1981
로만 폴란스키, 〈박쥐성의 무도회〉, 1967
블레이크 에드워즈, 〈핑크 팬더〉, 1963
레니 할린, 〈클리프행어〉, 1993

설산과 산행의 성지

이탈리아의 지도를 펴 보면, 북쪽 국경은 전부 산으로 뒤덮여 있는 걸 알 수 있다. 여기가 알프스다. 알프스는 유럽의 남부와 북부를 가르는 대륙의 가운데에 있다. 스위스가 알프스를 잘 이용한 까닭에, 많은 사람이 알프스를 주로 스위스와 연결하여 생각한다. 그런데 사실 알프스는 여러 나라에 걸쳐 있다. 왼쪽부터 오른쪽으로 알프스는 프랑스, 이탈리아, 스위스, 독일, 오스트리아 그리고 슬로베니아까지 연결돼 있다. 그러니까 이탈리아의 북쪽 국경 전부가 알프스인 셈이다(그 설산을 과거 로마 시대에 한니발은 넘어갔다). 알프스산맥의 유명한 산들, 이를테면 몽블랑은 프랑스와 이탈리아에 걸쳐 있고, 마테호른은 스위스와 이탈리아에 걸쳐 있다. 그런데 사람들은 이런 산들도 대체로 프랑스, 그리고 스위스와 연결하여 생각한다. 이탈리아는 상대적으로 빠질 때가 많다. 아무래도 이탈리아는 지중해의 바다와 연상되는 경우가 더 많아서일 것이다. 유명한 바다 때문인지 이탈리아와 설산은 선뜻 어울리지 않는 듯 보인다. 하지만 이탈리아에선 이미 동계올림픽이 두 번 열렸다. 미국(4번)과 프랑스(3번)에 이어, 스위스, 오스트리아 등과 더불어 2회 개최한 여섯 국가 중 하나다. 그리고 이탈리아는 2026년 밀라노-코르티나 동계올림픽을 준비 중이다. 이런 일은 알프스가 있어서 가능하다. 이탈리아의 알프스 가운데 가장 유명하고 아름다운 지역이 돌로미티(Dolomiti)이다. 이탈리아 북쪽 국경의 동쪽 알프스 지역을 합쳐 부르는 이름이다.

'전설' 라인홀트 메스너의 돌로미티 사랑

개인적으로 돌로미티 지역에 관심을 가진 것은 산악계의 '살아 있는 이탈리아 전설' 라인홀트 메스너(Reinhold Messner) 때문이다. 그는 등산에 관한 온갖 기록을 다 갖고 있다. 에베레스트 최초의 무산소 등반(1978), 셰르파 없는 최초의 단독등반(1978), 히말라야의 8천 미터 이상 14개 봉 모두 등반한 최초의 산악인(1986) 등 전무후무한 기록을 세웠다. 게다가 메스너는 자신의 낭가파르바트 무산소 단독등정의 과정을 기록한 〈검은 고독 흰 고독〉 같은 산악 에세이를 다수 남긴 작가로도 유명하다. 그는 산악문학 장르의 대가로도 평가된다. 절대고독의 고립감, 죽음의 공포 앞의 겸손함을 그처럼 진정성 있게 묘사한 작가도 드물 것이다. '글을 쓰는 산악인' 메스너는 그래서인지 철학자 같은 풍모마저 풍긴다. 산을 오르는 데만 머물지 않고, 늘 새로운 루트를 개척하고, 새로운 등산법을 만들고, 새로운 목표를 설정하는 메스너의 끊임없는 도전정신은 그 자체로 감동의 대상이다.

등산에 관해 그가 늘 강조하던 곳이 돌로미티이다. 어릴 때부터 돌로미티를 부친과 함께 오르며 산에 대한 사랑을 키웠다. 메스너라는 독일식 이름에서 그의 이탈리아 국적을 떠올리기는 쉽지 않은데, 돌로미티 지역이 바로 그런 특성을 갖는다. 곧 돌로미티는 과거 오스트리아 합스부르크 왕가의 영향 아래 있었고, 그래서 지금도 독일과 오스트리아계 주민들이 많이 산다. 이곳에선 이탈리아어와 함께 독일어가 광범위하게 쓰인다. 메스너도 어릴 때부터 이탈리아어와 독일어를 함께 쓰며 성장했다. 이 지역에서 비교적 큰 도시인 인구 10만 명의 볼차노(Bolzano)는 이탈리아 내의 독일어권 문화의 중심지 역할을 한다. 메스너도 볼차노 인근 출신이다. 다시 이탈리아 지도를 펼쳐 놓고, 북쪽의 돌로미티 지역과 남쪽의 시칠리아섬을 동시에 바라보면, 이탈리아라는 나라의 지역적 다양성이 얼마나 크고 넓은지 한눈에 보일 것이다. 저 아래로는 아프리카의 아랍문화와 친화적인 시칠리아, 그리고 위로는 사람들 이름마저 독일식이 많은 돌로미티 지역까지, 모두 이탈리아의 한 문화 속에 녹아 있는 것이다.

돌로미티 지역이 세계적으로 유명해진 것은 '제7회 코르티나 동계올림픽'(1956) 덕분이다. TV시대를 맞아 동계올림픽 사상 처음으로 경기가 TV로 중계되며, 돌로미티 지역의 아름다움은 전 세계로 알려졌다. 깎아지른 듯한 바위산, 트래킹의 천국 같은 끝없는 구릉, 곳곳에 펼쳐진 호수, 그리고 여기에 이탈리아 특유의 활기가 보태져서 이웃 국가의 알프스 지역과는 구별되는 또 다른 매력을 선보였다. 제7회 동계올림픽 개최지의 정식 이름은 코르티나 담페초(Cortina d'Ampezzo)인데, 보통 코르티나라고만 불린다. 코르티나는 돌로미티 지역에 있는 조그만 마을일 뿐인데, 올림픽 덕분에 최고의 겨울 휴양지로 거듭났다. 코르티나는 베네치아의 북쪽으로 150km 정도 떨어진 곳에 있다. 자동차로 두 시간 정도 걸리는 곳이다. 곧 코르티나는 '최고의 산과 최고의 바다'를 동시에 경험할 수 있는 이점을 갖는 셈이다(2026년 동계올림픽도 이곳 코르티나와 밀라노에서 분산 개최된다).

〈핑크 팬더〉, 돌로미티를 스크린에 옮기다

코르티나 중심의 돌로미티 지역이 영화적으로 주목을 받은 것은 〈핑크 팬더〉(1963) 덕분이다. 희극의 장인인 블레이크 에드워즈 감독과 '괴짜 신동' 배우 피터 셀러스가 짝을 이뤄 시리즈물로 발전시킨 코미디의 첫 작품이다(시리즈는 모두 9탄까지 이어졌다). 어느 중동국가의 공주(클라우디아 카르디날레)가 선왕으로부터 물려받은 다이아몬드의 이름이 '핑크 팬더'인데, 이를 훔치기 위한 유명 도둑 '팬텀'(데이비드 니븐)과 경찰(피터 셀러스) 사이의 쫓고 쫓기는 코믹 수사물이다. 공주가 겨울 휴가지로 머무는 곳이 코르티나여서, 영화는 주로 설산을 배경으로 진행된다. 당시는 올림픽의 여운이 아직 남아 있을 때이고, 코르티나의 바위산, 스키장, 산장들은 다시 사람들의 주목을 받았다. 공주

의 다이아몬드를 둘러싼 이야기인지라, 자연스럽게 코르
티나의 화려한 면이 강조돼 있다. 은빛 설산의 스키 타기,
다양한 썰매들, 휴양지 관광객들의 파티 등이 시각적 화려
함을 장식한다.

　겨울 올림픽 경기 종목을 영화 스토리 전개의 소재로 이
용한 작품이 〈007 유어 아이즈 온리〉(1981)이다. 곧 올림
픽의 경기 종목이 제임스 본드(로저 무어)가 펼치는 액션으
로 쓰인다. 신무기의 기술을 훔치려는 러시아에 대항해 제
임스 본드가 맞서는 냉전적 스토리인데, 007이 러시아 일
당을 쫓아간 곳이 코르티나이다. 여기서 본드와 적들 사이
의 추격과 격투가 이어지는데, 그 과정은 전부 올림픽 종
목을 이용하여 표현돼 있다. 처음에 스키를 타고 추격전을
벌일 때는 크게 주목하지 않을 수도 있지만, 곧이어 스키
점프, 바이애슬론, 봅슬레이 같은 올림픽 종목이 계속하여
액션에 이용될 때는 탄성이 나오기도 한다. 추격의 배경
으로 피겨 스케이팅, 아이스하키까지 나오니, 제임스 본드
혼자 동계올림픽 종목을 거의 다 뛰거나, 참가하는 형식이
되는 셈이다. 〈007 유어 아이즈 온리〉를 통해 동계 스포츠
의 요람으로서의 돌로미티의 명성이 다시 한번 확인된 것

이다.

돌로미티를 공포물, 정확히 말한다면 코믹 공포물의 배경으로 삼은 작품이 로만 폴란스키의 〈박쥐성의 무도회〉(1967)이다. 영국의 '해머 공포물(Hammer Horror)'을 패러디한 작품으로, 과장된 핏빛, 드라큘라, 과장된 연기, 저예산의 세트 등이 해머 호러와 비슷하지만, 폴란스키는 여기에 코미디를 섞어 놓았다. 괴짜 박사(잭 맥고런)와 멍청한 제자(로만 폴란스키)가 드라큘라를 잡겠다며 설쳐대는 곳이 돌로미티이다. 호러 영화답게 시간적 배경이 주로 밤이어서, 돌로미티의 설산은 푸른색으로 표현돼 있다. 겨울 휴가지, 또는 스포츠의 요람으로서의 이미지와는 다르게 여기서는 돌로미티가 으스스한 기분을 느끼게 한다.

라인홀트 메스너의 등산을 상상해볼 수 있는 작품으로는 실베스터 스탤론 주연의 〈클리프행어〉(레니 할린 감독, 1993)가 있다. 악당들이 잃어버린 돈을 되찾기 위해 로키산맥의 설산을 헤집고 다니는 이야기다. 〈클리프행어〉의 공간적 설정은 로키산맥이지만, 실제 촬영이 이뤄진 곳은 돌로미티이다. 악당들이 인질처럼 끌고 다니는 산악인이 실베스터 스탤론인데, 그럼으로써 등반에 관련된 여러 액

션을 선보인다. 180도로 꺾인 암벽을 거꾸로 매달린 채 오
른다거나, 손가락 몇 개에 몸 전체를 걸고 암벽에 매달려
있는 장면 등은 산악 액션의 정수로 보인다. 돌로미티 설
산의 아름다움은 특히 영화의 전반부에서 감상할 수 있다.
스탤론이 혼자서 온갖 곡예를 선보이며 암벽을 오르는 장
면에서다. 돌로미티 암벽의 장관이 배경인 것은 물론이다.

황금빛 태양, 지중해의 푸른 바다로 특징지어진 이탈리
아의 일반적인 이미지에, 북쪽의 돌로미티는 고요하고 엄
숙한 설산의 매력을 덧붙여준 공간이다. 남쪽의 뜨거움에
대비되는 북쪽의 차가움인 것이다.

3. 페라라

안개의 도시

비토리오 데 시카, 〈핀치 콘티니의 정원〉, 1970

미켈란젤로 안토니오니, 〈구름 저편에〉, 1995

미켈란젤로 안토니오니, 〈외침〉, 1957

안토니오니와 '안개 속의 풍경'

　개인적으로 페라라(Ferrara)라는 도시를 알게 된 것은 전적으로 미켈란젤로 안토니오니 덕분이다. 그의 고향이 페라라다. 안토니오니 영화 특유의 안개가 자욱한 풍경은 바로 이곳 페라라에서 싹튼 것이다. 안토니오니는 어릴 때부터 페라라의 안개 속에서 자랐다. 온몸을 감싸는 솜털 같은 안개부터, 폐부를 찌르는 겨울의 차가운 안개까지, 포강(江) 유역의 대표도시 페라라는 늘 안개와 함께 기억됐다. 그리스 감독 테오 앙겔로풀로스의 〈안개 속의 풍경〉(1988)도 안토니오니에게 적지 않게 빚졌을 것이다. 나에겐 그 안개의 매력에 이끌려 들어간 게 안토니오니의 영화였고, 페라라의 풍경이었다. 이탈리아의 로마에 처음 도착한 뒤, 제일 먼저 여행한 다른 도시가 페라라였다. 순전히 안토니오니에 대한 개인적인 애정 때문이었다.

페라라, 미켈란젤로 안토니오니의 고향

페라라는 베네치아에서 남쪽으로 1시간 정도 떨어져 있다. 르네상스 때는 에스테(Este) 집안 덕분에 최고의 도시 가운데 하나로 성장했다. 에스테 집안은 페라라에서 피렌체의 메디치 집안과 맞먹는 영향력을 행사했다. 에스테 집안의 후원 아래 르네상스 문학의 거장 루도비코 아리오스토(Ludovico Ariosto)는 걸작 서사시 〈광란의 오를란도〉를 남긴다. 페라라는 역사와 예술이 살아 있는 오래된 도시다. 안토니오니는 페라라의 이런 풍부한 예술적 배경 속에서 성장했다. 그는 9살 때 바이올린 콘서트를 열 정도로 음악에 조예가 깊었고, 평생 화가 활동을 병행했다.

안토니오니가 이탈리아를 넘어 세계로 이름을 알린 것은 〈외침〉(1957) 덕분이다. 이 작품이 로카르노영화제에서 비평가상을 받았다. 우리에게 익숙한 제목 〈외침〉(Il grido)은 사실 에드바르트 뭉크의 그림 '절규'를 의미하는 것인데, 문맥을 찾지 못한 채 번역됐고, 지금도 문맥에서 벗어난 제목을 그대로 쓰고 있다. 〈외침〉은 뭉크의 그림 속 인물처럼, 한 여인이 마지막에 '절규'하는 장면으로 끝난다. 그가 사랑했던 남자가 공장의 탑에서 투신자살하는 걸 보기 때문이다.

〈외침〉은 안토니오니 특유의 비관주의 테마가 압도적인 작품이다. 설탕공장의 기계공은 유부녀와 사랑에 빠졌고, 딸까지 뒀다. 그녀의 남편은 돈을 벌기 위해 오스트레일리아로 일하러 갔는데, 8년째 소식이 없었다. 그런데 막 도착한 전보는 남편이 현지에서 죽었다는 것이다. 기계공은 이제 떳떳하게 부부로 살기를 원하는데, 여자는 죄책감인지 뭔지 알 수 없는 이유로 그만 관계를 정리하자고 일방적으로 통보한다. 현실을 받아들일 수 없는 절망한 남자는 어린 딸을 데리고 정처 없는 방랑 길에 오른다. 그가 딸을 데리고 방랑하는 곳이 바로 페라라와 포강 주변이다.

〈외침〉은 안개에서 시작하여 안개로 끝나는 작품이다. 주역을 맡은 알리다 발리가 안개가 자욱한 강변을 걸어오면서 영화는 시작한다. 그 안개처럼 알 수 없고, 외로운 이야기가 전개될 것이란 강력한 표현법이다. 사실 남자는 여자를 잊을 수 없다. 잊기 위해 억지로 방랑에 나선 것인데, 그가 걷는 길엔 언제나 안개가 잔뜩 끼어 있다. 과거의 여인을 찾아간 포강 주변은 비를 동반한 안개가 세상을 한 치 앞도 못 보게 회색으로 색칠해 놓는 식이다.

아마 〈외침〉을 본 관객이라면 안토니오니의 섬세한 감성이 어디서 잉태됐는지 충분히 짐작할 것이다. 그것은 고향 페라라의 안개인데, 이 '안개 속의 풍경'은 사실 안토니오니 영화의 전편에 등장하는 심리적 배경이다. 베네치아 영화제 황금사자상 수상작인 〈붉은 사막〉(1964) 속 해변 도시 라벤나의 안개, 그리고 경력 후반부의 작품인 〈여성의 정체〉(1982) 속 베네치아의 안개도 모두 고향 페라라의 안개에 뿌리를 둔 불안의 이미지일 테다.

안토니오니는 말년에 한 번 더 페라라를 찾는다. 빔 벤더스가 조연출을 자처하여 만든 〈구름 저 편에〉(1995)를 통해서다. 네 개의 사랑 이야기로 구성된 이 작품의 첫 에피소드가 페라라에서 펼쳐진다. 엔지니어와 교사의 사랑인데, 이들이 처음 만나는 장소도 페라라 부근의 안개 낀 거리다. 축축한 공기를 배경으로, 사랑에 겁을 내는 젊은 이의 여린 감성이 회색 안개 속으로 퍼져가는 이야기다. 흐리고 비 내리는 '습한' 배경은 나머지 에피소드에서도 주요한 역할을 한다. 장소는 페라라에 이어, 제노바 근처의 포르토피노, 그리고 프랑스의 파리와 엑상프로방스로 이어진다. 특히 마지막 에피소드는 폴 세잔에 대한 오마주를 담아 엑상프로방스에서 전개되는데, 여기선 안개와 더불어 안토니오니 특유의 소재인 비가 유난히 강조돼 있다. 〈구름 저 편에〉는 짙은 안개에서 시작하여, 끝없이 내리는 비로 종결되는 셈이다.

페라라 유대인의 비극, 〈핀치 콘티니의 정원〉

페라라는 베네치아와 더불어 이탈리아의 대표적인 유대인 거주지이다. 두 도시의 유대인들은 중세부터 현재까지 그들만의 공동체를 형성하고 있다. 베네치아의 유대인은 셰익스피어의 〈베니스의 상인〉을 통해 잘 알려져 있다. 그런데 만약 당신이 유대인이라면, 〈베니스의 상인〉은 읽기에 상당히 불편할 것이다. 반유대주의 성격이 곳곳에 드러나 있기 때문이다. 무엇보다도 유대인들은 백인 시선의 대상으로 타자화돼 있는 게 가장 큰 불편한 요소다. 곧 '그들' 유대인은 늘 '우리'의 베네치아 공동체에 들어와 있는 '얼룩' 같은 외부인일 따름이다.

페라라의 유대인 문화를 짐작할 수 있는 작품은 이 지역 출신 작가인 조르지오 바사니(Giorgio Bassani)의 소설 〈핀치 콘티니의 정원〉이다. 조르지오 바사니는 유대인이다. 바사니의 소설을 각색한 영화가 비토리오 데 시카의 〈핀치 콘티니의 정원〉(1970)이다. 페라라의 대부호인 핀치 콘티니 집안의 정원이 '사랑과 우정'의 상징적인 공간으로 활용되고 있다. 핀치 콘티니 집안도 유대인이다. 여기서 유대인들은 〈베니스의 상인〉과는 달리, 차별받기보다는 처음에는 페라라의 중요한 구성원으로 표현돼 있다. 사실 역사적으로 페라라가 곤경에 처했을 때, 특히 황제파와 교황파가 끝없는 전쟁을 펼칠 때, 페라라의 유대인들은 도시를 지켜내는 용사들이었다. 이들은 역사적 자긍심을 가질만했다. 그런데 1938년 무솔리니의 파시스트 정부가 '반유대인 법'을 실시하면서, 유대인들은 졸지에 도시에서 추방당하는 신세가 됐다. 유대인들의 입장에서 보면, 파시스트 정부의 행위는 역사적 우정의 배신일 테다. 〈핀치 콘티니의 정원〉은 무솔리니의 '반유대인 법' 시기를 배경으로 하고 있다.

영화는 테니스 클럽에서 쫓겨난 유대인 청년들과 그들의 이탈리아 친구들이 함께, 핀치 콘티니 집안의 정원에 있는 테니스 코트로 자전거를 타고 가면서 시작한다. 유대인이라는 이유로 클럽 출입이 금지됐지만, 이들은 이번의 금지를 임시적인 것으로 여기며, 문제의 심각성을 알지 못한다. 게다가 핀치 콘티니의 정원은 얼마나 넓고 아름다운가. 앞으로도 이 정원에서 테니스를 치면 될 것 같다. 우정을 나누듯 함께 타는 자전거, 청춘의 테니스, 그리고 청춘의 순수를 상징하는 흰색 테니스 유니폼은 이들에게 닥칠 비극을 역설적으로 표현하고 있다. 청년들은 사실 모든 걸 잃을 운명 앞에 놓여 있는 것이다.

영화의 전반부에 표현된 초여름의 맑은 날씨는 종결부에서 겨울의 습한 안개로 변하며, '핀치 콘티니의 정원'이 생명을 다했음을 간접적으로 표현하고 있다. 강제수용소행을 앞둔 핀치 콘티니 집안의 딸 미콜(도미니크 샌다)은 마지막으로 창밖을 통해 페라라 시내를 바라본다. 도시를 상징하는 중세풍의 에스테 성(Castello Estense), 산 조르지오(San Giorgio) 성당, 그리고 이곳 특유의 갈색 지붕들 위로 페라라의 짙은 안개가 마치 솜털처럼 내려앉는 게 영화의 마지막 장면이다. 시네필들 사이에서 '최고의 마지막 장면' 가운데 하나로 칭송받는 유명한 시퀀스다. 도시를 바라보는 카메라의 시선은 페라라와 마지막 이별을 하듯 애틋하고 간절하다. 마치 카메라로 페라라의 도시 표면을 애무하는 것 같다. 아마 미콜과 '핀치 콘티니의 청년들'은 다시는 고향 페라라를 보지 못할 것이다. 〈핀치 콘티니의 정원〉에는 유대인 박해에 관한 직접적인 장면은 거의 등장하지 않는데, 그럼에도 '홀로코스트 테마' 영화 가운데 대단히 사랑받는 작품으로 남아 있다. 여기에는 페라라의 우울한 안개를 담은 영화의 마지막 장면도 큰 역할을 했을 것이다.

4. 트리에스테

제임스 조이스 문학의 요람

팻 머피, 〈노라〉, 2000
존 휴스턴, 〈죽은 자들〉, 1987
주세페 토르나토레, 〈베스트 오퍼〉, 2013

더블린을 닮은 항구도시

제임스 조이스는 방랑자다. 20대 초반에 조국 아일랜드를 떠난 뒤, 평생을 외국에 머물렀다. 자전적 소설 〈젊은 예술가의 초상〉에서 밝힌 대로, 조이스는 예술가로서 살기 위해 '가족, 조국, 종교'와 결별한다. 이것이 얼마나 어려운 일인지는 지금도 많은 사람이 '가족, 조국, 종교' 앞에 속절없이 무너지는 일을 상상하면 쉽게 짐작이 될 것이다. 게다가 조이스의 아일랜드는 영국의 속국이었다. 아일랜드인들이, 특히 조이스의 동창과 지인들이 민족주의 혹은 국가주의의 이름 아래 조국을 위해 대영(對英) 투쟁을 벌일 때. 조이스는 오직 '예술' 하나만 보고, 이 모든 한계를 넘어가길 원했다. 영민한 아들 조이스가 가족과 조국을 떠나기로 했을 때, 모친은 평생의 상처를 입었다. 조이스는 그 모든 것을 뒤로하고, 자발적인 망명길에 오른다. 조이스가 처음 정착한 곳이 트리에스테(Trieste)이다. 이탈리아의 북동부 끝에 있는 항구도시다. 1904년, 조이스의 나이 22살 때다(1904년은 조이스의 거의 모든 작품에서 중요하게 작동한다).

〈더블린 사람들〉이 싹튼 곳

당시 트리에스테는 아직 이탈리아의 영토로 통합되기 전이었다. 트리에스테는 이탈리아 사람들이 주로 살고, 이탈리아 말이 통용되던 지역이었지만, 당시엔 합스부르크 왕가가 통치하던 유럽의 패권 국가 오스트리아-헝가리 제국의 군항(軍港)이었다. 트리에스테는 1차대전 이후에야 이탈리아에 통합된다. 조이스는 이곳에서 영어 강사를 할 수 있다는 소개를 받고 자신보다 두 살 아래였던 미래의 아내 노라 버나클(Nora Barnacle)과 함께 야반도주하듯 더블린을 떠난다. 조이스는 트리에스테에 근무하는 해군 장교들을 상대로 영어를 가르쳤는데, 이 자리마저 늘 불안했다. 게다가 조이스는 '아일랜드 사람답게' 엄청 술을 마셨고, 돈 씀씀이가 헤펐다. '애송이' 제임스는 여전히 작가로 대접받지 못했고, 연인 노라는 하루살이 연명하듯 살림을 꾸렸다.

아일랜드의 영화감독인 팻 머피는 제임스 조이스와 함께 트리에스테로 떠났던 연인 노라 버나클에 초점을 맞춘 전기영화 〈노라〉(2000)를 발표한다. 영화이론가 로라 멀비의 제자이기도 했던 머피 감독은 페미니스트답게 조이스의 명성에 가려 거의 무명이었던 파트너 노라를 주목했다. '거장' 제임스가 아니라 '평범한 여성' 노라에 초점을 맞춘 사실 자체가 남다른 시도였는데, 결과적으로 영화 〈노라〉는 당대의 통념에 맞선 두 젊은이의 용기에 대한 찬사가 됐다. 말하자면 영화는 노라 버나클의 입장에서 서술한 제임스 조이스의 이탈리아에서의 삶이다.

〈노라〉는 조이스 커플의 트리에스테에서의 10년 생활에 집중한다. 조이스는 트리에스테에서 훗날 자신의 출세작이 되는 단편집 〈더블린 사람들〉을 쓰고 있다. 조국을 떠나, 더블린처럼 항구도시인 트리에스테에서 바다를 바라보며, 조이스는 조국에서의 기억들을 하나씩 기록하기 시작했다.

트리에스테는 이탈리아적인 도시이지만, 오스트리아제국의 항구답게, 외관은 독일어권 도시들과 많이 닮아 있었다. 좁고 높은 건물들이 빽빽하게, 그리고 질서정연하게 들어서 있다. 미술품 감정사라는 '고풍스러운' 캐릭터가 나오는 주세페 토르나토레의 〈베스트 오퍼〉(2013)의 배경도 트리에스테인데, 역시 이탈리아라기보다는 독일에 가까운 질서정연한 분위기를 갖고 있다. 말하자면 트리에스테는 중부유럽과 남부유럽의 도시문화가 혼종돼 있는 곳이다. 두 가지 다른 문화가 충돌하는 항구도시 트리에스테에서 조이스는 창작의 열정을 불태웠다.

〈더블린 사람들〉은 모두 15편의 단편 모음집이다. 소년기, 성장기, 청년기, 그리고 장년기에 이르기까지 시간 순서대로 배열된 이 소설집의 맨 마지막 단편이 '죽은 자들'(The Dead)이다. 가장 뒤에 완성됐고, 가장 긴 단편이다. 정기적으로 열리는 가족 파티가 주요 내용이다. 겨울눈이 소복하게 내리는 밤에 친척들이 모여 회포를 풀며, '살아 있는 자'들의 행복을 서로 축하하는 자리다. 화자인 중년 남자는 소란했던 파티를 마친 뒤, 아내가 갑자기 눈물을 흘리고 있는 걸 본다. 아내는 그날 밤, 10대 시절 자신을 사랑했던 죽은 소년의 모습을 본 것 같다는 것이다. 남자는 전혀 예상하지 못했던 아내의 슬픔에 황당함과 질투까지 느낀다. 하지만 그는 세상을 모두 하얗게 덮는 밤하늘의 눈을 가만히 바라보며, 가슴의 화를 진정시킨다. 바로 그날 모든 '죽은 자들'이 이승의 '산 자'들과 접촉하고 있다고 느꼈기 때문이다. 소복하게 쌓이는 밤눈은 그런 신비한 '만남'에 대한 축복으로 보이는 것이다. 단편 '죽은 자들'은 소설집의 맨 마지막에 실려, 결과적으로 〈더블린 사람들〉의 전체적인 인상을 결정해놓았다. 아내의 회한과 옛사랑의 죽음, 그리고 소복하게 내리는 눈은 〈더블린 사람들〉을 영원히 멜랑콜리한 세계로 남겨놓은 것이다.

'죽은 자들'이 완성되며, 그동안 숱하게 출판을 거절당하던 〈더블린 사람들〉은 1914년 드디어 발간됐다. 그런데 조이스를 프로 작가로 인정받게 만든 결정적인 작품 '죽은 자들'은 사실 아내 노라의 실제 이야기에서 모티브를 따온 것이었다. 아마 조이스도 처음엔 당황했을 것이고, 트리에스테의 밤눈을 보며 진정했을 것이다. 트리에스테에서 조이스는 작가가 되기 위해 고군분투했는데, 번번이 예술가로서의 입신엔 실패했다. 영화 〈노라〉는 그 긴 좌절의 기록이기도 한데, 최종적으로는 마치 '죽은 자들' 속의 눈처럼 예술과 삶이 서로 접촉하는 신비한 순간을 그려놓았다. 말하자면 트리에스테에서 조이스 문학의 특별한 테마인

'에피파니'(Epiphany, 문득 보이는 진실의 순간)는 바로 노라에서 발견했던 것이다.

조이스의 첫 망명지 트리에스테

단편 '죽은 자들'은 조이스 팬들에겐 보석 같은 작품이다. 이 소설을 각색한 영화가 존 휴스턴의 〈죽은 자들〉(1987)이다. 휴스턴이 81살로 죽는 바로 그해에 발표한 그의 마지막 작품이다. 신비하게도 '노인' 휴스턴의 마지막 작품은 '죽은 자'에 관한 영화였다. 친척들이 서로 기쁨을 과장하는 파티 분위기, 춤추는 장면, 식사 장면들이 압도적으로 아름답게 촬영돼 있다. 역시 마지막은 아내의 옛이야기로 종결된다. 영화의 내용은 더블린에서의 일이지만, 그 소설이 트리에스테에서 어렵게 완성된 사실을 아는 조이스의 팬들에겐, 모든 내용이 더블린과 트리에스테 사이에서 일어난 꿈같은 이야기로 기억될 것이다. 〈죽은 자들〉은 '마초맨' 존 휴스턴이 제임스 조이스에게 표현한 최고의 헌사로 남아 있다.

제임스 조이스는 트리에스테에서 10년간 거주하며 이지역 작가들과도 교류했다. 특히 조이스는 이탈리아계 유대인 작가 이탈로 스베보를 만나 문학적 전환점을 맞는다. 스베보는 프로이트에 영향받은 소설 〈제노의 의식〉으로 유명한 작가다. 그 덕분에 이탈리아 문학에 정신분석학이 본격적으로 들어왔다. 조이스는 스베보와 교류하며 무의식의 세계에 대한 사유를 확장했고, 결국 자신의 문학을 특징짓는 '의식의 흐름'이라는 서술방식을 고안해냈다. 조이스와 스베보의 우정은 그 후로도 오랫동안 유지됐다. 조이스 문학의 최고봉으로 평가되는 〈율리시스〉의 주인공 레오폴드 블룸의 캐릭터 속엔 '스베보의 의식'이 투영된 것으로 풀이된다.

조이스는 자발적 망명지로 이탈리아의 트리에스테에서 거주한 뒤, 드디어 작가로 알려지기 시작했다. 그곳에서 조이스는 〈더블린 사람들〉, 그리고 〈젊은 예술가의 초상〉을 썼다. 조이스는 1차대전이 발발한 뒤, 전쟁을 피해 잠시 스위스의 취리히로 피신했다. 그 후 조이스에게 문학적으로 트리에스테만큼 주요한 도시인 파리에서 전성기를 맞는다. 파리에서 20년간 머물며 조이스는 트리에스테에서 잉태했던 걸작 〈율리시스〉를 완결 짓고, 뒤이어 〈피네건의 경야〉를 쓴다. 현대문학의 거장 제임스 조이스의 삶은 망명지 트리에스테의 10년과 파리의 20년을 통해 완성된다. 그 모든 찬란한 역사는 22살의 청년 조이스가 아일랜드에선 너무나 먼 곳, 곧 이탈리아의 북동쪽 끝에 있는 트리에스테에 가지 않았다면 존재하지 않았을 테다. 트리에스테는 '청년 조이스의 도전장'으로 영원히 남을 것이다.

5. 리미니와 라벤나

이탈리아 동부의 최고 해변

페데리코 펠리니, 〈비텔로니〉, 1953
페데리코 펠리니, 〈아마코드〉, 1973
미켈란젤로 안토니오니, 〈붉은 사막〉, 1964

펠리니의 바다, 안토니오니의 바다

　페데리코 펠리니는 리미니(Rimini) 출신이다. 리미니는 피렌체에서 아드리아해 방향인 북동쪽으로 계속 가면 닿는 해변 도시다. 리미니 바닷가의 끝없이 펼쳐진 넓은 백사장, 특히 황금빛 모래는 언제 봐도 장관이다. 아마 인기 있는 해변으로는 여전히 리미니가 이탈리아에서(어쩌면 유럽에서) 최고로 꼽힐 것이다. 마치 우리의 해운대 같다. 명성이 오래됐고, 여름이면 전 유럽에서 몰려온 관광객으로 넘친다. 특히 젊은이들에게 인기가 높아, 밀라노 같은 도시에서 리미니로 향하는 기차는 여러 나라의 청춘들, 그리고 이들의 열기에 동참하려는 수많은 관광객으로 발 디딜 틈도 없이 붐빈다. 펠리니는 관광지 리미니 특유의 흥분된 환경에서 자랐다. 청년 펠리니가 백수나 다름없는 고향 친구들과 시간을 죽치는 일상을 다룬 자전적 영화가 초기작 〈비텔로니〉(1953)이다. 펠리니는 20년이 지나 스타 감독이

된 뒤, 한 번 더 고향을 찾는다. 이번에는 10대 시절을 기억하기 위해서인데, 그 작품이 〈아마코드〉(1973)이다. 말하자면 〈아마코드〉는 〈비텔로니〉의 프리퀼인 셈이다. 〈아마코드〉의 주인공들은 소년들이고, 〈비텔로니〉의 주인공들은 청년들이었다.

리미니, 펠리니의 고향

〈비텔로니〉는 고향을 배경으로 했지만, 실제 촬영이 진행된 곳은 주로 로마 인근의 오스티아(Ostia) 해변이었다. 영화가 자전적 내용을 담고 있어서, 관객들은 그냥 펠리니의 고향인 리미니이겠거니 하면서 보았다. 영화 속의 장소들은 리미니라는 점을 짐작할만한 지리적 특성을 부각하지는 않았다. 바다 장면이 많았고, 그래서 리미니라고 여긴 것이다. 반면에 〈아마코드〉는 리미니를 떠오르게 하는 장면들이 많았다. 도입부의 광장 장면은 사실 세트에서 촬영됐지만, 그 모습은 리미니의 대표 광장인 '카부르 광장'(Piazza Cavour)을 재현한 것 같았다. 유명한 이야기인데, 펠리니는 〈8과 1/2〉(1963) 이후부터는 영화의 대부분 장면을 세트에서 만들었다. 현지 촬영을 하는 경우가 별로 없었다. 왜냐면 그는 '영화는 현실을 기록하기보다는 현실을 창조해야 한다'라고 생각했기 때문이었다(툴리오 케치치, 〈페데리코 펠리니〉, 한창호 옮김, 볼피). 그런데 〈아마코드〉에서는 리미니를 떠오르게 하는 중요한 장면을 야외에서 제법 찍었다. 예를 들어 이탈리아 전원의 평화로운 풍경이 매우 아름답게 그려져 있는 장면 등이다.

제목 '아마코드'는 리미니 사투리로 '나는 기억한다'라는 뜻이다. 펠리니는 10대 시절을 보낸 자신의 고향 리미니로 되돌아간다. 당시는 1930년대로 무솔리니의 파시즘이 이탈리아를 지배할 때다. 〈아마코드〉에는 '티타'(Tita)라는 말썽꾸러기 소년을 중심으로 10대들이 펼치는 성적 모험담, 그리고 이들의 일상과 얼핏 무관한 듯 보이는 파시즘의 비정상이 함께 전개된다. 한쪽에선 철없는 소년들이 과도한 성적 호기심을 아슬아슬할 정도로 드러내고, 다른 한쪽에선 정부에 호의적이지 않은 티타의 부친 같은 사람들을 괴롭히는 파시스트의 폭력적인 행위가 교차 되는 식이다.

〈아마코드〉에서 펠리니가 강조하는 리미니의 매력은 세 곳에 집중돼 있다. 그곳은 시내의 광장, 인근의 전원, 그리고 바다이다. 저녁이면 광장을 산책하며, 이웃들을 만나고, 세상이 어떻게 돌아가는지 알아보는 게 당시 주민들의 일상 중 하나였다. TV가 없던 시절, 광장은 하나의 스펙터클을 제공하는 주요한 공간이었다. 이를테면 연례축제, 파시스트들의 정치집회, 또 사실상 파시스트들의 선전장이었던 자동차경주대회 '1천 마일'(Mille Miglia) 같은 흥분된 행사들이 열렸다. 이제 막 사춘기를 통과하는 티타 일행은 성적 환상을 자극하는 여성들을 구경하기 위해 광장에 나가곤 한다. 리미니의 광장과 매우 닮은 광장 장면은 현지에서가 아니라, 당시 펠리니가 거의 단독으로 이용하던 치네치타의 세트장인 '스튜디오 5'에서 촬영됐다. 이곳은 펠리니에 대한 오마주를 담아 지금은 '펠리니 스튜디오'로 불린다.

〈아마코드〉의 중간쯤에 등장하는 전원 풍경은 리미니가 바다뿐 아니라 얼마나 아름다운 들판을 곁에 두고 있는지 한눈에 알게 한다. 정신병원에 있는 미친 삼촌과 함께 소풍을 가는 장면에서다. 길옆에는 푸른 사이프러스 나무들이 줄 서 있고, 그 옆으로는 황금빛 밀밭이 펼쳐지는 곳이다. 가족들은 시골의 어느 한적한 농장에서 마당 위에

임시 식탁을 마련하여 함께 식사를 한다. 빵과 포도주, 그리고 치즈가 준비된 간단한 식탁은 오후의 햇살을 받아, 이곳 시골을 한순간에 낙원으로 바꿔놓는 것 같다. 전원 장면은 지금도 이탈리아 시골의 평화로운 모습을 담은 대표적인 시퀀스로 남아 있다.

그리고 당연하게도 리미니의 바다가 강조돼 있다. 〈아마코드〉에서 리미니의 바다는 미지의 세상을 향한 벅찬 공간으로 제시된다. 사람들은 보트를 타고 저 멀리 바다로 나가기도 하고, 파시즘 시절 국가의 권위를 자랑하기 위해 만든 대형 여객선 '렉스'(Rex)를 바라보며 더 넓은 세상을 꿈꾸기도 한다. 바다는 미지의 세상을 향한 설레는 출발지로 그려져 있는 것이다.

라벤나, 안토니오니 〈붉은 사막〉의 배경

또 다른 대표적인 해변 도시 라벤나(Ravenna)는 리미니에서 북쪽으로 50km 정도 떨어진 곳에 있다. 해운대가 주로 외지인에게 점령당해, 현지인은 바로 위에 있는 송정해수욕장으로 가듯, 리미니가 외국인의 바다라면, 라벤나는 이탈리아인의 바다다. 한때 서로마제국의 수도였던 이 역사적인 도시는 5, 6세기에 건립된 초기 기독교 성당들로 유명하다. 특히 산 비탈레(San Vitale) 성당, 산타폴리나레 누오보(Sant'Apollinare Nuovo) 성당은 비잔틴 양식 건축의 귀중한 성지로 특별한 사랑을 받는다. 교회 내부에 있는 예수의 삶을 그린 모자이크 장식은 비잔틴 미술의 대표작들이다.

도시 중심의 역사 깊은 유적지뿐 아니라, 라벤나는 리미니처럼 끝없이 펼쳐진 넓은 백사장의 바다로도 유명하다. 그런데 미켈란젤로 안토니오니가 〈붉은 사막〉(1964)에서 그린 라벤나는 그런 관광지, 또는 명승지가 아니다. 그가 주목한 것은 라벤나로 상징되는 산업화된 공간, 또는 오염된 공간이다. 라벤나는 바다 옆의 석유화학단지로도 유명한데, 안토니오니는 주로 이곳을 중심으로 촬영을 진행했다. 라벤나의 역사적으로 유명한 곳, 또 눈부신 백사장의 바다는 단 한 장면에도 나오지 않는다. 대신 누런색 연기를 내뿜는 공장 굴뚝들, 검은색 물로 변한 하천들, 그리고 시커먼 뻘밭처럼 변한 오염된 흙 등이 강조돼 있다.

펠리니의 〈아마코드〉에선 파시즘 시절의 사람들이 소년 티타로 상징되는 미성년에 머물기를 강요당했거나, 그의 삼촌처럼 미쳤거나, 파시스트들처럼 비정상의 광기에 빠져 있었다. 펠리니에 따르면 파시즘이란 게, 세상을 그렇게 비정상으로 만든다는 것이다. 안토니오니의 〈붉은 사막〉은 산업화의 오염된 환경과 마주친 주인공 줄리아나(모니카 비티)가 점점 미쳐가는 과정을 보여준다. 여기선 파시즘의 정치가 아니라, 산업화의 경제가 사람의 목을 쵠다.

줄리아나는 라벤나의 소문난 명승지들은 놔두고, 이상하게도 주로 오염된 공장지대를 아들과 함께 산책한다. 구두는 시커먼 흙에 푹푹 빠지고, 또 쓰레기장이나 다름없는 땅에선 이상한 연기까지 나오고 있다. 균형 감각을 잃은 줄리아나는 이곳을 마치 산책하기 좋은 공원처럼 여기는 것 같다. 그런데 흥미롭게도 안토니오니는 줄리아나가 산책하는 이런 오염된 공간을 조형적으로는 대단히 '아름답게' 표현하고 있다. 첫 장면인 공장지대 스케치부터, 화면은 마치 몬드리안이 추상화를 그리듯, 수직과 수평의 간결한 회화처럼 묘사된다. 말하자면 오염된 연기를 내뿜는 공장 지역 전체가 추상화의 대상으로 변해 있다. 도시가 그만큼 생명을 위협할 정도로 차갑게 변했다는 뜻일 테다.

1964년 〈붉은 사막〉이 발표됐을 때, 고다르는 안토니

오니와 인터뷰를 진행했다. "〈붉은 사막〉은 심리적이기보
다는 조형적입니다."라고 고다르가 말하자, 안토니오니는
"같은 의미"라고 대답했다. 다시 말해 고다르는 당시 영화
계의 다수가 〈붉은 사막〉에 표현된 '색깔의 심리'를 주로
강조한 것과는 전혀 다른 의견을 내놓았다. 곧 고다르는
심리보다는 조형적 표현법에 더 주목했다. 이에 대한 안토
니오니의 답은 '심리는 곧 조형'이라는 것이다. 심리는 컬
러는 물론 조형에 의해서도 표현된다는 뜻이다. 결과적으
로 두 감독이 강조한 것은 영화에 대한 일반적인 평가인
'컬러'보다는 '조형'이었다. 안토니오니의 말대로 〈붉은 사
막〉의 라벤나는 색깔도 중요하지만, 거의 모든 장면이 '점,
선, 면'으로 구성된 회화처럼 표현돼 있다. 칸딘스키, 혹은
몬드리안이 카메라를 들었다면 아마 이렇게 표현하지 않
았을까 싶을 정도로 화면은 두 화가의 추상화를 닮았다.
펠리니의 흥분된 바다와 비교하자면, 안토니오니의 바다
는 엄격하게 추상화돼 있는 셈이다. 아마 그래서 〈붉은 사
막〉은 고독해 보일 것이다.

6. 만토바와 베르가모

포강 유역의 곡창지역

베르나르도 베르톨루치, 〈1900〉, 1976

에르만노 올미, 〈나막신 나무〉, 1978

베르톨루치와 올미의 '두 도시 이야기'

르네상스의 도시 만토바(Mantova)가 유명해진 데는 주세페 베르디의 오페라 〈리골레토〉가 한몫했다. 화려한 궁전을 배경으로 '여자의 마음은 갈대'라며 여성 편력을 자랑하는 '만토바 공작'의 유명세를 통해서다. 그가 통치하는 곳이 만토바다. 이탈리아의 수많은 도시 가운데서도 만토바를 오페라의 주요 배경으로 삼은 데는, 도시가 오페라의 분위기처럼 퇴폐적일 정도로 화려한 과거를 갖고 있기 때문이다. 〈리골레토〉는 16세기 배경의 오페라인데, 당시 만토바의 곤차가(Gonzaga) 가문은 피렌체의 메디치 가문처럼 르네상스의 대표적인 영주였다. 곤차가 집안이 거주하던 '공작 궁전'(Palazzo Ducale), '테 궁전'(Palazzo Te) 등은 지금도 만토바의 영욕을 고스란히 간직하고 있다. 말하자면 만토바는 실제로 부와 권력을 가진 패권 도시였는데, 그럴 수 있었던 것은 주변에 펼쳐진 광대한 평야 덕분이었다. 포(Po)강 유역에 펼쳐진 끝없는 평야, 이곳은 '파다나'(Padana)라고 불리는데, 만토바는 이곳의 대표도시로서 북부 농업의 중심지였다.

〈1900〉, 베르톨루치의 '붉은 깃발'

베르나르도 베르톨루치의 〈1900〉(1976)은 이곳 파다나 배경의 역사극이다. 오페라 제목 〈리골레토〉는 주역 광대의 이름인데, 그와 같은 우스꽝스러운 복장을 한 어느 하인 광대가 들판에서 "베르디가 죽었다"고 통곡하자 영화가 본격적으로 시작된다. 곧 영화의 출발은 베르디가 죽은 1901년이고, 그 끝은 1945년 2차대전 이후의 해방까지다 (그리고 짧은 에필로그가 붙어있다). 베르톨루치는 20세기 전반부의 역사를 곡창지대인 이곳 파다나의 농부들 삶에 초점을 맞춰 전개한다. 소수의 지주가 땅을 소유하고 있고, 다수의 소작농이 노예처럼 일할 때다. 〈1900〉은 베르디가 죽은 1901년 1월 27일, 같은 날 태어난 지주의 아들 알프레도(로버트 드 니로)와 소작농의 아들 올모(제라르 드파르디유)의 극명하게 갈린 계급의 운명을 따라, 국가의 운명까지 성찰한 5시간짜리 대서사극이다.

어릴 때는 친구처럼 자랐던 두 남자가 성인이 되며, 각자의 다른 운명을 따라가는데, 그러면서 이탈리아의 '20세기'(이 단어의 이탈리아식 표기는 '1900'이고, 이것이 영화의 원제목이다)가 주로 농민들의 시선에서 그려진다. 청년 시절, '순진한' 알프레도는 재산 지키기에 잔혹한 부친과 부딪히곤 했다. 부친은 돌풍 때문에 수확이 반으로 줄자, 입에 풀칠하던 소작농들의 볼품없던 수입도 반으로 줄이던 '잔인한' 지주였다. 알프레도는 그런 부친의 탐욕을 부끄럽게 여겼다. 그런데 알프레도는 자신이 지주가 되자, 파시스트의 지원도 모르는 척 받아가며, 유산을 움켜쥐려고 안간힘을 쓴다. 그는 부친과 다를 바 없는 어른으로 변해가는 것이다. 그러는 사이 소작농의 아들 올모는 공산주의자로 성장하며, 지역의 농민운동을 주도하는 리더로 커간다.

영화의 시작과 함께 펼쳐지는 포강 유역의 푸른 평야는 마치 이탈리아를 살아있는 낙원으로 보이게 한다(촬영감독은 베르톨루치의 오랜 협력자인 비토리오 스토라로). 하지만 머지 않아 '낙원'은 피로 물든 비극의 땅으로 변해갈 것이다. 지주들은 만토바의 '은총의 교회'(Santuario delle Grazie)에 모여, 농민들을 통제하기 위해 파시스트의 협력을 받기로 모의하고, 교회의 신부는 이들의 합의를 두둔하고 나섬으로써 '피의 역사'는 시작된다. 베르톨루치는 지주-파시스트-교회를 한 편에, 그리고 농민들을 맞은편에 내세워, 어쩌면 승부가 이미 결정 난 불공평한 운명을 극화하고 있다.

어떤 농민은 말한다. "어릴 때부터 가족 일을 도우며 일찍부터 노동을 시작하고, 10대가 되며 지주에게 착취당했는데, 어른이 되니 파시스트들이 (나에게) 총을 쏜다."라는 것이다. 이름 없는 농민의 이 말은 영화가 발표되던 1976년 그때에도 큰 메아리를 울렸다. 〈1900〉이 갈등의 한 축으로 내세운 지주(자본가)-파시스트(정치가)-교회(정치화된 세속 종교)의 삼각 구조는 지금도 누군가에겐 한탄의 대상일 것이다.

〈나막신 나무〉, 올미의 '순교극'

베르톨루치는 〈1900〉에서 '붉은 깃발'을 든 농민들을 보여주며, 하층민의 계급의식을 찬양했다. 곧 의식화된 농민들이 베르톨루치 드라마의 주역이다. 이에 비교해 네오리얼리즘의 적자 에르만노 올미는 〈나막신 나무〉(1978)를 통해 또 다른 농민 상(像)을 그린다. 올미는 철저하게 패배하는 농민들, 운명과 대결하기보다는 운명에 순종적인 농민들의 일상에 초점을 맞춘다. 역시 파다나의 곡창지역인 베르가모(Bergamo) 근처가 배경이다(칸영화제 황금종려상).

베르톨루치가 르네상스의 미켈란젤로처럼 화려하고 박력 있다면, 올미는 바로크의 네덜란드 화가들처럼 섬세하고 성찰적이다. 〈나막신 나무〉의 시대적 배경은 〈1900〉의 바로 전인 1897년 가을부터 이듬해 봄까지다. 역시 지주 집에 매여 사는 소작농 가족들의 이야기다. 6km를 나막신을 신고 걸어서 통학해야 하는 소년, 가장이 죽는 바람에 밤낮없이 빨래하며 6자녀를 키우는 세탁부, 결혼을 앞둔 가난한 처녀와 총각, 그리고 맨날 싸움질해대는 성질 사나운 가족들이 돋보이는 캐릭터들이다.

그런데 이들의 드라마틱한 이야기도 흥미롭지만, 정말 더 비중 있게 다뤄지는 것은 소작농들이 매일 반복해야 하는 고단한 노동이다. 다큐멘터리 작가 출신답게 올미는 농부들이 새벽에 일어나 말의 등에 무거운 농기구를 매는 과정들, 세탁부가 겨울에도 냇가에 앉아 찬물에 계속 빨래를 하는 일상, 부모들의 일을 돕는다며 사실 놀기에 더 바쁜 아이들의 소동 등을 마치 역사를 기록하듯 세세하게 촬영하고 있다. 그런 일상은 볼거리의 대상이 될 수 없다는 단호한 태도 같은 게 화면 속에 그려져 있다. 올미는 베르톨루치의 〈1900〉을 의식하고 〈나막신 나무〉를 만든 것 같다. 이를테면 〈1900〉과 〈나막신 나무〉 모두에서 돼지도살 장면이 등장하는데, 베르톨루치의 그것이 장대한 스펙터클이라면, 올미의 그것은 거친 노동의 숙명에 대한 성찰인 식이다.

베르톨루치의 농민들이 '파업'의 설렘에 몸을 떨 때, 올미의 농민들은 거의 하루도 빠짐없이 내일의 양식을 걱정하며 한숨짓는다. 만약 이승의 삶에 행복이란 게 있다면, 그건 가족 중에서 유일하게 처음 시작한 가장 어린 아들의 학업, 동생들을 고아원에 빼앗기지 않기 위해 세탁부 엄마를 도와 밤낮으로 일하는 15살 아들의 헌신 등, 노동으로는 당장 환원되지 않는 미래의 희망 같은 것이다. 〈나막신 나무〉는 그런 희망마저 타자(곧 지주)에 의해 결정되는 농민의 운명을 악착같이 따라간다. 영화의 마지막에서 어린 아들의 '나막신'을 만들기 위해 지주의 '나무'를 베었다는 이유로 졸지에 길바닥에 쫓겨나는 그 가족의 모습은 '붉은 깃발'만 없을 뿐 베르톨루치의 계급의식을 충분히 상기 시키고도 남는다. 말하자면 올미는 자칫 선동으로 비칠 수 있는 정치적 표현을 사용하지 않고도, '나막신을 신어야 하는 운명'의 불공정함을 순교의 종교화처럼 그리고 있다.

베르톨루치는 유명 시인의 아들이었고, 자신도 10대에 시인으로 등단한 영재였으며, 파졸리니의 조감독을 통해 화려하게 감독으로 데뷔했다. 반면에 올미는 노동자의 아들이었고, 부모들처럼 10대 때부터 공장에서 일하며 공부했다. 그때 우연히 동료 노동자들의 모습을 카메라에 담다가 다큐멘터리 작가가 됐다. 그리고 어떤 유명 감독의 도움 없이, 스스로 학습하며 장편영화 감독으로 데뷔한 입지전적인 인물이다.

7. 베로나

로미오와 줄리엣의 고향

프랑코 제피렐리, 〈로미오와 줄리엣〉, 1968
게리 위닉, 〈레터스 투 줄리엣〉, 2010
미켈란젤로 안토니오니, 〈일식〉, 1962
루키노 비스콘티, 〈센소〉, 1954

사랑의 성지 혹은 광기의 도시

이탈리아 북부에 있는 베로나는 지금도 셰익스피어 덕을 본다. 그 유명한 〈로미오와 줄리엣〉의 배경이 베로나인 까닭이다. 셰익스피어는 이탈리아에 대한 특별한 애정을 가졌는데, 하지만 그가 이탈리아를 직접 여행했는지 사실 여부는 지금도 확인되지 않는다. 셰익스피어의 삶에서 확인되지 않는 게 어디 이뿐이랴? 아마 이런 신비스러운 요소가 그의 인기를 더욱 높여준 것 같다. 10대 소년 소녀의 순수한 사랑을 그린 〈로미오와 줄리엣〉은 영화의 탄생 때부터 인기 있는 시나리오가 됐다. 그리고 지금은 나라마다 다르게 각색한 작품들, 이를테면 인도판의 〈로미오 줄리엣〉(Romeo Juliet, 2017) 등이 발표될 정도로 여전히 인기가 높다. 그런데 아쉽게도 이들 작품 가운데 베로나를 아름답게 찍은 작품은 거의 없다. 가장 유명한 프랑코 제피렐리의 〈로미오와 줄리엣〉(1968)도 베로나에서 찍지 않았다.

과거의 흔적이 사라졌기 때문이다. 그래서 장소를 자유롭게 변경하기도 한다. 이를테면 레너드 디카프리오가 주연해 유명한 〈로미오+줄리엣〉(1996)은 대부분 멕시코에서 촬영했다. 하지만 원작의 배경은 베로나이고, 그래서 지금도 베로나는 〈로미오와 줄리엣〉의 고향, 곧 '사랑의 성지'로 각인된 것이다.

베로나, 사랑의 성지

이탈리아라는 땅은 전체가 왠지 '아모레'(Amore, 사랑)의 성지처럼 느껴진다. 만약 그 가운데 사랑에 대한 상상력을 가장 자극하는 도시로 베로나가 꼽힌다면 그건 〈로미오와 줄리엣〉 덕분일 것이다. 지금도 전 세계에서 밀려온 관광객들이 '줄리엣의 집'을 방문하고, 또 줄리엣이 서 있었을 것 같은 2층 발코니에서 밖을 보며 기념촬영을 한다. 특히 여성들은 스스로가 줄리엣이 되어, 영원한 사랑의 대상 로미오를 만나기를 기도하기도, 또 떠나버린 로미오를 한탄하기도 한다. 집 마당에 있는 줄리엣의 동상도 특별한 사랑을 받는다. 그의 가슴에 손을 얹고 기도를 하면 소원이 이뤄진다는 전설이 있어, 많은 사람이 차례를 기다리며 줄을 선다. 그래서 줄리엣의 동상에서 가슴 부분은 유난히 반짝반짝 빛난다. 어느덧 '줄리엣의 집'은 '사랑의 성소'가 된 것이다.

사랑의 성지로서의 베로나, 그중에서도 '줄리엣의 집'을 모티브로 삼은 대표적인 작품이 〈레터스 투 줄리엣〉(2010)이다. 작가 지망생 소피(어맨다 사이프리드)는 요리사인 약혼자 빅터(가엘 가르시아 베르날)와 함께 베로나로 약혼 여행을 떠난다. 이들이 뉴욕의 빌딩 숲을 벗어나면, 화면엔 금세 아디제(Adige)강으로 양분된 베로나의 화려한 전경이 펼쳐져, 가슴이 뻥 뚫리는 것 같은 느낌을 받는다. 시내 중심에 있는 로마 시대의 원형극장 '아레나'(Arena), 역시 로마 시대 시민들의 만남의 장소인 포럼(Forum)으로 쓰인 '에르베 광장'(Piazza delle Erbe) 등을 통해 베로나가 얼마나 오래된 도시인지를 한눈에 알게 한다. 소피는 '줄리엣의 집'에서 관광 온 여성들이 간절한 소원을 적은 편지들을 남기고, 또 이 편지들에 대해 베로나의 여성들이 일일이 답장을 한다는 사실에 강한 호기심을 갖는다. 소피는 자원봉사자로서 영어작문을 맡는데, 50년도 더 된 오래된 편지 하나를 발견하면서 영화는 전환점을 맞는다. 그 편지는 50여 년 전, 영국 여인이 토스카나의 시에나에서 유학할 때 사귄 이탈리아 남자친구를 어쩔 수 없이 떠난 데 대한 회한을 담고 있다.

　한편 약혼자 빅터는 농업지역으로도 이름 높은 베로나 인근을 맘껏 즐긴다. 요리사답게 빅터는 베로나의 치즈, 올리브 기름, 그리고 포도주를 시식하고 구입하는 데 정신이 없다. 현지에서 직구입하여 뉴욕 식당에서 쓸 계획이다. 특히 빅터는 이 지역의 포도주에 반해, 소피를 데리고 직접 포도밭을 방문하기도 한다. 로마제국 때부터 이어진 베로나의 시내도 아름답지만, 인근의 포도밭을 끼고 있는 자연풍경이 얼마나 아름다운지는 이들 약혼자 커플이 포도밭을 방문할 때 압도적으로 표현돼 있다. 베로나에서 생산되는 포도주는 '발폴리첼라'(Valpolicella)라고 부르는데, 토스카나 지역의 '키안티'와 더불어 질 좋은 포도주의 대명사처럼 평가받는다(발폴리첼라는 이 지역 이름이기도 하다). 영화의 후반부는 소피가 이젠 할머니가 된 영국 여인(바네사 레드그레이브)을 동반하여, 시에나에 살고 있을 것으로 추정되는 옛 애인 이탈리아 남자(프랑코 네로. 과거 스파게티 웨스턴으로 유명한 배우다. 레드그레이브와 네로는 실제로 부부다)

를 찾아가는 내용이다. 여기서도 베로나는 셰익스피어의
〈로미오와 줄리엣〉처럼, 사랑의 성지로 그려져 있다.

안토니오니와 비스콘티의 다른 두 시선

미켈란젤로 안토니오니의 '소외 3부작'의 마지막 작품
은 〈일식〉(1962)이다(나머지 둘은 〈정사〉와 〈밤〉). 과거에 한
국에 소개될 때는 원제와는 아주 다르게 〈태양은 외로워〉
라는 '이상한' 제목으로 개봉됐다. 이전에 알랭 들롱이 주
연해 크게 히트한 〈태양은 가득히〉(1960)의 유명세를 이
용한 번역이었다. 〈일식〉의 주인공도 알랭 들롱이며, 그의
상대역으로는 안토니오니의 뮤즈였던 모니카 비티가 나
온다. 번역가 비토리아(모니카 비티)는 알랭 들롱을 만나기
전에 최근 10년간 사귀었던 남자와 헤어졌다. 안토니오니
의 영화답게 특별한 이유는 없다. 굳이 답을 찾자면 서로
의미 없는 말만 의무처럼 교환하고 있기 때문이었다.

그래도 10년간 사귄 남자와 헤어졌는데, 마음이 무겁지
않을 수 없다. 침울한 기분에 빠져 있는 비토리아를 위로
하기 위해 친구들이 제안한 게 베로나에 가는 짧은 여행이
다. 마침 한 친구가 경비행기 조종사였고, 이들은 로마에

서 출발해 베로나로 가는 비행기에 오른다. 여름의 하늘은 높고, 맑다. 이들이 베로나에 도착한 사실은 하늘에서 바라본 '아레나' 풍경으로 곧 알 수 있다. 로마의 콜로세움에 이어 이탈리아에서 가장 유명한 야외극장으로, 여름이면 오페라극장으로도 이용되는 곳이다. 비토리아는 베로나의 경비행기 전용공항에 내려, 아무도 없는 활주로 주변에 혼자 선 채, 무심히 공항 풍경을 바라본다. 텅 빈 활주로, 텅 빈 공항, 이처럼 비어 있는 공간은 안토니오니 특유의 공간일 텐데, 그것은 또 여기에선 비토리아의 마음일 것이다. 안토니오니의 베로나는 그의 소외 3부작 영화의 특징답게, 사막처럼 고요한, 그래서 묘한 안도감을 주는 곳으로 그려져 있다.

안토니오니의 베로나는 셰익스피어의 베로나와 달리 대단히 정적인 공간으로 제시돼 있다. 반면에 셰익스피어의 베로나와 비슷하게, 아니 열정이 넘쳐 광기의 도시로 베로나를 그린 게 루키노 비스콘티의 〈센소〉(1954)다. 가리발디의 19세기 통일운동이 배경인 이 멜로드라마에서, 비스콘티는 세 도시를 강조한다. 먼저 사랑이 싹트는 베네치아, 배신을 예감케 하는 트렌토(Trento) 인근(알데노), 그리고 파국으로 치닫는 베로나가 그것이다. 이탈리아의 백작 부인 리비아(알리다 발리)는 당시의 점령국 오스트리아의 젊은 장교 프란츠(팔리 그랜저)와 사랑에 빠졌다. 그런데 청년 프란츠의 입장에선, 그건 사랑이 아니라 유희였다는 점을 리비아는 뒤늦게 알게 된다. 리비아는 베로나에 있는 그를 찾아간다. 프란츠는 사랑의 대가로 받은 백작 부인의 돈을 이용하여, 전쟁 중임에도 군의관에게 뇌물을 먹여 군에서 제대했고, 베로나에서 새 애인을 만나 방탕한 생활을 즐기고 있다.

트렌토에서 프란츠의 소식을 기다리다 지친 리비아는 마차를 타고 몇 날 며칠을 달려 베로나에 간다. 베로나는 패전을 눈앞에 둔 오스트리아 군인들이 술을 엉망진창으로 마셔 길거리는 무법천지로 변해 있다. 마치 전쟁의 참화를 그린 프란시스 고야의 판화 속 인물들처럼, 사람들은 미쳐 보이고, 세상은 고삐 풀린 말처럼 이리저리 휘달리는 것이다. 여긴 〈로미오와 줄리엣〉의 베로나에서 일부 드러났던 광기와 폭력이 난무한다. 셰익스피어의 작품에서 걸핏하면 칼싸움하던 청년들을 기억해보라. 〈센소〉의 베로나엔 아무런 낭만성도 없고, 오직 배신의 고통과 복수의 분노만이 넘쳐난다. 프란츠의 범죄(너물)를 군에 신고함으로써 복수를 감행한 리비아가 캄캄한 베로나의 밤거리에서 미친 듯 애인의 이름 '프란츠!'를 부르는 게 영화의 종결부다. 비스콘티의 베로나는 '검은 광기'의 도시로 변해 있는 것이다.

8. 산레모

칸초네를 알린 곳

루카 구아다니노, 〈아이 엠 러브〉, 2009
앤서니 밍겔라, 〈리플리〉, 1999
앨프리드 히치콕, 〈나는 결백하다〉, 1955

이탈로 칼비노와 노래

　이탈로 칼비노는 쿠바에서 태어났다. 농학자 부친과 생물학자 모친이 그곳의 식물원에서 일하고 있었다. 부모는 고국을 그리며, 아들의 이름을 '이탈로'(Italo)라고 지었다. 우리 식으로 말하면 '한국(소년)'쯤 된다. 멕시코, 쿠바 등에서 20년 이상 살았던 부모들은 이탈로가 2살 때인 1925년 드디어 그리운 고향으로 돌아온다. 부친의 고향이 산레모다. 고향에서도 부모들은 화훼연구소의 대표로 일했다. 산레모의 유명한 과학자 집안 출신인 부친은 '빌라 메리디아나'(Villa Meridiana)라고 불리는 집을 갖고 있었는데, 이곳엔 큰 정원이 있었고, 아름다운 나무와 꽃들이 가득 차 있었다. 말하자면 이탈로 칼비노는 어릴 때부터 나무와 꽃들에 둘러싸인 채 자랐다.

이탈로 칼비노 문학의 텃밭

"절대 내려가지 않을 거예요!"

달팽이 요리 먹기를 강요하는 아버지의 명령을 거부하며, 나무 위에 올라가서 살기를 결심한 12살 소년의 '황당한' 이야기 〈나무 위의 남작〉은 사춘기를 보내는 이탈리아 청소년들에겐 필독서 중의 하나다. 다르게 살기를 꿈꾸는 소년이 '나무 위로 올라간다'라는 모티브는 나무와 관련된 칼비노의 어릴 적 환경에서 잉태된 것이다. 덧붙여 가족적 환경뿐 아니라, 산레모라는 도시 자체가 이탈리아의 대표적인 '나무의 도시' '꽃의 도시'인데, 이런 외부적인 환경도 칼비노의 창작에 많은 영향을 미쳤다.

혹시 루키노 비스콘티의 〈레오파드〉(1963)에 나오는 마지막 '춤 장면'에서의 화려한 꽃들이 기억날까? 시칠리아의 귀족들이 밤새 춤을 추며 이탈리아의 통일을 축하하는 종결부에서다. '간지 궁'(Palazzo Gangi)의 화려함을 더욱 돋보이게 한 것은 홀의 곳곳에 장식된 여러 색깔의 수백 송이 꽃들인데, '완벽주의자' 비스콘티는 이 꽃들을 산레모에서 공수했다. 춤 장면은 48일 동안 촬영됐고, 산레모의 꽃들은 매일 현장에 배달됐다. 이렇듯 이탈리아인들에게 산레모는 꽃의 도시로 각인돼 있다.

장식이 풍부한 비스콘티의 멜로드라마 특성을 적극적으로 계승하는 루카 구아다니노의 〈아이 엠 러브〉(2009)는 이탈리아 북부의 두 도시, 곧 밀라노와 산레모를 대조한 멜로드라마다. 밀라노는 회색의 산업도시로서, 주로 겨울에 등장한다. 반면에 산레모는 빨간색, 노란색의 만발한 꽃들로 장식돼 있고, 주로 여름에 등장한다. 말하자면 밀라노는 억압적 문명의 상징, 반면에 산레모는 자유로운 에로스의 상징으로 제시된 것이다.

러시아 출신 엠마(틸다 스윈튼)는 밀라노의 섬유 재벌 레키 집안에 시집오면서 이탈리아에 정착했다. 대가족의 며느리로서 엠마는 빈틈없는 일상을 통제하며 살고 있다. 아직 경제 권력을 쥐고 있는 시아버지, 후계자를 꿈꾸는 남편, 그리고 청년기의 두 아들과 딸 사이에서 자신의 역할을 매끄럽게 수행한다. 장남의 친구인 요리사 안토니오(에도아르도 가브리엘리니)를 만나기 전까지는 그렇다. 톱니처럼 꽉 끼어 있는 가족관계 속에서 자신의 역할에 매진하던 엠마가 어느 날 딸이 동성애자라는 사실을 알았을 때, 그는 왠지 톱니 하나가 탁 떨어져 나간 듯한 기분을 느낀다.

엠마는 혼자 밀라노 대성당의 지붕 위로 올라가 하염없이
시내를 바라본다. 그럴 즈음 엠마에게 나타난 인물이 시골
에서 식당을 운영하는 안토니오이다. 수수한 옷차림에 자
유롭고 자연스러워 보이는 청년이다. 얼마 뒤, 엠마가 산
레모에서 안토니오를 다시 만나고, 근처에 있는 그의 식당
을 방문하던 날부터 〈아이 엠 러브〉의 이야기는 플로베르
의 〈보바리 부인〉처럼 급변한다(그래서 여주인공의 이름을 보
바리 부인처럼 '엠마'라고 정한 것 같다).

　회색의 밀라노와 달리 엠마가 방문한 산레모는 그가 입
은 진홍색 드레스 색깔처럼 자유롭고 흥분돼 보인다. 게다
가 안토니오의 식당으로 가는 시골길은 푸른 나무들, 길게
자란 풀들로 도시의 찌든 때를 단번에 씻어준다. 꽃의 도
시, 나무들의 도시 산레모는 '엠마의 모험'을 장식하는 공
간으로 제시돼 있는 것이다. 두 사람이 이곳에서 사랑을
나눌 때면 주변엔 양귀비 같은 화려한 색깔의 꽃들이 만발
한 들판과 언덕만 보인다. 그리고 그런 꽃들 사이를 날아
다니는 벌레들과 주변의 새들이 지저귀는 소리만이 주위
에 울린다. 사람, 곤충, 새 그리고 꽃까지 모두 사랑에 빠진
것 같다. 말하자면 산레모는 독보적인 에로스의 공간으로

강조돼 있다.

에로스의 공간

산레모는 이탈리아 북서쪽 리비에라(Riviera) 해변에 있다. 프랑스 국경과는 불과 20km 거리다. 산레모는 프랑스 남쪽 해변, 곧 코트다쥐르(Côte d'Azur)와 연결되는 아름답기로 소문난 이곳 리비에라 해변의 항구다. 이탈리아의 제노바에서 출발하여 왼쪽으로 산레모, 그리고 프랑스의 니스와 칸에 이르는 리비에라 해변은 빼어난 풍광 때문에 수많은 영화에 등장한다. 앨프리드 히치콕의 〈나는 결백하다〉(To Catch A Thief, 1955)가 대표적이다. 이탈리아에 거주할 때, 칸영화제에 참가하기 위해 그 노선의 기차를 탔는데, 제노바 이후부터는 아무것도 하지 못하고 차창 밖만 계속 쳐다보기만 했다. 끝없이 펼쳐지는 푸른 바다, 모래사장, 그리고 반대편의 깎아지른 듯한 절벽은 기묘한 조화를 이뤘다(창밖을 구경하느라 여행용으로 들고 간 셰익스피어의 〈리어왕〉은 돌아올 때도 읽기에 집중하지 못했다).

산레모는 또 음악의 도시이기도 하다. '산레모 가요제'는 한때 세계 대중음악의 한 축이었다. 지금도 '볼라레'(Volare, 난다는 뜻) '마음은 집시'((Il cuore è uno zingaro) 같은 칸초네는 여전히 라디오에서 흘러나온다. 과거에 저작권 개념이 분명하지 않을 때, 우리도 산레모에서 발표된 칸초네를 종종 카피하기도 했다(우리뿐 아니라 세계의 많은 가요계가 그랬다). 지금은 중단됐지만 1950년대의 '산레모 재즈 페스티벌'도 유명했다. 유럽 재즈는 이곳 산레모에서 만발한 꽃처럼 울려 퍼졌다.

앤서니 밍겔라의 〈리플리〉(1999)도 산레모에서 주요한 시퀀스를 찍는다. 부잣집 아들 디키(주드 로)는 재즈광인데, 남부 이탈리아에서 여자 문제로 사고를 친 뒤, 톰 리플리(맷 데이먼)와 함께 산레모로 여행을 간다. 재즈 페스티벌이 벌어지고 있어서다. 원작의 작가인 패트리샤 하이스미스의 '유혹적인' 테마, 곧 하루라도 '허영의 불꽃'처럼 살고 싶어 하는 하층민 남자의 헛된 꿈이 여기서도 빛을 발한다. 톰 리플리는 불가능한 건 알지만, 한순간이라도 디키처럼 살고 싶어 한다. 명품 옷을 걸치고, 매일 바꿔 입고, 이탈리아의 화려한 별장에서 휴가를 보내고, 스포츠카를 몰고, 요트를 타고…

디키 옆에서 잠시 머물던 톰은 그의 삶에 점점 빠져든

다. 원래는 디키 부친과의 계약에 따라, 방탕한 생활을 하는 디키를 미국으로 데려가야 하는데, 톰은 그럴 생각이 별로 없다. 가능한 디키 옆에서 디키처럼 살고 싶다. 돈 걱정 없이 화려한 생활을 하는 게 너무 멋있어 보이는 것이다. 게다가 디키가 즐기는 재즈는 왜 그렇게 세련돼 보이는지. 원래는 클래식 음악을 좋아하던 톰은 디키를 따라 재즈를 즐기기 시작한다. 디키의 삶을 카피하기 시작한 톰은 급기야 그를 사랑하기에 이른다. 산레모의 푸른 바다에서 함께 요트를 타며 톰은 속내를 고백하기도 한다. 하지만 디키의 마음은 다르다. 그의 고백을 경멸한다. "너는 절대 부자가 될 수 없어. 지겨워." 디키는 하층민 주제에 감히 자신을 따라 하는 톰을 비웃는다. 이때부터, 곧 산레모의 투명한 푸른 바다가 피로 물든 뒤부터 〈리플리〉는 전혀 다른 이야기로 방향을 튼다.

〈리플리〉의 산레모는 세련된 재즈와 범죄로 기억될 것이다. 그 재즈와 범죄의 모티브는 결국 '사랑'인데, 이것은 〈아이 엠 러브〉의 도시 성격과 다를 바 없다. 톰은 사랑 때문에 재즈도 좋아했고, 또 그 사랑이 거부되자 범죄에 이른 것이다. 푸른 바다, 화려한 꽃들, 귀를 유혹하는 재즈 등

산레모를 장식하는 모든 소재는 결국 사랑의 특성을 구성
하는데, 그 특성들이 바로 산레모의 매력이다. 〈리플리〉에
서도 산레모는 에로스의 공간으로 등장한 것이다.

9. 브레시아

파시즘의 유령

피에르 파올로 파졸리니, 〈살로, 소돔의 120일〉, 1975
루카 구아다니노, 〈콜 미 바이 유어 네임〉, 2017
마크 포스터, 〈007 퀀텀 오브 솔러스〉, 2008

가르다 호수의 대표도시

이탈리아에서 가장 큰 호수는 북쪽 브레시아와 베로나 사이에 있는 가르다(Garda)이다. 밀라노에서 동쪽 방향, 곧 베네치아로 가는 길에서 이 호수를 만나게 된다. 또 다른 유명한 길로는 괴테가 통과한 방법인데, 그가 〈이탈리아 기행〉에서 밝힌 대로, 알프스의 티롤 지방을 지나 남쪽인 이탈리아 내부로 본격적으로 들어오며 처음 맞닥뜨린 곳이다. 호수의 경치가 얼마나 아름다운지, 괴테는 자신이 '대문호'라는 사실도 잊고, '이곳의 아름다움은 이루 필설로 다 말할 수 없다' 같은 상투적인 표현만 반복한다. 그만큼 가르다 호수 주변은 언어를 넘어서는 궁극의 아름다움을 갖고 있다. 〈007 퀀텀 오브 솔러스〉(2008)는 시작하자마자 물이 넘실대는 가르다 호수를 따라 자동차 추격전을 벌이며 단번에 영화에 흥분을 몰고 온다. 이 호수를 끼고 있는 가장 큰 도시가 브레시아(Brescia)이다. 인구가 20

만 명쯤 되고, 롬바르디아주에서는 밀라노 다음으로 큰 도시다. 로마제국 그 이전부터 건설된 브레시아는 '산 살바토레 수도원'(San Salvatore) 같은 제국의 유적지들은 물론이고, 중세의 성들, 르네상스의 빛나는 궁들까지 '시간의 흐름'을 오롯이 보존하고 있는 역사적 도시다. 〈콜 미 바이 유어 네임〉(2017)에선 아름다운 풍경화처럼 표현된 이 호수에서, 최근에 발견된 고대 조각을 바라보며, 두 청년은 서로의 마음을 조금 연다. 브레시아는 지금도 도시의 아름다움 덕분에 여전히 인기가 높다. 그런데 이런 아름다운 역사만 남아 있는 게 아니다. 불행하게도 브레시아의 역사에는 지울 수 없는 파시즘의 '검은 얼룩'까지 분명하게 새겨져 있다.

무솔리니의 브레시아, 히틀러의 뉘른베르크

브레시아에서는 파시즘과 관련된 언짢은 일들이 지금도 심심찮게 일어난다. 2018년 3월 이탈리아의 총선을 앞두고 브레시아에서는 네오파시스트와 이에 반대하는 시민들 사이의 충돌로 폭력사태가 일어났다. 2017년에는 과거의 폭력테러에 연루된 파시스트 두 명이 사건 발생 43

년 만에 범인으로 확정돼 종신형을 선고받았다. 이들은 1974년 반파시즘 시위를 벌이는 시민들에게 폭탄을 던져, 8명이 죽고 102명이 부상을 입는 테러를 일으킨 파시스트들이다. 테러 범죄를 처단하려는 사법부의 끈질긴 의지를 평가하는 기사들이 쏟아졌지만, 동시에 브레시아와 파시즘의 관계가 다시 기억되기도 했다.

브레시아와 파시즘과의 관계는 그만큼 오래됐다. 지금도 잊을만하면 네오파시스트들이 특히 축구장 주변에서 볼썽사나운 장면을 연출하곤 한다. 유색인 외국인들에 대한 공격, 난민들에 대한 극단적인 혐오 표현, 이탈리아 민족주의 찬양, 유럽연합 탈퇴 같은 주장은 이들의 단골 레퍼토리다. 브레시아도 파시즘에 저항하는 찬란한 파르티잔의 역사를 갖고 있다. 하지만 그것보다는 무솔리니의 특별한 사랑을 받은 도시로 사람들의 뇌리 속에 더 강하게 남아 있다. 브레시아는 여전히 파시스트의 대표적인 도시로 기억되는 것이다.

브레시아 시내 한복판에 있는 '비토리아 광장'(Piazza della Vittoria) 주변에는 '파시즘의 건축양식'인 '20세기의 신고전주의' 건물들이 둘러서 있다. 파시스트들은 권위와 균형을 뽐내는 신고전주의를 자신들의 건축양식으로 삼아, 국가의 힘을 과시하기 위한 기념물들을 많이 건설했다. 그리고 무솔리니는 1927년부터 '1천 마일'(Mille Miglia)이라는 자동차 경주대회를 이곳 브레시아에서 열어, 이탈리아를 첨단 테크놀로지의 본산으로 부각하려 했다. 이때 무솔리니 정부가 적극적으로 지원했던 경주용 차가 지금도 유명한 '알파 로메오'(Alfa Romeo)이다. 당시 자동차 경주의 단골 우승은 알파 로메오의 차지였다. 알파 로메오에서 1939년 독립해 나온 경주용 차가 페라리(Ferrari)이다. 말하자면 자동차 경주대회가 정치 선전의 발판이 됐고, 이 선전전이 펼쳐진 중심 도시가 브레시아이다. 이런 점에서 보면 브레시아는 나치 독일의 뉘른베르크와 비슷하다. 르네상스의 거장 알브레히트 뒤러의 고향으로, 빛나는 예술의 보고였던 아름다운 도시 뉘른베르크가 나치의 연례적인 전당대회 도시로 바뀌면서 졸지에 '검은 얼룩'이 묻어 있는 것과 비슷한 운명을 보여서다(뉘른베르크에서의 나치 전당대회를 기록한 영화가 레니 리펜슈탈의 1934년 작 〈의지의 승리〉이다).

무솔리니, 파졸리니, 그리고 살로

괴테가 가르다 호수를 지나며 언급한 브레시아 인근의 조그만 마을 중에는 가르냐노(Gargnano), 볼리아코(Bogliaco), 토스콜라노(Toscolano), 살로(Salò) 같은 이름들이 끼어 있다. 전부 꿈처럼 아름다운 곳이다. 그런데 파졸리니의 팬이라면, '살로'라는 이름 앞에서 잠시 멈출 것 같다. 파졸리니의 유작 〈살로, 소돔의 120일〉(1975) 때문이다. 파졸리니는 사드 후작의 문제적 소설 〈소돔의 120일〉에서 영화 제목을 따왔다. 원제목에 '살로'라는 단어가 하나 더 붙었는데, 살로는 바로 가르다 호수 옆에 있는 브레시아 인근의 소도시다. 브레시아에서 30분쯤 걸리고, 인구는 1만 명쯤 된다.

괴테가 반했던 이 숨어 있던 마을이 유명해진 것은 무솔리니 덕분이다. 그는 1943년 권력에서 밀려나 감옥에 갇혔는데, 여전히 동맹국이 필요했던 히틀러는 군대를 파견하여 '귀신처럼' 무솔리니를 감옥에서 빼냈다. 그리고는 나치의 괴뢰정부인 '이탈리아 사회 공화국'을 이곳 살로에 세웠다. 무솔리니는 속칭 '살로 공화국'(이탈리아 사회 공화국)의 허울뿐인 리더가 됐다. 한때 히틀러의 경쟁자였던

무솔리니는 졸지에 그의 꼭두각시가 됐고, 이탈리아는 나
치 독일의 속국으로 전락했다. 말하자면 1943년을 기점으
로 이탈리아는 그 이전에는 전범국이었고, 이후에는 나치
의 속국이 됐으며, 그럼으로써 나치에 저항하는 파르티잔
의 역사도 함께 열었다. 파졸리니에게 이 '살로 공화국'은
치욕이었을 테다.

　짐작하겠지만 파졸리니가 〈살로, 소돔의 120일〉을 발표
한 것은 무솔리니의 파시즘 정부에 대한 해석은 물론, 발
표 당시인 1970년대 이탈리아 사회에 대한 비유도 포함
하려는 것이었다. 권력자들이 어린 소년 소녀들을 납치한
뒤, 살로의 화려한 성에 숨어들어, 온갖 폭력과 퇴폐를 저
지르는 게 영화의 주요 내용이다. 모두 4부 구조인데, '지
옥의 입구', '광기의 층', '똥의 층', 그리고 '피의 층'으로 구
성돼 있다. 단테의 〈신곡〉 '지옥 편'을 참조한 구조인데,
'지옥의 입구'에선 납치의 과정을, 그리고 이어지는 세 개
의 층(girone)에서는 중년 여성들이 나와 '광기', '똥' 그리고
'피'에 관련된 자신들의 경험을 이야기한다. 그러면 이를
경청하던 권력자들은 바로 그 이야기 내용대로 납치된 청
소년들에게 기행을 적용하기 시작하는 것이다. 네 명의 권

력자는 법관, 귀족, 성직자 그리고 정치가이다. 파졸리니에 따르면 이들은 부르주아 중심의 현대사회에서도 권력자로 통하는 대표적인 인물들이다.

영화는 가르다 호수 옆에 있는 살로의 아름다운 건물 '그란데 호텔(Grande Hotel)'을 보여주며 시작한다. 이곳에서 네 명의 권력자는 자신들의 악명 높은 계획에 서명한다. 철저하게 쾌락을 추구하자는 것이다. 그리고는 역시 호수 주변의 '빌라 펠트리넬리'(Villa Feltrinelli, 한때 무솔리니의 거주지였다)에서 자신들의 딸들과 '어안이 벙벙해지는' 강제결혼식을 올린다. 이때부터 관객들은 자신이 '지옥의 입구'에 초대된 것을 알게 된다. 그곳이 지옥이 아니라면, 어떻게 아버지들이 자신들의 딸들을 서로 신부로 소개하며 결혼을 할 수 있을까? 이후는 외모가 대단히 아름다운 중년 부인 세 명이 차례로 내레이터로 등장하여 엽기적인 이야기를 들려주는 구조이다.

이들 세 부인은 전부 파시즘 시절, 정치적 선전영화의 배우로 활동했던 과거의 스타들이다. 말하자면 파시즘 시절의 기억을 소환하기 위한 파졸리니의 의도된 캐스팅이었다. 특히 마지막 '피의 층'의 내레이터로 나와 고문과 폭

력에 관해 이야기하며, 사실상 이 영화의 마지막을 책임
지는 카스텔리 여사 역을 맡은 배우는 파시즘 시절의 스
타였던 카테리나 보라토(Caterina Boratto)이다. 보라토는 해
방 이후, 정상참작이 되어 배우 활동을 재개할 수 있었고,
특히 페데리코 펠리니의 〈8과 1/2〉(1963), 〈영혼의 줄리에
타〉(1965) 등에 출연하면서 이탈리아 영화계의 중심으로
복귀하기도 했다.

　파졸리니에 따르면 '살로 공화국'은 광기와 똥 그리고
피로 얼룩진 지옥이다. 그 지옥의 중심에 정치가, 귀족, 성
직자, 법관으로 상징된 상층 부르주아들이 있다. 이들이
하는 짓이란 순수한 청소년들을 모욕하고, 폭행하고, 고문
하고, 죽이는 것이다. 이쯤 되면 영화는 비유를 넘어선 파
졸리니의 절규에 가깝다. 파시즘 시절에 벌어졌던 불행이
과거의 불행만은 절대로 아니라는 뜻일 테다.

　사드 후작의 소설 제목에 들어 있는 '소돔'은 구약의 창
세기에 등장하는 퇴폐 도시의 이름이다. 그 도덕적 죄악
때문에 이웃의 '고모라'와 더불어 파멸에 이른다. 이 도
시 이름에서 남색, 비역을 뜻하는 'sodomy'라는 단어가 나
왔다. 파졸리니의 영화에도 등장하는 악명 높은 식분증

(coprophagy)을 비롯한 온갖 변태적인 행위는 소돔의 전설에서 연유한 것이다. 파시즘의 이탈리아, 그리고 안타깝게도 1970년대 파졸리니의 눈에 비친 이탈리아는 소돔이라는 뜻이다. 무솔리니는 소돔과 같은 도시를 살로에 건설했다. 괴테의 눈에 비친 '필설로 다 말할 수 없는' 아름다운 마을 살로는 한때의 잘못으로 어쩌면 대단히 오래 지워지지 않을 '소돔의 얼룩'도 뒤집어쓰고 있다. 역사의 엄중함을 실감하는 것이다.

10. 크레모나

명품 현악기의 고향

프랑수아 지라르, 〈레드 바이올린〉, 1998

마테오 가로네, 〈박제사〉, 2003

루카 구아다니노, 〈콜 미 바이 유어 네임〉, 2017

바이올린의 '전원 교향곡'

크레모나(Cremona)는 밀라노에서 남동쪽으로 1시간 정도 떨어져 있다. 인구 7만 명의 작은 도시이지만, 세계 최고의 문화유산을 하나 갖고 있다. 바로 현악기, 특히 명품 바이올린의 생산지로 유명하다. 바이올린 제작의 양대 가문, 곧 스트라디바리(Stradivari)와 구아르네리(Guarneri)의 고향이 여기 크레모나이다(스트라디바리는 라틴식으로 스트라디바리우스라고 불리기도 한다). 이탈리아는 장인의 손에서 빚어낸 명품들로 유명한데, 그 가운데 크레모나의 현악기는 세계 최고라는 평가를 듣는다. 크레모나는 르네상스 때부터 음악의 도시로 이름이 높았다. 17세기 들어 두 가문이 보여준 활약 덕분에, 크레모나는 그때부터 지금까지 세계 최고의 현악기 제조 도시라는 명예를 누리고 있다.

바이올린 명품 스트라디바리의 매력

프랑스 감독 프랑수아 지라르가 만든 〈레드 바이올린〉 (1998)은 스트라디바리 바이올린에서 모티브를 따온 작품 이다. 17세기 후반에 제작된 어느 명품 스트라디바리가 백 년을 주기로 새로운 주인을 만나며, 굴곡진 운명을 헤쳐가 는 이야기다. 세계 최고의 악기라면 그걸 연주할만한 자격 을 갖춘 주인을 만나야 할 텐데, 그 만남의 불협화음이 악 기의 운명을 예상치 못한 방향으로 이끈다. 20세기 후반까 지 살아남은 이 명품 바이올린은 몬트리올에서 경매에 나 왔고, 경매 과정에서 17세기 크레모나에서 탄생한 이 악 기의 3백 년에 걸친 역사가 펼쳐진다. 영화의 주인공은 그 어떤 인물도 아닌, 단연 스트라디바리 바이올린인 셈이다.

영화의 도입부는 바이올린이 만들어지는 크레모나에서 진행된다. 르네상스 양식의 '성모 승천 교회'(Cattedrale di Santa Maria Assunta), 그리고 높은 첨탑(Il Torrazzo)을 보여주 며 이곳이 크레모나임을 알려준다. 바이올린의 장인은 임 신한 아내와 태어날 아기를 위해 혼신의 힘을 바쳐 새로운 바이올린을 만들고 있다. 그는 지금 자신이 만드는 바이올 린이 걸작이 될 것을 직감한다. 그런데 불행하게도 아내와 아기는 출산 도중에 모두 죽고 말았다. 허무한 마음을 달랠 길 없는 장인은 걸작이 될 게 분명한 바이올린에 죽은 그들의 흔적을 남기고자 한다. 죽은 아내의 피를 비밀리에 칠에 섞어 바이올린의 바깥을 바르는 것이다. 바이올린은 붉은빛을 띠었고, 그래서 '레드 바이올린'이라는 별명을 얻었다.

이후 바이올린은 켜자마자 연주자의 의도와는 상관없이 홀로 몸통을 울리는 것 같은 신비의 악기가 된다. 바이올린에 영기(靈氣)가 새겨진 것 같고, 그 악기를 손에 한 번 들은 연주자들은 거의 죽음에 이를 때까지 악기와의 연결 끈을 놓으려 하지 않는다. 보기에 따라서는 연주자는 바이올린을 그냥 잘 들고 있기만 하면 될 것 같다. 그러면 악기가 스스로 자신을 울리는 것이다. 그 울림이 종종 연주자들의 죽음을 몰고 오는 게 비극이지만 말이다.

〈레드 바이올린〉은 누구나 인정할만한 수준의 작품은 아니다. 그러나 음악 애호가들에게, 특히 바이올린 선율을 좋아하는 관객들에게는 특별한 기억으로 남아 있다. 무엇보다도 바이올린이 우는 순간마다 온몸이 짜릿해지는 경험을 하기 때문일 테다(연주는 미국의 바이올리니스트 조슈아

벨이 했다). 스트라디바리라는 바이올린 명품, 이 명품을 만
드는 크레모나의 풍경, 그 악기가 마치 사람처럼 굴곡진
운명을 헤쳐나가는 스토리 전개는 음악영화를 좋아하는
관객들에겐 특별한 경험을 선사할 것이다.

바이올린의 고향으로 유명한 크레모나는 북부 이탈리
아의 소위 '파다나 평원'(Pianura Padana)에 있다. 이곳은 포
강 주변에 펼쳐진 끝없이 넓은 평야로, 예부터 이탈리아
농업의 중심지다. 기후적으로 한 가지 유명한 점은 포강의
영향으로 이곳엔 안개가 자주 낀다는 것이다. 에르만노 올
미의 베르가모 배경 대서사극인 〈나막신 나무〉(1978)에서
보듯, 넓은 들판 위로, 한 치 앞을 볼 수 없을 정도로 짙은
안개가 자주 낀다.

크레모나를 배경으로, 안개의 매력, 또는 안개의 공포를
잘 그려낸 작품이 마테오 가로네의 〈박제사〉(2003)이다.
〈고모라〉(2008)로 유명한 마테오 가로네의 초기작인 이 작
품은 남부 나폴리 일대와 북부 크레모나에서 주로 촬영됐
다. 박제 솜씨가 워낙 뛰어나 죽은 동물을 마치 되살려놓
는 것처럼 만드는 어느 난쟁이 박제사의 이야기다. 그는
비밀리에 마피아의 제의에 따라 박제동물 속에 마약을 숨

기는 일을 하기도 하는데, 크레모나로 이 일을 하러 갔다가, 마치 안개 속에 갇히듯 전혀 예상치 못한 사건을 만난다. 한 치 앞이 보이지 않는 짙은 안개, 그 안개처럼 미궁에 빠졌지만 어떡하든 앞을 보려는 박제사의 긴장이 크레모나의 안개를 배경으로 펼쳐진다. 가로네에 따르면 크레모나는 사람들을 미궁에 빠뜨리는 짙은 안개의 도시로 기억된다.

크레마, '전원 교향곡' 같은 풍경

크레모나 바로 옆에 있는 소도시가 크레마(Crema)이다. 이름도 비슷한 크레마는 인구 3만 명의 도시이니, 서울의 어느 동 수준이다. 아마 크레마 출신들은 다른 데서 자신의 출신지를 밝힐 때면 그냥 크레모나라고 말할 것 같다. 조그만 지역 출신들이 인근의 큰 도시 이름을 대는 것처럼 말이다. 크레마는 그만큼 이탈리아에서도 숨겨져 있다. 이런 작은 도시가 알려진 데는 이탈리아 감독 루카 구아다니노의 역할이 컸다. 이제 어느덧 유명 감독이 된 그가 이곳에 거주하고 있고, 이곳에서 찍은 영화 〈콜 미 바이 유어 네임〉(2017)이 세계적으로 적지 않은 사랑을 받았기 때문이다.

〈콜 미 바이 유어 네임〉은 1983년 여름, 크레마에 사는 어느 고고학 교수 집안에서 일어난 이야기를 다룬다. 교수는 여름이면 박사과정 조수를 고용해, 자신의 연구를 이어가는데, 그해 여름엔 미국인 학생 올리버(아미 해머)가 조교로 왔다. 그와 교수의 고교생 아들 엘리오(티모시 샬라메) 사이의 특별한 관계가 영화의 주요 내용이다. 관객에 따라서는 민감한 테마라고도 할 수 있는 동성애 관계를 다루며, 구아다니노는 시대적 배경을 1983년으로 잡아, 사실은 지금도 약간 불편할 수 있는 내용을 마치 과거의 일인 것처럼 슬쩍 옆으로 비켜놓았다.

음악의 도시 크레모나, 그의 자매 같은 도시 크레마의 특성을 살려 엘리오는 음악에 재능이 있는 소년으로 나온다. 그는 바흐의 경건한 피아노곡을 기분에 따라 프란츠 리스트처럼 낭만주의 곡으로, 또 페루치오 부조니처럼 열정적이고 난해한 곡으로 능수능란하게 변주하기도 한다. 두 남자의 관계도 이 음악과 별로 다르지 않다. 처음엔 건조하게, 이어서 낭만적으로, 마지막엔 열정적이면서도 난해하게 변해간다.

구아다니노는 크레마라는 소도시, 곧 북부 이탈리아의 소도시 풍경을 매우 섬세하게 잡아내고 있다. 소도시 사람들이 그렇듯, 주요 인물들은 늘 자전거를 타고 이곳저곳을 돌아다녀, 영화 전체의 리듬이 자전거의 속도처럼 편안하고 아늑하게 느껴진다. 30만의 도시도 자전거면 거의 모든 곳에 갈 수 있는데, 3만의 크레마라면 자전거는 신체의 일부처럼 어느 곳이든 충분히 데려다줄 것이다. 그리고 여기는 파다나 평원이다. 지평선이 보일 정도로 넓은 평원이니, 길이 평평하여 자전거 타기에도 안성맞춤인 곳이다.

크레마는 푸른 들판, 푸른 나무들, 그리고 오래되고 작은 건물들만으로도 이탈리아 소도시 특유의 아름다움을 잘 간직하고 있다. 그런데 크레마에서 별로 떨어지지 않은 곳에 이탈리아에서 아름답기로 유명한 호수 가르다(Garda)가 있어, 영화에 표현된 크레마와 그 주변은 정말 고대 그리스의 낙원처럼 비칠 정도다. 크레마에서 가르다 호수까지는 대략 1시간 걸린다. 마침 가르다 호수에서 고대의 유적이 발견됐다는 소식을 듣고, 교수와 조교, 그리고 아들은 탐사 여행을 떠난다. 비취 같은 호수의 색깔, 그물빛과 비슷한 연녹색 하늘, 구아다니노가 표현한 가르다의 모습은 하늘과 구름을 자주 그렸던 낭만주의 화가 존 컨스터블의 풍경화처럼 보인다. 얼마나 자연풍경이 아름다운지, 마치 그 푸른 전원들이 모두 악기가 되어, 하나의 교향곡을 연주하듯 보이는 것이다. 이를테면 베토벤의 '전원 교향곡'처럼 말이다.

11. 파르마

베르톨루치의 영화적 출발

베르나르도 베르톨루치, 〈혁명전야〉, 1964
베르나르도 베르톨루치, 〈루나〉, 1979
베르나르도 베르톨루치, 〈바보 같은 자의 비극〉, 1981

공국의 우아함과 품위

파르마는 '세계 최고'의 치즈 생산지인 까닭에 유명하기도 하지만, 그것 때문에 손해도 보는 것 같다. 영어로 '파미산'(parmesan)으로 불리는 치즈는 이곳 파르마(Parma)가 원산지다. 옛날부터 파르마는 낙농업이 발달했고, 우유와 치즈는 지금도 이곳의 주요 생산물이다. 덧붙여 이탈리아산 프로슈토도 이곳 파르마 생산품이 '최고'로 평가된다. 과거 16세기부터 19세기까지 파르마는 독립을 유지하던 부유한 공국(公國)이었는데, 이게 산업적으로, 또 문화적으로도 지금까지 오랜 영향을 미치고 있다. 공국의 인상 때문인지 '파르마'라는 이름에는 '고급'의 느낌이 물씬 풍긴다. 그런데 치즈의 이미지 때문인지, 왠지 외부에는 지나치게 '먹는 곳'으로만 알려진 것 같다. 치즈로만 접근하면 파르마에 대한 많은 것을 놓치고 말 것이다.

베르톨루치, 파르마에서 거듭 나다

영화적으로 파르마는 베르나르도 베르톨루치의 고향으로 유명하다. 지금도 베르톨루치 집안은 파르마를 대표하는 영화인들로 남아 있다. 그의 부친 아틸로 베르톨루치부터 이야기하는 게 맞을 것 같다. 부친은 시인이자, 기자, 그리고 영화평론가였다. 부친은 파르마 문화계의 유명인사였다. 그는 훗날 로마대학 문학부 교수를 할 때, 당시의 시인이자 소설가였던 피에르 파올로 파졸리니의 후견인 역할을 하여 더욱 유명했다. 부친은 파르마에서 아들 베르나르도를 데리고 자주 영화관에 갔다(베르나르도의 동생 주세페도 형만큼 유명하지는 않지만 영화감독이다). 말하자면 베르톨루치는 아버지를 통해 영화의 세계로, 또 문학의 세계로 입문했다. 특히 부친의 직장을 따라 로마로 이주한 뒤, 베르톨루치는 20살에 이탈리아의 주요 문학상인 비아레지오(Viareggio)를 받는 시인이 된다. '영재'라는 별칭은 그때부터 생겼다.

베르나르도는 로마대학 문학부에 진학한 뒤, 영화로 방향을 틀었고, 아버지와 친분이 있던 파졸리니의 연출부에 들어가 영화를 배운다. 데뷔작은 21살 때 발표한 범죄물

〈냉혹한 학살자〉(1962)이다. 21살에 장편 데뷔작을 내놓자, 영화계에서도 그를 영재라고 부르기 시작했다. 하지만 데뷔작에는 파졸리니의 영향력이 너무 강하게 배어 있어서, 베르톨루치의 단독 연출인지 의심이 들게 했다. 두 번째 장편이 〈혁명전야〉(1964)인데, 이 작품이 베르톨루치의 진정한 데뷔작이라고 평가된다. 베르톨루치 특유의 청년다운 감수성, 장-뤽 고다르로부터 강한 영향을 받은 누벨바그 영화 스타일, 그리고 이탈리아 영화 전통(특히 루키노 비스콘티) 속에서의 멜로드라마적 감각이 돋보여서다. 실질적인 데뷔작 〈혁명전야〉를 베르톨루치는 고향 파르마에 돌아가서 찍었다.

〈혁명전야〉의 모티브는 19세기 프랑스 리얼리즘의 거장 스탕달의 소설 〈파르마의 수도원〉에서 따왔다. 소설은 나폴레옹주의자 청년 파브리스가 부친의 질서를 넘어서고(일종의 부친살해), 고모와의 근친상간적 관계를 통해, 성인의 세계로 진입하는 구조를 취하고 있다. 영화에서 주인공의 이름 파브리스는 이탈리아식인 파브리치오(프란체스코 바릴리)로 바꾸었다. 파브리치오는 자신의 부르주아 가정환경과는 달리 마르크스주의자이고, 공산당 당원이다.

그는 초등학교 교사이자 당원인 체사레(좌파 영화비평가 모란도 모란디니 출연)로부터 강한 영향을 받았고, 정기적으로 그와 토론하며 부르주아 이데올로기를 극복하려고 노력하고 있다. 곧 체사레가 그의 유사부친인 셈이다.

파브리치오의 집에 밀라노에 사는 이모 지나(아드리아나 아스티)가 오면서 이야기는 전환점을 맞는다. 정신적으로 대단히 불안한 성격인 지나는 어릴 적부터 파브리치오와 친했는데, 파르마에 와서는 마치 조카의 연인처럼 행동한다. 파브리치오는 사실 체사레와 토론하며 내적 계급갈등을 겪고 있었다. 그런데 이모와 파르마 시내를 '데이트'하고 돌아다니다 보니, 부르주아의 편안함을 다시 실감하게 된다. 두 사람은 비에 젖은 파르마 중심의 가리발디 광장, 파르마 인근 포강 유역의 들판 등을 함께 걷는다. 〈파르마의 수도원〉처럼 여기서도 이모와 조카 사이에 '특별한' 사랑이 시작되고, 동시에 파브리치오는 유사부친인 체사레와 점점 멀어진다.

마지막 장면은 극단적인 대조법이다. 파브리치오는 결국 어릴 때부터 친했던 부르주아 집안의 어떤 딸과 파르마 오페라 극장에서 베르디의 '(유사)부친살해'의 비극 〈맥베스〉를 함께 본다. 이미 결혼 날짜도 잡았다. 반면 체사레는 여전히 교사로 일하고 있는데, 주어진 운명을 당차게 넘어서라는 듯 멜빌의 〈모비딕〉을 학생들에게 읽어주고 있다. 교사의 낭독 내용을 이해하는지는 모르겠지만, 초등학생들이 물끄러미 교단을 바라보며 체사레의 이야기를 듣는다. 그때 파브리치오는 신부와 함께 미래를 꿈꾸며 막 신혼여행을 떠난다. 이것이 체사레와 공유했던 혁명의 배반인지, 혹은 (유사)부친을 넘어서려는 진정한 '혁명전야'인지는 모호함 속에 남겨 놓았다.

다시 찾은 파르마

베르톨루치는 〈파리에서의 마지막 탱고〉(1972), 그리고 대서사극 〈1900〉(1976)을 발표하며 세계적인 감독 반열에 올랐고, 이때 다시 한번 고향 파르마를 찾는다. 파르마는 〈1900〉에도 등장하는데, 이 영화는 포(Po)강 일대의 평야를 두루 돌아다니는 까닭에 파르마가 특별히 강조돼 있지는 않다. 베르톨루치는 〈루나〉(La luna, 1979)에서 다시 파르마를 중요하게 등장시킨다. 〈혁명전야〉 이후 15년 만의 귀향인데, 〈루나〉는 마치 전작의 후속편처럼 읽히기도 한다. 〈혁명전야〉의 이모는 밀라노로 돌아갔는데, 이후 어떤 일이 일어났을까? 그런 상상을 하면 〈루나〉의 파르마 회귀가 타당성이 있어 보이는 것이다.

오페라 가수 카테리나(질 클레이버그)는 남편이 죽은 뒤, 더 이상 뉴욕에 살기 싫어 10대 아들과 함께 고국 이탈리아로 돌아간다. 카테리나는 로마에서 오페라 가수로서의 경력을 이어가는데, 아들은 죽은 부친을 잊지 못하고 방황하더니, 10대에 마약중독자가 되고 만다. 카테리나는 아들에게 비밀을 하나 털어놓는다. 생부는 뉴욕의 죽은 남자가 아니라, 자신의 고향인 파르마에 사는데, 그는 〈혁명전야〉의 체사레처럼 초등학교 교사로 일하고 있다는 것이다.

'고향의 힘'이라는 게 있는지, 카테리나는 파르마의 두오모인 성모승천교회(Cattedrale di Santa Maria Assunta) 앞을 걷고, 오페라에 대한 열정을 불러일으켰던 주세페 베르디의 생가(파르마 근교 부세토에 있다)를 방문하며 뭐라 표현할 수 없는 평화를 느낀다. 아들은 우연히 만난 생부를 모르는 척했는데, 생부는 밖으로 표현하진 않았지만 단번에 그가 아들임을 알아본다. 카테리나는 그 남자를 로마의 오페라 공연에 초대했다. 둥근 보름달(제목 '루나'는 '달'이라는 뜻)

이 뜬 날 밤, 로마의 야외극장인 카라칼라 목욕탕에서 베르디의 오페라 〈가면무도회〉가 공연되고 있다. 물론 카테리나가 주연이다. 객석에는 교사인 생부와 아들이 나란히 앉아, 카테리나의 노래를 듣는 게 영화의 마지막 장면이다. 말하자면 〈루나〉에서 고향 파르마는 치유의 공간으로 제시된 것이다.

베르톨루치는 1980년대 중반에 〈마지막 황제〉(1987)를 준비하려 미국으로 간 뒤, 10년 이상 그곳에 머문다. 미국으로 가기 전의 마지막 작품인 〈바보 같은 자의 비극〉(La tragedia di un uomo ridicolo, 1981)도 고향 파르마에서 만든다. 파르마 특유의 산업인 치즈와 프로슈토 공장을 운영하는 사업가 프리모(우고 토냐치)의 이야기다(칸영화제 남우주연상 수상). 아들이 갑자기 납치되고, 프리모는 10억 리라(당시 이탈리아 화폐)의 몸값을 요구받는다. 공장을 저당 잡혀 은행에서 대출을 받고, 집도 내놓고, 기왕에 제조된 치즈와 프로슈토까지 팔아 몸값을 준비하고 있다. 그런데 도중에 아들이 죽었다는 비보를 듣는다. 프리모는 슬픔에 빠지기보다는 이왕에 마련한 돈으로 파산 직전에 놓인 공장을 되살릴 계획이다. 그는 천생 사업가다.

그런데 알고 보니, 아들은 테러리스트들의 후원자였고, 아들의 동료들 말에 따르면, 아버지를 부패한 부르주아라고 비판하며 부끄러워했다는 것이다. 프리모는 허무한 좌절감에 빠진다. 설상가상 아들의 애인에게 맡겼던 돈은 행방이 묘하게 사라진다. 그때 죽었다는 아들은 다시 나타나, 무도회에서 애인과 또 동료들과 어울려 춤을 추는 것이다. 돈은 어디로 갔을까?

'부친살해'는 베르톨루치의 영화에서 일관되게 제시되는 테마다. 그만큼 그의 부친의 존재가 거대했기 때문이기도 할 테다. 〈바보 같은 자의 비극〉에서 파르마의 전통적인 산업을 이어가던 아버지를 넘어서려는 아들은 그를 조롱의 대상으로 삼아, 부친의 존재를 지워 버렸다. 베르톨루치는 이 영화를 만든 뒤, 고향 파르마를 떠나 미국에 도착하고, 그의 대표작 〈마지막 황제〉를 만든다. 말하자면 고향은 한편으론 극복하고 떠나야 하는 공간이기도 한 것이다.

12. 보비오

움베르토 에코의 상상 속 수도원

마르코 벨로키오, 〈주머니 속의 주먹〉, 1965
마르코 벨로키오, 〈나의 혈육〉, 2015

마르코 벨로키오의 영화가 꽃 피는 곳

　이탈리아에는 도심에서 벗어나, 산속에 숨어 있는 아름다운 마을들이 많다. 이런 곳들을 이탈리아 말로는 '보르고'(borgo)라고 부른다. '마을' 또는 '도시'라는 뜻의 독일어 '부르그'(burg), 프랑스어 '부르'(bourg) 등과 어원은 같다. 하지만 이탈리아에서 보르고는 색다른 의미를 갖는다. 곧 오래되고, 종종 성으로 둘러싸여 있으며, 계곡을 끼고 있는 작은 마을을 말한다. 주민도 수천 명 미만이다. 디지털 현대세계와는 담을 쌓은 듯 느껴지는(실제로는 그렇지 않지만) 이런 옛 마을들은 21세기 들어 더욱 보존가치가 높아졌고, 이탈리아 정부는 보르고를 지키려는 노력을 아끼지 않는다. 주민 이탈에 따른 마을의 공동화, 고립, 퇴화 등에 적극적으로 대처하고 있다. 현재 약 270개의 보르고가 등록돼 있다. 보비오(Bobbio)는 북부 이탈리아의 유명 도시 피아첸차(Piacenza) 옆에 있는 보르고이다.

〈장미의 이름〉의 공간을 자극한 곳

보비오가 유명해진 데는 움베르토 에코의 걸작 〈장미의 이름〉(1980)이 큰 역할을 했다. 알다시피 소설은 중세의 수도원 내부에 있는 도서관에서 벌어진 살인사건을 다룬다. 산속에 있는 오래되고 거대한 수도원, 그리고 수많은 책을 소유한 도서관이 뿜어내는 신비한 분위기는 소설의 또 다른 매력인데, 독자들 사이에선 이곳이 과연 어디를 모델로 한 것인지 대한 궁금증이 제기됐다. '중세의 미학자' 에코는 유럽 곳곳의 수도원에 대한 방대한 지식을 갖고 있었는데, 소설 속의 수도원은 자신이 방문했던 여러 수도원을 종합한 것이라고 대답했다. 특히 두 곳이 강조됐다. 토리노 인근의 '산 미켈레'(San Michele) 수도원, 그리고 보비오의 '산 콜롬바노'(San Colombano) 수도원이다(장-자크 아노의 영화 〈장미의 이름〉은 전혀 다른 곳에서 촬영됐다. 이를테면 도입부 수도원은 이탈리아 남부의 고성 로카 칼라시오이다).

소설에 묘사된 산속에 고립된 웅장한 중세 수도원이란 인상은 산 미켈레와 비슷하고, 수많은 책이 소장된 도서관은 산 콜롬바노를 떠오르게 했다. 간혹 방대한 도서관 때문에 스위스의 '산 갈로'(San Gallo) 수도원도 거론되지만,

이곳은 산속이 아니라는 점에서 전체적인 분위기가 소설과는 달랐다. 이탈리아 독자들에게도 숨어 있던 도시 보비오는 이때부터 이름을 알리기 시작했다. 토리노 인근의 산미켈레 수도원은 '고고한 외관' 덕분에 이미 명성이 자자했지만, 보비오의 수도원은 당시에 거의 무명이었다. 독자들의 순례가 시작됐고, 그러면서 수도원뿐 아니라, 보비오라는 보르고의 아름다움까지 소문을 탔다.

영화적으로 보비오가 알려진 데는 이곳 출신 마르코 벨로키오의 역할이 컸다. 벨로키오는 장편 데뷔작 〈주머니 속의 주먹〉(1965)을 고향 보비오에서 찍었다. 데뷔 당시 약관 26살이던 벨로키오는 극단적 좌파였고, 1960년대에 들어 정치적 색깔이 강했던 피에르 파올로 파졸리니, 그리고 베르나르도 베르톨루치와 더불어 단숨에 이름을 알린다. 〈주머니 속의 주먹〉은 부르주아 이데올로기에 대한 전면 공격이었다. 이탈리아의 '가족'은 지금도 끈끈하기로 유명하고, 그 관계는 남다른 사랑에 기초한 것으로 보통 해석된다. 북부 유럽과 비교할 때, 이탈리아는 이혼율도 낮고, 대가족이 함께 사는 모습까지 종종 보여준다. 〈주머니 속의 주먹〉은 이탈리아의 자랑일 수 있는 바로 그 가족

제도를 공격하는 드라마다.

보비오에 사는 어떤 가족의 이야기다. 아들 셋, 딸 하나
의 가족인데, 첫째 아들만 인근 피아첸차에서 일하고, 나
머지 가족은 모두 집에서 논다. 장남의 월급이 가족의 유
일한 수입원이다. 그리고 모친은 시각 장애인이고, 둘째
아들은 뇌전증 환자, 넷째는 지적 장애인이다(아마 이탈리
아를 바라보는 벨로키오의 시선이 이랬으리라. 보지 못하고, 병에 걸
렸고, 이해하지 못한다는 뜻이다). 셋째인 딸은 아무런 장애도
없지만, 일은 하지 않고 집안에서 빈둥댄다.

문제는 뇌전증을 앓는 둘째 아들(루 카스텔)이 품은 '위험
한' 생각이다. 그는 형의 수입으로 가족이 '효율적'으로 살
려면, 방해되는 구성원은 차라리 제거되는 게 낫다고 여긴
다. 과거 극단적 나치주의자들이 품던 악의이다. 그는 끔
찍하게도 모친을 낭떠러지에서 민 뒤 사고사로 위장하고,
막내를 목욕시키다 익사한 것으로 꾸민다. 그런데 문제는
남은 가족들, 곧 장남과 딸도 이들의 죽음을 슬퍼하기보다
는 뭔가 부담에서 벗어난 듯한 해방감을 느낀다는 것이다.
이탈리아의 '가족', 그것은 자본주의의 효율성에 꼼짝없이
매여 있는 위선의 제도라는 게 청년 벨로키오의 전언이다.

이런 비관적인 이야기를 벨로키오는 고향 보비오에서 찍었다. 세상에서 고립된 듯한 보비오는 아름다운 풍경으로 먼저 다가오지만, 사실은 폐쇄적이고 과거에 갇혀 있으며, 내부적으로는 자본주의의 약점에 노출돼 있다는 것이다. 이는 '과격한' 청년 벨로키오가 바라보는 이탈리아의 정체성에 대한 비유일 테다.

벨로키오가 보비오를 바라보는 방식

보비오는 〈장미의 이름〉의 배경 중 하나로 거론되면서 중세의 이미지를 더욱 굳혔는데, 마을 입구에 희한한 다리가 하나 있어, 이곳이 범상치 않은 곳임을 금방 알 수 있게 했다. 로마 시대에 건설된 이 다리는 곧은 직선이 아니라, 등에 혹이 여러 개 있듯 올록볼록하고, 길도 구불구불하다. 그래서 '꼽추의 다리' 또는 '악마의 다리'라는 별명을 갖고 있다. 하지만 그 다리 저편에 펼쳐진 마을의 모습, 또 계곡의 모습은 이곳이 다리와는 달리 지극히 아름다운 곳임을 한눈에 알게 한다. 2011년 토리노대학의 미술사 교수인 카를라 글로리(Carla Glori)는 레오나르도 다 빈치의 그림 '모나리자'의 배경이 이곳 보비오라고 주장했다. 초상화의 아름다운 풍경이 보비오를 닮았고, 특히 관객의 시선에서 볼 때 모나리자의 오른쪽 어깨 뒤에 보이는 '악마의 다리'가 결정적인 증거라고 주장했다. 보통 모나리자의 풍경은 레오나르도 다 빈치가 상상한 것으로 해석됐다. 그림 속의 그 다리가 '악마의 다리'가 맞는다면, 다 빈치의 상상 속에 최소한 보비오의 다리는 포함됐을 것이란 추측이 가능하다. 곧 보비오의 아름다움은 역사적이란 것이다.

마르코 벨로키오는 21세기 들어 고향에서 청년들과 함께 영화 작업을 활발히 하고 있다. '영화만들기'(Farecinema)라는 일종의 마스터 클래스를 고향에 개설하여, 청년들과 함께 영화제작 작업을 이어간다. 또 여름이면 보비오영화제(Bobbio Film Festival)를 열어, 자신들의 영화뿐 아니라 이탈리아의 다른 젊은 감독들의 영화들도 소개하고 있다. 벨로키오의 작품 가운데 '영화만들기'를 통해 일반에 공개된 대표적인 영화가 〈나의 혈육〉(2015)이다(서울아트시네마, 시네마테크부산을 통해 우리에게 소개됐다).

중세와 현대를 배경으로, 두 이야기가 연결돼 있다. 먼저 중세에선 전장에서 돌아온 군인 페데리코(감독의 아들인 배우 피에르 조르지오 벨로키오)의 이야기다. 그의 쌍둥이 형은 보비오의 수도원에서 성직자 수련 중이었는데, 수녀와 사랑에 빠졌고, 무슨 이유에서인지 보비오의 강에서 자살했다. 교회는 그 죄(자살)를 물어 형을 제대로 매장하지 않았다. 만약 수녀가 마녀라는 사실이 밝혀지면, 형의 명예는 복원될 것이며, 장례도 제대로 치러질 것이다. 그런데 수녀는 자신을 마녀로 몰아넣으려는 교회의 그 어떤 위협에도 전혀 위축되지 않는다. 페데리코는 수녀를 만나, 형제의 복수를 하려고 했는데, '혈육'의 신비함 때문인지 그마저 형처럼 수감 중인 그녀와 마법 같은 사랑에 빠진다. 중세의 보비오에선 죽음의 공포도 훼손할 수 없는 순수한 사랑이 강조된 것이다.

반면 현대의 보비오는 사기꾼 페데리코(역시 아들이 연기)의 이야기다. 세무 경찰이라고 신분을 속인 그는 보비오의 수도원을 구입하려는 러시아 출신 부자와 함께 이곳에 왔다. 폐허 같은 수도원을 관광자원으로 개발하겠다는 계획이다. 세무 경찰이 작은 마을 보비오에 떴다는 소식이 알려지자, 별의별 사람들이 페데리코를 찾아온다. 어떤 남자는 자신이 미친 사람으로 위장하고 보험을 받아 왔는데, 만약 이 사실을 봐준다면, 보비오에서 '장님, 귀머거리, 벙어리'

행세를 하며 연금과 보험을 받는 사람들 명단을 제출하겠다고 한다. 또 죽은 사람을 계속 살아 있는 것으로 위장하여 이익을 보는 사람들까지 나타난다. 말하자면 보비오에는 당대 이탈리아 사회의 일부에서 그랬듯, 복지제도를 악용한 '도둑들'이 여기저기 숨어 살고 있다는 것이다.

벨로키오의 풍자극은 이렇게 통렬하고 공격적이다. 그의 이야기를 따라가면, 현대의 '이탈리아 사람들'은 '혈육'을 이어받은 도둑, 사기꾼이라는 상상에까지 이른다. 그런 공격성이 부담됐는지, 결말은 그 모든 사기극이 대가를 치르게 구성돼 있다. 하지만 결말은 이탈리아 사회의 부끄러운 모습을 우리가 모두 목격한 뒤다. 중세의 아름다운 사랑은 현대의 부끄러운 거짓으로 대조돼 있는데, 그런 급변의 이야기 뒤에는 보비오의 강이, 그리고 강 위의 '악마의 다리'가 옛 모습 그대로 고향을 지키고 있다. 곧 중세와 현대가 한 공간에 공존하는 신비함이 보비오의 다리 위에 걸려 있는 셈이다.

13. 리치오네

리미니와 경쟁하는 해변 도시

발레리오 추를리니, 〈가방을 든 여인〉, 1961
발레리오 추를리니, 〈격정의 계절〉, 1959
안토니오 피에트란젤리, 〈파르마 여자〉, 1963

바다, 에로스의 일탈

볼로냐가 주도인 에밀리아-로마냐(Emilia-Romagna) 주는 두 지역, 곧 에밀리아와 로마냐가 합쳐진 곳이다. 주의 가운데에 있는 볼로냐를 놓고 볼 때 왼쪽이 에밀리아, 그리고 오른쪽이 로마냐이다. 에밀리아는 파르마와 모데나 같은 산업도시로 유명하다. 파르마는 치즈와 프로슈토 같은 낙농업으로, 모데나는 페라리 공장이 있는 자동차산업으로 경제적 부를 누리고 있다(모데나는 고급 식초 발사미코의 생산지이기도 하다). 반면에 로마냐는 동쪽 바다에 밀집한 관광 해변 도시들로 유명하다. 이탈리아에서 가장 유명한 바다 리미니가 여기에 있다. 그런데 이쪽은 리미니뿐 아니라 마치 우리의 동해처럼, 모래사장이 아름다운 해변 도시가 끝없이 펼쳐지는 곳이기도 하다. 유명 도시들만 소개한다면 위에서 아래 방향으로, 라벤나(Ravenna)-체르비아(Cervia)-리미니(Rimini)-리치오네(Riccione)가 연속하여 등장한다. 리미니는 국제적 관광지로 알려졌지만, 주변의 바다들도 리미니 못지않은 아름다움을 갖고 있다. 외국인들이 아니라 이탈리아 사람들, 특히 이 지역 사람들에게 가장 친숙한 바다가 리치오네이다(과거 무솔리니가 특별하게 사랑한 바다이기도 하다). 리치오네는 리미니로부터 불과 15km 떨어져 있어, 유명 도시 옆에 있는 지리적 이점도 누렸을 것이다.

추를리니, 파르티잔 출신의 멜로드라마 감독

1960년대에 이탈리아 영화계는 '이탈리아식 코미디'(사회적 테마와 코미디를 섞는 풍자극)를 제작하는 데 집중했다. 펠리니의 〈달콤한 인생〉(1960)이 기폭제가 됐다. 그리고 또 한편에선 상대적으로 소수인 멜로드라마도 꾸준히 발표됐다. 안토니오니의 〈정사〉(1960)가 대표적이다. 발레리오 추를리니는 안토니오니의 계열로 분류될 수 있는 멜로드라마 전문 감독이다. 안토니오니에 비해 추를리니의 작품들은 인물들의 심리적 고통에 더욱 집중한다. 안토니오니가 추상적이라면, 추를리니는 실재적이다. 그래서인지 대중 관객의 눈물을 훔치는 쪽은 추를리니이다. 흥미로운 것은 사뭇 감성적으로 보이는 두 감독 모두 청년 시절 죽음을 넘나드는 파르티잔 활동에 적극적이었다는 점이다 (안토니오니는 체포되어 사형선고까지 받았지만, 종전과 더불어 극적으로 살아남는다).

발레리오 추를리니(Valerio Zurlini, 1926-1982)는 로마에서 고교를 졸업한 뒤, 로마대학 법학과 진학을 앞두고 10대의 마지막 여행을 위해 리치오네로 떠난다. 여름이었고, 청년에겐 바다가 더 끌렸다. 그때는 2차대전 종전 바로 직전이었다. 그런데 바로 그 바다로의 여행을 통해, 추를리니는 나치에 맞서는 파르티잔의 용기와 희생에 감동한다. 어린 추를리니는 바로 그길로 산에 들어가 파르티잔에 가입했다. 전투적인 파르티잔 활동을 하며, 추를리니는 코뮤니스트들과 친분을 쌓았고, 이런 정치적 태도는 이후에도 변하지 않았다.

성장배경만 보면 추를리니는 초창기의 마르코 벨로키오처럼 전투적인 정치 영화를 만들 것 같았다. 하지만 그의 대표작들은 대개가 감성적인 멜로드라마들이다. 우연의 일치인지, 그가 감독으로 이름을 알리는 데는 청년 시절의 여행지 리치오네가 큰 역할을 했다. 그의 출세작 〈격정의 계절〉(1959)이 바로 이곳 리치오네에서 촬영됐다. 이 작품을 통해 추를리니는 이탈리아 영화계의 주요 감독으로 평가되기 시작했다.

1943년 7월, 곧 요동치는 이탈리아 현대사의 '그해 여름'이 영화의 주요 변수다. 그때 무솔리니가 이탈리아 왕의 불신임을 받아 파시스트 정부의 수반에서 끌어내려 지고, 남부의 '캄포 임페라토레'(Campo Imperatore) 지역에 있는 감옥에 갇힌다. 그럼으로써 이탈리아 왕조는 나치 독일과의 동맹을 끝내려고 했다. 이탈리아의 남부는 이미 연합군에 의해 해방돼 있었다. 그런데 독일 나치가 구금돼 있던 무솔리니를 '귀신같이' 구출하여, 이탈리아 북부 살로(Salò)에 괴뢰정부, 곧 '이탈리아 사회 공화국'을 세운다. 일명 '살로 공화국'이다. 무솔리니는 이 공화국의 수반이 돼 다시 정치무대로 복귀했지만, 과거의 동맹국의 동지에서 이제 나치 독일의 꼭두각시로 전락하고 만 것이다. 〈격정의 계절〉은 바로 그 여름을 배경으로 한 멜로드라마다(원제는 '폭력적인 여름'이란 뜻의 'Estate violenta'이다).

파시스트 장군의 아들 카를로(장 루이 트린티냥)는 친구들과 함께 리치오네로 바캉스를 떠난다. 바닷가에서 한창 즐거울 때, 갑자기 하늘에서 독일 전투기가 추락할 듯 모래 사장 위를 날아와, 이 일대는 졸지에 아수라장이 된다. 그때 카를로에게 겁먹은 어린 소녀가 울며 달려와 안기더니 떨어질 줄을 모른다. 소녀의 어머니 로베르타(엘레오노라 로시 드라고)와는 그렇게 만난다. 로베르타의 남편은 이탈리아 해군 장교였는데, 얼마 전 전투 중에 사망했다. 독일의 전투기가 추락할 듯 비행할 때, 곧 패배자 독일의 운명이 다가오고 있을 때, 파시스트 장군의 아들 카를로와 전쟁미망인 중년 여성 로베르타의 아슬아슬한 사랑이 시작되는 것이다.

그런데 이탈리아 전역이 이처럼 전쟁의 공포 속으로 휘말려 들어갈 때인데, 리치오네는 이승 너머의 낙원처럼 그려져 있다. 바닷가의 넓은 모래사장에선 사람들이 여름의 여유를 즐기고 있고, 카를로의 별장에선 감상적인 미국 노래가 흐르며, 청춘들은 함께 춤을 추고 있다. 마치 전쟁은 남의 세상 이야기라는 듯, 사람들이 여름의 달콤함 속에 빠져 있는 것이다. 그때 들려오는 게 무솔리니의 해임 뉴스다. 파시스트 권력자의 아들 카를로는 신변에 위험을 느꼈고, 그를 사랑하는 로베르타의 불안도 점점 커진다. 이렇게 세상은 전쟁으로 미쳐 돌아가고 있는데, 역설적으로 '그해 여름' 아름다운 백사장의 도시 리치오네는 별천지처럼 그려져 있다. 이런 전쟁과 낙원의 대조법은 장소가 리치오네이기에 더욱 큰 설득력을 가졌을 것이다.

〈가방을 든 여인〉의 고향

추를리니의 가장 유명한 작품은 클라우디아 카르디날레가 주연한 〈가방을 든 여인〉(1961)이다. 역시 소년과 연상의 여성 사이의 사랑 이야기다. 주 무대로 파르마와 리치오네가 강조돼 있다. 리치오네 일대의 해변 관광지에서 가수로 일하던 아이다(클라우디아 카르디날레)는 성공을 미끼로 던진 파르마 출신 청년의 꼬임에 속는다. 하지만 그로부터 버림받은 아이다는 우여곡절 끝에 청년의 집을 찾아간다. 그의 집은 파르마 인근에 있는 대저택이다. 바람둥이의 동생 로렌초(자크 페랭)는 형을 대신해 집을 찾아온 아이다를 만나, 억지로 거짓말을 하기 시작한다. 아이다는 저택의 높은 계단 저 아래에, 여행 가방을 들고 초라하게 서 있다. 로렌초는 어렵사리 형을 찾아온 아이다를 보며 깊은 연민을 느끼고, 또 그녀의 순수한 마음을 보며, 10대답게 야릇한 감정마저 갖는다.

〈가방을 든 여인〉의 전반부는 파르마에서의 소년과 아이다 사이의 관계 발전과 좌절, 그리고 후반부는 리치오네에서의 관계의 종결로 구성돼 있다. 전반부가 가족이라는 문명의 명령에 대한 복종이라면, 후반부는 에로스의 일탈 뒤에 겪는 깨달음이다. 가족을 돕는 성직자는 두 사람의 관계를 경고한다. 후반부가 시작되기 전, 소년은 가족의 질서 속으로 잠시 돌아가고(성직자의 명령), 가수 아이다는 다시 돈을 벌기 위해 리치오네로 돌아간다. 과거로의 복귀가 싫었던지, 아이다는 술에 취해 리치오네의 모래사장에서 정신을 잃는다. 하늘은 더없이 높고, 바다와 모래사장은 수평선을 그으며, 이곳이 현실 너머의 공간인 듯 아름다움을 마음껏 뽐내고 있다. 소년은 리치오네의 여름 바다로 다시 한번 아이다를 찾아간다. 그 바다는 소년에게도 그렇게 강렬했다. 하지만 여름이 끝났을 때, 모든 게 제자리로 다시 돌아가는 게 영화의 결말이다. 멜로드라마 장르의 종결이 문명에의 복종, 혹은 질서로의 회귀이듯 말이다. 소년은 파르마로 돌아가고, 아이다는 자신의 미래를 찾아간다.

추를리니와 더불어 1960년대의 감성적인 드라마에 뛰어난 역량을 보인 또 다른 감독이 안토니오 피에트란젤리(Antonio Pietrangeli, 1919-1968)다. '비스콘티 사단'에서 리얼리즘 계열의 시나리오를 쓰며 영화계에 들어왔는데, 이후에는 주로 '이탈리아식 코미디'를 만들었다. 그런데 그의 드라마에 들어 있는 멜랑콜리한 톤이 추를리니의 영화와 비슷했다. 그래서인지 피에트란젤리의 마지막 작품 〈어떻게, 언제, 왜〉(1969)는 그가 사고로 익사함으로써 완결되지 못하자, 후반부 연출은 추를리니가 맡아 결국 개봉을 하게 된다. 그만큼 두 감독 사이의 작품 분위기가 비슷했다.

피에트란젤리의 대표작 가운데 하나가 〈파르마 여자〉(1963)이다. 시골에서 파르마로 이주한 어떤 여성의 남성 편력을 다룬 드라마다. 도라(프랑스 출신으로 이탈리아에 귀화한 배우 카트린 스팍)는 시골에서 사제를 꿈꾸는 신학교 학생과 사랑을 나눴다. 두 사람의 위험한 사랑은 결국 탄로나고, 어린 연인들은 야반도주를 한다. 그들이 도착한 곳이 리치오네다. 시골에서 온갖 관습에 얽매이며 비밀의 관계를 유지했는데, 리치오네에 와보니 사람들은 너무나 자유롭게 수영복 차림으로 길을 걷고, 모래사장에선 거의 누드 차림으로 일광욕을 즐긴다. 이곳은 일하지 않아도 될 것 같고, 그냥 관광객들을 상대로 즐기면서 일상을 꾸릴 수 있을 것처럼 보인다.

야반도주 다음 날 아침, 후회한 신학생은 다시 학교로 돌아가고 혼자 남은 도라는 리치오네의 해변을 걷는다. 마음에 드는 비키니가 있어, 그 앞에 서 있으니, 어떤 중년 남자가 다가와 '은밀한 제안'을 한다. 도라는 비키니가 탐이 나, 그 제안을 받아들인다. 그런 제안을 받아들이는 여성이 어떤 운명을 맞을지는 대략 짐작될 테다. 뜨거운 태양, 넘실거리는 바다, 눈부신 모래사장, 이 모든 것이 있는 리치오네는 잠시라도 좋으니, 일상으로부터 해방되고, 문명의 명령을 거부하고 싶은 에로스의 극장처럼 그려져 있다. 이처럼 리치오네의 바다는 '위험한' 유혹의 힘을 갖고 있다.

14. 우디네

독일과 동유럽 문화와의 경계

마리오 모니첼리, 〈거대한 전쟁〉, 1959
루이지 참파, 〈국경 없는 가슴들〉, 1950
마르코 벨로키오, 〈잠자는 미녀〉, 2012

합스부르크 왕가의 흔적이 남은 곳

이탈리아의 최북단은 전부 알프스다. 이탈리아는 전체 20개의 주로 구성돼 있는데, 알프스 산악지역과 가장 가까운 곳에 세 개의 아주 작은 주가 있다. 이름도 길고, 아마 비유럽인들에겐 대단히 낯설 것이다. 맨 왼쪽에 '발레 다오스타'(Valle d'Aosta), 그 오른쪽에 산악인들에게 유명한 '트렌티노-알토 아디제'(Trentino-Alto Adige), 그리고 맨 오른쪽 끝 슬로베니아와 국경을 맞댄 곳에 '프리울리 베네치아-줄리아'(Friuli Venezia-Giulia)가 있다. 세 주 모두 알프스를 끼고 있어서, 여름엔 피서지로, 겨울엔 스키의 본고장으로 크게 사랑받는다. 우디네(Udine)는 프리울리 베네치아-줄리아의 주요 도시다. 영화인들에겐 극동영화제로 유명한 '우디네 영화제'(Far East Film Festival) 덕분에 제법 알려져 있다. 대중영화를 옹호하는 이 영화제의 최고상은 '관객상'인데, 2001년 3회 때 〈반칙왕〉이 관객상을 받으며 한국영화도 크게 주목받기 시작했다. 어느덧 우리 영화인들에게 우디네는 친근감을 느끼게 하는 도시가 된 셈이다.

우디네, '극동영화제'로 이름 알려

세 주는 모두 국경 지역이라, 이색 문화의 용광로 같다. 주변 다른 나라의 문화가 섞여 있다. 서쪽의 발레 다오스타에선 프랑스말이 이탈리아말과 더불어 공식 언어로 사용된다. 트렌티노-알토 아디제에선 독일어가 이탈리아말처럼 쓰인다. 과거 합스부르크 왕가의 영향력이 크게 남아 있기 때문이다. 프리울리 베네치아-줄리아도 합스부르크 왕가의 강력한 지배를 받았다. 이곳의 주도 트리에스테는 합스부르크 왕가의 군항이었다. 우디네는 1차대전 때 이탈리아와 오스트리아 사이 전쟁의 최전선이었다. 우디네의 일부는 전황에 따라 한때는 오스트리아 국토에, 또 한때는 이탈리아 국토에 병합되기도 했다. 헤밍웨이가 바로 이 전쟁에 참전했고, 그는 이탈리아 군대에 편성된 적십자부대의 의무대에서 복무했다. 오스트리아는 이탈리아가 통일왕국을 건설하던 1861년에도 최대의 걸림돌이었다. 합스부르크 왕가는 이탈리아 북부의 통치권을 포기하지 않았다. 북부 이탈리아가 오스트리아의 영향권에서 실제로 벗어난 것은 결국 1차대전이 끝나고, 합스부르크 왕가가 몰락한 뒤다.

그래서인지 우디네에는 지금도 독일어권 문화가 남아있다. 사람들 성도 독일식이 많고, 독일어권에서 자주 볼수 있는 고딕 양식의 교회들이 쉽게 보인다. 이탈리아의 다른 도시에 비교해 상대적으로 '질서 잡혀 있는' 느낌도 받는다. 독일어권 사람들, 특히 오스트리아 사람들은 우디네에 오면 외국에 온 것 같지 않다고 말하기도 한다. 최근엔 오스트리아의 극우 정치가들이 대놓고, 우디네와 더 나아가 프리울리 베네치아-줄리아에 대해서는 "우리는 한때 형제였다"라는 말로 영토문제를 자극하기도 한다.

오스트리아와의 이런 관계가 잘 그려진 작품이 마리오 모니첼리(Mario Monicelli)의 〈거대한 전쟁〉(1959)이다. '거대한 전쟁'(La grande guerra), 곧 1차대전을 뜻하는 이 작품에서 모니첼리는 전쟁의 부조리를 아이러니의 코미디 속에 풀어 놓는다. 그해 베네치아영화제에서 로베르토 로셀리니의 〈로베레 장군〉과 함께 최고상인 황금사자상을 공동 수상했다. 이미 '거장' 칭호를 받던 로셀리니와의 공동

수상은 그해 영화제의 사실상의 주인공이 누구인지 모두
에게 알게 했다. 이 작품 이후 모니첼리는 코미디에 관한
한, 거장 못지않은 대접을 받기 시작한다.

밀라노 출신으로 전쟁에 반대한다며 무정부주의자 바
쿠닌의 이름을 들먹이는 얼치기 반전주의자 조반니(비토
리오 가스만)와 로마 출신으로 온갖 꾀를 내어 위험한 일은
어떡하든 피하려 드는 꾀돌이 오레스테(알레르토 소르디),
이 두 신병의 참전 이야기다. 두 병사의 공통점은 무조건
전쟁에서 도망가는 것이다. 이들이 배치받은 전선이 우디
네와 그 인근이다. 깎아지른 듯한 높은 산들, 겨울이면 혹
한에 빠지는 무서운 날씨, 그 와중에 벌어지는 죽음의 전
투가 〈거대한 전쟁〉의 주요 소재다.

두 병사는 어떤 어려운 상황이 와도, 적당히 이유를 대
서 전투 대열에서 빠져나가는 게 목표다. 한바탕의 전투
가 끝나고, 다들 휴식을 취할 때, 두 병사는 더욱 편안하게
잠자기 위해 전열에서 벗어나 농가의 창고로 숨어 들어간
다. 그런데 하필이면 바로 그곳에 오스트리아 군대가 들어
왔고, 두 병사는 꼼짝없이 포로가 되고 말았다. 두 병사는
졸지에 아군의 진행 방향을 그들에게 불어야, 고문에서 풀

려나는 위기에 처한다. 늘 군에서 도망가는 것만 생각하던 두 병사는 금방 비밀을 털어놓고 위기를 피할 것 같았는데, 오스트리아 장교의 위협과 멸시를 받으며 다른 생각을 품는다. 이들의 침묵으로 이탈리아군은 비밀누설 없이 공격에 성공한다. 진격하던 어느 이탈리아 군인이 길바닥에 버려져 있는 두 병사의 주검을 보고 말한다. "늘 도망갈 생각만 하더니, 결국..." 우디네 인근의 눈 덮인 들판에, 버려진 물건처럼 두 병사의 주검이 포개져 있는 게 〈거대한 전쟁〉의 마지막 장면이다.

우디네에서 시작된 '품위 있는 죽음'의 권리

1차대전뿐 아니라, 2차대전이 끝난 뒤에도 우디네의 일부는 영토문제로 골치를 앓았다. 이번엔 국경을 맞댄 신생국가 유고슬라비아와의 문제였다. 우디네 일부와 바로 옆의 고리치아(Gorizia)는 이탈리아와 유고슬라비아, 두 국가 중 하나에 포함되어야 하는데, 정치적 역사적 문제까지 겹쳐 해결책을 찾지 못했다. 1947년 유엔은 마치 우리의 38선처럼, 강제로 '흰 선'을 하나 그었다. 그 선의 왼쪽은 이탈리아, 오른쪽은 유고슬라비아(지금의 슬로베니아)라는 것

이다. 주민들에게 딱 하루 선택의 시간이 주어지고, 다음
엔 통행도 금지된다는 경고도 뒤따랐다.

네오리얼리즘의 장인인 루이지 참파(Luigi Zampa)는 이
문제를 배경으로 〈국경 없는 가슴들〉(1950)을 내놓는다.
무작정 그은 흰 선은 집을 반으로 쪼개며 지나가고, 심지
어 교회도 반으로 쪼개는 웃지 못할 상황을 만들었다. 처
음엔 주민들은 이런 상황을 진지하게 받아들이지 않았다.
어이가 없다는 듯 웃기만 했다. 그런데 양 진영 모두에서
친유고슬라비아와 친이탈리아 조직이 경쟁하기 시작하며
비극이 싹튼다. 우디네와 그 인근의 아름다운 자연은 졸지
에 저주와 협박의 장소로 변하고, 사람들마저 사납게 변해
가기 시작한다. 주민들의 가슴에는 국경이 없는데, 정치적
국경이 세상을 둘로 나누고, 급기야는 지옥으로 만드는 것
이다.

지금도 우디네 일부와 고리치아는 슬로베니아와 국경
문제로 잊을만하면 다시 논쟁의 대상이 되곤 한다. 그런데
흥미로운 '국경'이 우디네에서 생겨, 전국적인 문제가 된
일이 있다. 곧 '안락사 문제'인데, 카톨릭의 성지이기도 한
이탈리아에서 2009년에 이 문제가 우디네에서 제기됐다.

안락사를 지지하는 집단과 반대하는 집단이 동시에 같은 장소에서 시위를 벌이는 일들이 벌어졌다. 안락사를 두고 또 다른 '국경'이 그어진 것이다.

마르코 벨로키오의 〈잠자는 미녀〉(2012)는 실제로 있었던 이 문제에 허구를 보탠다. 이탈리아 여성 엘루아나 엔글라로(Eluana Englaro)는 22살 때인 1992년 교통사고를 당해 혼수상태에 빠졌고, 그 후 17년간 소위 '식물인간'으로 우디네의 병원에 누워 있었다. 2009년 엘루아나의 부친은 딸의 '존엄함 죽음'에 대한 권리를 요구하며, 더 이상의 치료를 중단해달라고 요구했다. 이게 안락사를 허용하지 않는 이탈리아 사회를 들끓게 했다. 교회와 정치권의 다수는 진료중단은 곧 안락사이며, 이는 자연의 섭리에 어긋난다는 주장을 폈다. 반면에 시민단체를 중심으로, '고귀한 죽음'에 대한 권리도 제기됐다. 그것은 삶을 부정해서가 아니라, 고귀한 삶을 존중하기 때문이라는 주장을 폈다. 우디네의 문제 제기로, 안락사를 두고 이탈리아가 두 진영으로 나눠진 것이다.

〈잠자는 미녀〉에선 엔글라로와 비슷한 처지에 놓인 인물들이 제시된다. 크게 세 개의 이야기다. 먼저 영화계의 대스타(이자벨 위페르)는 딸이 혼수상태에 빠지자, 딸의 회복을 빌며 모든 활동을 중단한다. 그런데 엄마처럼 배우가 되고 싶은 아들은 자신의 미래를 위해, 또 엄마의 경력을 위해 자매의 침대 옆에서 치료기구를 빼버리고 싶은 갈등에 빠진다. 그리고 상원의원(토니 세르빌로)의 아내는 극심한 고통을 참아야 하는 큰 병에 걸려 있다. 아내는 남편에게 "도와달라"고 애원한다. 딸(알바 로르바케르)은 절대 그런 요구를 들어줘선 안 된다고 생각한다. 마지막으로 약물 중독자(마야 산사)는 걸핏하면 손목을 긋는다. 삶에의 의욕을 모두 잃었다. 외과 의사(피에르 조르지오 벨로키오)는 그건 막아야 한다고 생각한다. 이처럼 삶의 존엄성을 지키기 위해 죽으려는 사람들과 역시 삶의 존엄성을 지키기 위해 죽음을 막으려는 사람들로 양분된 게 〈잠자는 미녀〉의 갈등 구조다. 당신은 누구의 손을 들어주고 싶은가? 우디네의 문제 제기는 지금도 현재진행형이다.

15. 볼로냐 1
'붉은 도시'

피에르 파올로 파졸리니, 〈오이디푸스 왕〉, 1967
피에르 파올로 파졸리니, 〈살로, 소돔의 120일〉, 1975

파졸리니 영화의 고향

볼로냐(Bologna)는 이탈리아 북부 에밀리아-로마냐 주의 주도다. 중부의 세 주, 곧 토스카나, 움브리아, 마르케와 더불어 이탈리아의 '적색 지역'이라고 불린다. 늘 진보적인 위치에 있었고, 2차대전 이후 이탈리아 공화국이 건설된 뒤엔, 이곳 주 정부에서는 거의 매번 좌파가 정권을 잡았기 때문이다. 그 중심에 볼로냐가 있다. 볼로냐는 진보 정당과 강하게 연결돼 있다. 과거엔 '이탈리아 공산당'의 표밭이었다. 이들은 서부 유럽의 진보 정당이 그렇듯, 선거를 통한 집권이 목표였다. 그런 이탈리아 공산당의 거점 도시가 볼로냐였다. 정치적 색깔의 이유로, 볼로냐는 '붉은 도시'를 의미하는 '라 로사'(La rossa/ The Red)로 불린다.

파르티잔과 진보의 도시

베를린 장벽이 무너지고, 옛 소련이 해체되며 이탈리아

공산당도 변신을 거듭해, 이젠 당명을 '민주당'이라고 내건 정당 아래 대거 흡수됐다. 그런데 볼로냐의 민주당 인사들은 대개가 과거의 공산당 출신들이다. 하지만 공산당의 피상적인 인상(과거 동구의 전체주의)과는 달리, 볼로냐는 이탈리아 내에서 가장 이상적인 도시로 평가받는다. 북유럽과 비교되는 복지사회를 누리는 게 중요한 이유다. 유럽식 사회주의에서 싹튼 다양한 협동조합의 발전은 볼로냐, 더 나아가 에밀리아-로마냐의 자랑이다. 난니 모레티는 정치코미디 〈4월〉(1998)에서 답답한 이탈리아 사회를 비판하기 위해 런던의 하이드 파크(Hyde Park)에 간다. 그곳에선 누구나 자유롭게 정치적 열변을 토할 수 있지 않은가? 한참 웅변을 하던 모레티는 연설의 끝에서 "이탈리아의 미래는 에밀리아-로마냐에 있다"라고 고함을 지른다. 진보 감독으로선 어쩌면 당연한 주장일 테다. 이렇듯 볼로냐는 이탈리아의 진보성을 상징하는 도시가 됐다.

볼로냐는 '대학 도시'이다. 1088년 건학 된 볼로냐 대학은 소위 세계 최고(最古)의 대학으로 인정된다. 그래서 볼로냐의 또 다른 별명은 '배움의 도시'(La dotta/ The Learned)이다. 르네상스의 주인공들, 곧 단테, 페트라르카 등이 볼로냐 대학에서 수학했다. 얼마 전 2016년에 타계한 움베르토 에코가 교수로 재직한 덕분에 볼로냐 대학의 유명세는 현재까지도 유효하다. 볼로냐 대학이 몰려 있는 거리 이름이 참보니(via Zamboni)이다. 유럽의 대학엔 영미권과 달리 캠퍼스 문화가 거의 없다. 시내 곳곳에 단과대학들이 흩어져 있다. 볼로냐 대학에 소속된 건물들이 몰려 있는 곳이 참보니 거리인데, 이름은 18세기에 활동했던 이탈리아 통일운동의 선구자 루이지 참보니(Luigi Zamboni)에서 따왔다는 게 정설이다. 그런데 아마 그런 역사적 사실을 알고 있는 시민은 많지 않을 것 같다. 반면에 대학생들은 거리 이름이 파시즘 시절의 소년 레지스탕스 이름에서 따왔다고들 믿는다. 1926년 무정부주의자 안테오 참보니(Anteo Zamboni)는 무솔리니 암살을 시도하다, 현장에서 체포돼 파시스트들에 의해 처형됐다. 그는 불과 15살이었다. 볼로냐 대학의 많은 학생이 이런 저항의 역사를 자랑스럽게 여긴다.

'저항의 도시' 볼로냐에 가장 어울리는 감독이 마르크스주의자 피에르 파올로 파졸리니다. 그는 볼로냐에서 태어나, 성장기는 모친의 고향인 북쪽 프리울리(Friuli) 지역에서 보냈고, 대학에 진학할 때 다시 볼로냐로 돌아와 문학철학부에서 공부했다. 영화 경력은 대부분 로마에서 쌓았지만, 그의 고향이어서 그런지, 볼로냐의 파졸리니에 대한 사랑은 지극하다. 볼로냐 시네마테크는 이탈리아뿐 아니라 유럽을 대표하는 시네마테크로 성장했는데, 이곳은 영화복원작업의 중심지다. 볼로냐에서는 매년 새로 발굴된 작품, 복원된 작품들을 전시하는 '복원영화제'(Il cinema ritrovato)도 열린다. 볼로냐 시네마테크 앞의 작은 광장 이름이 '피에르 파올로 파졸리니 광장'(Piazza Pier Paolo Pasolini)이다. 그리고 볼로냐 시네마테크는 매년 파졸리니 관련 논문을 공모해, 시상식을 열기도 하다. 파졸리니의 영화적 고향은 볼로냐라는 사실을 천명하는 것일 테다.

파졸리니가 볼로냐를 그리는 방식

파졸리니가 자신의 영화에서 볼로냐를 중요하게 쓴 첫 작품이 〈오이디푸스 왕〉(1967)이다. 소포클레스의 그리스 비극을 각색했다. 그런데 파졸리니는 비극의 앞과 뒤에 짧은 프롤로그와 에필로그를 첨부했다. 먼저 프롤로그는 파시즘 시절의 볼로냐와 그 인근이 배경이다. 갓 태어난 아기가 있는데, 파시스트 군복을 입은 젊은 아빠는 아기를 대단히 못마땅하게 바라보고 있다. "너는 내가 갖는 모든 것을 뺏으러 왔지. 특히 나의 사랑, 저 여자(아내)의 사랑을." 엄마를 사이에 두고 아버지와 아들이 '사랑의 삼각관계'를 그리는 오이디푸스의 가족관계가 그대로 영화 속으로 들어오는 순간이다. 〈오이디푸스 왕〉은 파졸리니의 자전적 작품으로 자주 해석된다. 파졸리니가 오이디푸스와 자신을 강하게 동일시하고 있기 때문이다. 부친과 불화를 빚고, 모친과 특별한 관계를 이어갔던 왕과 파졸리니의 운명은 실제로 매우 닮았다.

파시스트 장교였던 파졸리니의 부친은 자식에게 대단히 폭력적이었다. 대신 모친의 아들에 대한 사랑은 지극했다. 남편이 도박으로 재산을 탕진한 뒤엔 그녀 혼자서 아이들을 키웠다. 몹시 가난했지만, 파졸리니는 어머니와 살았던 그 시절을 매우 행복하게 기억한다. 모친의 이름은 수잔나 파졸리니인데, 그녀는 종종 파졸리니의 영화에 단역으로 나온다. 〈마태복음〉(1964)에선 청년 예수의 어머니 마리아로 출연하기도 했다(파졸리니는 어머니를 성녀로 봤을까?).

프롤로그의 볼로냐 장면에 이어, 옛 그리스 시절의 비극이 전개된다. 고전의 묘사는 대부분 아프리카의 모로코에서 촬영됐다. 그리고 에필로그는 오이디푸스가 눈을 찌르고 유랑 길에 오르는 순간부터다. 고전에 따르면 왕은 딸 안티고네와 함께 길을 떠난다. 〈오이디푸스 왕〉의 후속편인 〈콜로노스의 오이디푸스〉는 이 방랑의 이야기다. 파졸리니는 에필로그를 다시 볼로냐에서 찍었다. 앞을 보지 못하는 왕은 천사의 도움을 받아 볼로냐 시내를 돌아다닌다. 볼로냐 두오모, 그 앞의 '마조레 광장' 그리고 볼로냐 특유의 지붕 있는 길인 포르티치(portici)를 따라 걷고, 마지막엔 프롤로그에서 아기가 태어난 곳인 푸른 들판에 도착한다. 그리고는 "삶은 시작된 곳에서 끝난다."라는 짧은 경구가 뒤따른다. 말하자면 '오이디푸스의 운명'은 과거나 현재 모두에서 반복되는 삶의 본질이라는 뜻일 테다. 굳이 볼로냐를 처음과 끝에 첨부한 것은 오이디푸스의 운명과 볼로냐에서 태어난 파졸리니 자신의 운명 사이의 강한 유대감의 표현이리라. 파졸리니가 성장기가 지난 뒤, 부친과는 관계를 끊고, 모친만을 모시고 산 사실은 유명한 이야기다.

파졸리니는 볼로냐에서 삶을 시작했는데, 〈오이디푸스 왕〉의 경구를 글자 그대로 해석한다면, 볼로냐에서 삶을 끝내지는 못했다. 그는 1975년 로마에서 의문의 죽임을 당한다. 그런데 신기하게도 마지막 작품인 〈살로, 소돔의 120일〉(1975)에서 다시 볼로냐에 돌아온다. 그래서 실제로는 아니지만, 영화적으로는 자신이 태어났던 볼로냐에서 삶을 끝냈다고 봐도 된다. 〈살로, 소돔의 120일〉은 '살로 공화국'(히틀러의 통제 아래 있던 무솔리니가 말기에 세웠던 나치 괴뢰정부)이 있던 북쪽 가르다 호수 주변의 살로(Salò)라는 작은 마을이 주 무대다. 그런데 일부 장면은 볼로냐에서 촬영됐다.

도입부에서 파시스트들은 무고한 젊은이들을 강제로 잡아, 어디론가 끌고 간다. 트럭에 실린 이들은 죽음을 감지하고 있다. 그때 어떤 청년이 트럭에서 뛰어내려 탈출을 시도하다가, 나치 군인들의 총에 죽는다. 그곳은 볼로냐 인근의 마르차보토(Marzabotto)라는 작은 마을이다. 파졸리니가 의도적으로 이 마을을 가리키는 도로표지판을 보여준 것은 이곳에서 파시즘 시절 양민 학살이 벌어져서다. 전쟁 말기, 나치들은 마르차보토의 주민 8백여 명을 학살했다. 이 사건은 서부 유럽 최대의 주민 학살로 남아 있다. 이유는 주민들이 파르티잔을 도왔다는 것이다. 파시즘의 '살로'는 그런 학살의 땅과 연결돼 있다.

곧이어 젊은이들은 신고전주의 양식의 저택 앞에 끌려오는데, 이곳은 볼로냐 인근의 유명한 건물인 '빌라 알디니'(Villa Aldini)이다. 신고전주의 특유의 열주가 반듯하게 드러나 있는 건물이다. 파시즘 정부는 권위와 권력을 상징하는 신고전주의 양식을 선호했는데, 파졸리니는 그런 취향을 고려했을 것이다(건물 자체는 19세기에 지어진 것). 영화에서도 권위적인 빌라가 잡혀 온 젊은이들을 위압하듯 그려져 있다. 그리고는 빌라 내부에서, 사디즘의 대표적인 잔학행위들이 진행된다. 아마 인분을 먹는 식사 장면은 가장 악명이 높을 것이다.

영화를 즐기는데, 그 건물이 볼로냐에 있다는 사실은 굳이 알 필요는 없다. 그런데 그런 권위적인 건물이라면 로마에 더 많을 텐데, 파졸리니가 굳이 볼로냐에서 찍은 것은 고향에 대한 특별한 사랑을 표현하기 위해서일 것이다. 곧 '파르티잔의 땅' 볼로냐에 대한 사랑말이다. 다시 말해 파졸리니에 의해 볼로냐는 파르티잔의 역사로서도 강하게 각인돼 있다. 그래서인지 볼로냐의 시청 건물 벽에는 반나치 저항 운동을 하다 희생된 볼로냐 출신 파르티잔의 얼굴 사진들이 벽의 타일에 새겨져 있다. 현재 그 수는 2천 개를 넘는다. 1943년부터 1945년까지, 단지 2년간 나치 독일에 대항해 싸우다 죽은 사람의 숫자가 2천 명을 넘는 것이다. 이념과 관계없이 그 시청 벽 앞에 서면, 저절로 고개를 숙이게 된다.

16. 볼로냐 2

'대학 도시'

푸피 아바티, 〈수학여행〉, 1983
푸피 아바티, 〈크리스마스 선물〉, 1986
푸피 아바티, 〈마음은 다른 곳에〉, 2003
푸피 아바티, 〈조반나의 아빠〉, 2008

안토니오니, 파졸리니, 그리고 아바티

볼로냐는 대학도시다. 볼로냐 대학은 1088년에 건학 된 세계 최고(最古)의 대학이다. 인구 40만 정도 되는 도시에 대학재학생이 9만 명쯤 되니, 시민 네 명 중 한 명은 대학생인 셈이다. 이 대학 출신 중에 영화감독으로 이름을 알린 졸업생이 제법 있다. 단 세 명만 고른다면, 미켈란젤로 안토니오니(경제학), 피에르 파올로 파졸리니(문학철학), 그리고 푸피 아바티(정치학)이다. 앞의 두 감독은 세계영화사에 이름을 남긴 거장이다. 반면 푸피 아바티(Pupi Avati)는 그동안의 활약에도 불구하고 우리에겐 무명에 가깝다. 안토니오니는 볼로냐 옆의 페라라 태생이고 볼로냐 대학에서 유학했다. 파졸리니와 아바티는 볼로냐 태생이다. 그런데 볼로냐에서 태어나, 볼로냐를 영화의 주요 공간으로 자주 불러내는 '볼로냐의 감독'으로는 단연 푸피 아바티가 꼽힌다. 이런 점에서는 화가 조르지오 모란디(Giorgio

Morandi)와 비교된다. 모란디는 볼로냐 출신으로 평생 볼로냐에서만 작업한 '정물화 전문' 화가다. 푸피 아바티는 영화계의 조르지오 모란디로 불릴만하다.

푸피 아바티, 볼로냐에서만 작업하다

청년 푸피 아바티는 재즈 매니아였다. 20대 초반에 재즈 밴드 '닥터 딕시 재즈 밴드'의 클라리넷 연주자였다. 그의 영화에서 재즈 음악이 빠지지 않는 것은 젊은 시절의 경험 때문이다. 그는 평생 재즈 연주자로 살고 싶어 했다. 그런데 1963년 페데리코 펠리니의 〈8과 1/2〉(1963)을 본 뒤, 삶의 지향점을 바꾸었다. 25살 때였고, 아바티의 새로운 꿈은 영화감독이었다. 제법 긴 무명생활을 보내다, 자전적인 TV 시리즈 〈재즈 밴드〉(1978)를 발표하며 이름을 알린다. 영화계가 본격적으로 아바티를 주목하는 건 45살 때 발표한 〈수학여행〉(1983) 이후다. 이 작품이 베네치아영화제 경쟁부문에 초대되며, 아바티는 뒤늦게 알려지기 시작한다. 또 〈수학여행〉에서 아바티는 자신의 고향 볼로냐를 중점적으로 묘사하며, '볼로냐의 감독'이라는 애칭도 듣는다. 〈수학여행〉은 볼로냐에서 아펜니노산맥을 넘어 남쪽 피렌체까지 가는 여정 속에서, 여행자들 사이에 싹튼 여러 유형의 사랑 이야기를 다룬다. 볼로냐와 피렌체 사이의 산들이 얼마나 아름다운지를 〈수학여행〉은 애틋하게 묘사하고 있다.

연이어 발표한 볼로냐 배경의 영화가 〈크리스마스 선물〉(1986)이다. 볼로냐 출신의 친구들 네 명이 크리스마스 이브에 모여 포커 게임을 하는 하룻밤의 이야기다. 청년 시절의 친구였던 이들은 지금 중년 남자로 변했고, 모두 각자의 삶에 약간씩 지쳐있다. 그래서 과거의 우정을 회상하며, 포커로 크리스마스를 즐기자는 것이다. 이들의 모임에 부자로 알려진 낯선 변호사가 합류한다. 지금은 지친 중년들이지만, 이들의 청년 시절을 짐작하게 하는 대사가 있다. 체육 교사로 일하는 남자가 말한다. "오늘 콜맨 호킨스(Coleman Hawkins)의 '육체와 영혼'(Body and Soul)을 듣고 종일 울었어." 재즈 연주자 호킨스의 테너 색소폰에 지금도 눈물을 흘리는 감성적인 남성과 그의 친구들인 것이다.

한때 재즈 음악에 혼이 빠졌던 중년들인데, 지금은 세파에 찌들어 많이 변해있다. 이들은 친구 사이인데도 포커를 치며, 온갖 경쟁과 속임수를 마다하지 않는다. 겉만 멀쩡한 신사이고, 사실은 협잡꾼과 다를 게 없어 보인다. 게다가 점잖은 변호사로 알았던 그 남자는 알고 보니 '타짜'였다. 네 친구는 속고 속이기를 거듭하다 (가짜)변호사에게 가진 돈을 전부 잃고 만다. 지식과 교양이 넘치는 듯 보이는 변호사를 연기한 타짜 역의 카를로 델레 피아네(Carlo Delle Piane)는 발군의 사기꾼 연기 덕분에 베네치아영화제에서 남우주연상을 받았다.

볼로냐는 '대학도시'라는 별칭에서 짐작할 수 있듯, 사람들이 순진하고, 학식이 높은 것으로 알려져 있다. 이탈리아 사람들의 볼로냐에 대한 인상은 이렇듯 긍정적인데, 볼로냐 출신 아바티가 그린 〈크리스마스 선물〉에서의 볼로냐는 안타깝게도 과거의 순수함을 잃어버린 곳으로 그려져 있다.

볼로냐의 일상적인 모습을 보고 싶다면

볼로냐 공항의 별칭은 '굴리엘모 마르코니'(Guglielmo Marconi)이다. 볼로냐 출신 과학자의 이름을 땄다. 마르코니는 무선전신, 라디오 전파를 발견한 공로로 1907년 노벨 물리학상을 받았다. 그의 매스미디어 통신 작업은 현재의 인터넷에까지 영향을 미쳤고, 지금도 이 부분에 탁월한 업적을 남긴 학자에게 '마르코니 상'을 시상하고 있다. 마르코니 시상식은 IT업계 스타의 등용문이다. 말하자면 볼로냐는 최고의 대학 도시이자, 과학과 기술의 도시인 셈이다. 그 전통이 지금도 살아 있다. 아마 대중적으로는 슈퍼카가 가장 유명할 것 같다. 람보르기니, 페라리처럼 이탈리아가 자랑하는 첨단 테크놀로지의 고급 차는 모두 볼로냐 인근에서 생산된다.

볼로냐는 대학만 유명한 게 아니라, 대학 준비 고교, 곧 리체오(Liceo)의 수준이 높기로도 유명하다. 과학과 기술의 도시 볼로냐의 명성에는 잘 다듬어진 교육제도가 그 기초를 이루고 있는 셈이다. 볼로냐에서 가장 유명한 (인문) 고교가 18세기 볼로냐 출신 의학자 루이지 갈바니(Luigi Galvani)의 이름을 딴 '갈바니'(Galvani) 고교다. 볼로냐 태생인 파졸리니와 아바티는 갈바니 고교 졸업생이다.

아바티는 이 고교를 종종 찾아가 볼로냐에 대한 향수를 그린다. 대표작은 2003년 칸영화제 경쟁부문에 초대된 〈마음은 다른 곳에〉이다. 1920년대 갈바니 고교에서 라틴어 교사로 일했던 한 청년의 이야기다. 영화는 시작

하자마자 볼로냐 특유의 아늑한 느낌이 나는 갈색 건물
들을 보여준다. 만약 관객이 볼로냐 출신이라면, 짧게 탄
성이 나올 정도로 오래된 도시 볼로냐의 평화로운 정취
가 제대로 그려져 있다. 그리고는 볼로냐의 유명한 포르
티치(Portici)를 연이어 잡는다. 포르티치는 지붕이 있는 길
이다. 건물의 1층은 한 칸 안으로 들어가 있고, 그 위는 자
연스럽게 둥근 지붕이 생긴 구조다. 그래서 볼로냐 시내는
비가 와도 포르티치를 따라 걸으면 비를 맞지 않고, 비를
구경하며 걸을 수 있다. 볼로냐와 인연을 맺은 사람이라
면, 이 포르티치가, 또 포르티치 밑을 걷던 시간이 가장 그
리울 것 같다.

  갈바니 고교는 포르티치를 끼고 있다. 누구나 포르티치
밑으로 걸어가서, 학교 안으로 들어간다. 그런 풍경 자체
가 볼로냐에 대한 강한 향수를 자극하는데, 〈마음은 다른
곳에〉는 도입부에서부터 그런 감정을 잘 살려낸다. 영화
는 갈바니 고교에서 본격적으로 시작하는데, 라틴어 교사
가 어떤 시각장애자 여성과 사랑에 빠지며 전환점을 맞는
다. 이들이 데이트하는 곳이 전부 볼로냐의 유명 장소다.
시청 앞의 마조레 광장, 그리고 그 주변의 시내 풍경이 오

래된 도시 볼로냐의 멋을 한껏 과시하고 있다.

갈바니 고교에 대한 향수는 〈조반나의 아빠〉(2008)에서 다시 강조된다. 갈바니 고교(영화에선 학교명을 밝히진 않지만, 학교 건물로 알 수 있다)에서 미술 교사로 일하는 미켈레(실비오 오를란도)와 재학생인 그의 딸 조반나(알바 로르바케르) 사이의 이야기를 다룬다. 시대적 배경은 파시즘이 기승을 부리던 1930년대다. 〈조반나의 아빠〉는 도입부에서 바로 갈바니 고교부터 보여준다. 교사, 학생들이 포르티치를 지나 학교 안으로 들어가고 있고, 이들 사이에서 미켈레와 딸 조반나도 보인다. 미켈레는 조반나에 대한 근심이 아주 깊다. 딸은 엄마와 심한 심리적 갈등을 빚고 있고, 지나치게 예민하여, 쉽게 타인으로부터 상처를 받기 때문이다. 아빠는 늘 딸 걱정뿐인데, 정신과 의사와 상담해보라는 주위의 권유는 귀담아듣지 않는다.

미켈레 가족이 사는 곳은 볼로냐 시내에 있는 '산 비탈레 거리'(via San Vitale)이다. 대학가 바로 옆에 있고, 시내와 가까워 볼로냐의 유명 건물들, 이를테면 '두 개의 탑'(Le due Torri), 마조레 광장 등이 쉽게 보이는 곳이다. 하늘이 탁 트인 낮고 오래된 건물들, 길옆에 길게 이어진 편안한

주세페 토르나토레, 〈시네마 천국〉(1988).
감독의 고향인 시칠리아의 바게리아에서 주요 장면이 모두 촬영됐다.

타비아니 형제, 〈파드레 파드로네〉(1977).

사르데냐섬을 배경으로, 양치기 소년이 언어학자로 성장하는 입지전적인 인물의 이야기다.

리처드 도너, 〈레이디호크〉(1985).
남부 라퀼라 부근의 '캄포 임페라토레'(Campo Imperatore) 고원에서 촬영됐다.
뒤의 폐허는 로카 디 칼라시오(Rocca di Calascio) 요새.

난니 모레티, 〈나의 어머니〉(2015).

모레티의 영화는 대부분 로마에서 촬영했다.
그런데 그의 영화에서 로마의 유명 장소를 배경으로 삼는 경우는 거의 없다.
일상의 공간이 주인공이 된다.
일상의 공간을 주요하게 다루던 네오리얼리즘의 미학을 계승한 것이다.

미켈란젤로 안토니오니, 〈정사〉(1960).

시칠리아에서 주요 장면이 촬영됐고, 종결부는 섬의 동쪽 타오르미나에서 진행됐다.

페데리코 펠리니, 〈아마코드〉(1973).
파시즘 시절 펠리니의 고향인 리미니의 바다가 주요 배경이다.

© Gettyimage

페데리코 펠리니, 〈길〉(1954).

로마 인근이 주요 무대다.
서커스 관련 장면은 대부분 로마 북부에 있는 비테르보에서 찍었다.
사진은 젤소미나 역의 줄리에타 마지나.

포르티치, 거리를 오가는 활기찬 대학생들 모습으로, 이곳이 볼로냐의 상징적인 거리 임을 한눈에 알 수 있다.

〈조반나의 아빠〉는 딸에게 닥친 불행을 막아내기 위한 아빠의 간절한 노력을 그린다. 실비오 오를란도는 이 역으로 베네치아영화제에서 남우주연상을 받았다. 부성의 희생이란 점에선 로베르토 베니니의 〈인생은 아름다워〉(1997)와 비교되는데, 베니니의 작품이 음악으로 치면 장조처럼 밝다면, 아바티의 작품은 단조처럼 차분하고 약간 슬프다. 그런 차분한 정서를 그려내는 데는 볼로냐의 고요한 도시 분위기가 한몫했다.

아바티는 미켈레와 조반나 부녀의 동선을 따라가며, 관광지 볼로냐가 아니라, 일상의 볼로냐를 세밀하게 잡아낸다. 그 중심에는 볼로냐의 오래된 거리 '산 비탈레'가 있다. 말하자면 〈조반나의 아빠〉는 볼로냐를 고향처럼 여기는 사람들에 대한 '가족 앨범'과 다름없다. 볼로냐의 모습이 한 장 한 장 사진에 찍혀, 앨범 속에 전시된 듯 영화가 전개되기 때문이다.

이탈리아 중부 ——————————————————————

17. 카스텔리 로마니

로마 근교의 전원도시들

괴테의 귀족주의, 펠리니의 민중주의

괴테의 초상화 가운데 가장 유명한 것은 아마도 독일화가 티슈바인(Johann Heinrich Wilhelm Tischbein)의 그림일 것이다. 괴테가 흰색 망토 모양의 긴 겉옷을 걸치고, 로마 근교를 배경으로, 고대의 신처럼 비스듬히 누워 포즈를 잡고 있는 그림이다. 괴테의 오른쪽 옆에는 신화를 조각한 돌이 있고, 가운데 약간 뒤로는 제국의 폐허인 기원전 1세기의 건축물 '체칠리아 메텔라의 묘지'(Mausoleo di Cecilia Metella)가 보인다. 신고전주의 그림답게 전체적으로 편안하고 안정돼 있으며, 문호 괴테는 조화로운 자연의 주인공처럼 그림의 가운데 전면에 강조돼 있다. 작가 괴테와 화가 티슈바인은 친구 사이였고, 로마 인근을 여행할 때는 길동무였다. 두 예술가 모두 로마의 찬양자였는데, 이들이 로마만큼이나 애정을 갖고 방문한 곳이 바로 로마 근교의 '카스텔리 로마니'(Castelli Romani)라는 곳이다. 그림의 맨 뒤, 야트막한 산 주변에 형성된 14개의 작은 도시들을 합쳐 부르는 이름이 '카스텔리 로마니'다.

로마 근교의 전원풍경에 매료된 괴테

괴테는 1786년 9월부터 대략 2년간 이탈리아를 여행한 뒤 〈이탈리아 기행〉을 썼다. 그가 강조한 지역은 여정에 따라 베네치아, 로마, 나폴리, 시칠리아인데, 머문 시간과 기록의 분량에서 보자면 이 기행문은 '로마 기행'이라고도 부를 수 있다. 그만큼 로마가 강조돼 있다. 고전주의자답게 괴테는 로마에 대한 특별한 애정을 가졌다. 처음 이탈리아에 왔을 때, 로마를 빨리 보고 싶은 마음에, 르네상스의 본산인 피렌체를 그냥 지나칠 정도였다. 이 점은 지금도 피렌체 사람들에게 작은 상처가 됐다. 그리고 시칠리아에서 다시 육지로 돌아온 뒤에는 로마에서만 머물렀다. 2년 여정의 반 이상을 로마에서 보낸 셈이다. 따라서 그의 기행문(특히 후반부)은 '로마 기행' 혹은 '로마 일기'라고 불러도 어색하지 않다.

괴테는 로마에 머물 때, 고전주의 건축의 아름다움에 흠뻑 빠져 있었는데, 이때 주로 방문한 곳이 인근의 '카스텔리 로마니'다. 로마에서 남동쪽으로 대략 20~30km 떨어져 있다. 프라스카티(Frascati), 카스텔 간돌포(Castel Gandolfo) 등 14개의 작은 도시는 산과 알바노 호수(Lago Albano) 사이에 몰려 있다. 이곳은 로마제국 시절부터 귀족들의 여름 휴양지로 이름을 알렸는데, 지금처럼 화려한 건축물과 아름다운 전원으로 유명해진 것은 '아비뇽 유수'(1309년~1377년)라는 역사적 사건 때문이다. 교황이 당시의 세속적인 왕권에 포로가 되는 바람에, 로마의 교황청이 프랑스의 아비뇽으로 약 70년간 이전됐을 때다. 이 사건을 보통 교황을 잡아 가둔다는 뜻에서 '유수'(幽囚, Captivity)라고 표현한다. 그런데 로마사람들은 이 사건에서 얼마나 충격을 받았던지, '유수'를 '아비뇽의 악'(Cattività avignonese)이라고 부른다. 로마의 교황청만이 '선'이라는 뜻에서다. 강대해진 프랑스의 왕권에 위협을 느껴, 고위 성직자들, 귀족들, 그리고 관련 주민들이 로마를 버리고 피난 가기 시작했다. 14세기에 그들이 정착하며, 발전된 곳이 카스텔리 로마니다. 카스텔리 로마니는 '로마(인)의 성들'이란 뜻이다. 오래전부터 로마 출신 귀족들의 성들이 많이 있어서이다.

페르난도 메이렐레스의 〈두 교황〉(2019)은 지금의 교황 프란체스코와 전 교황 베네딕트 16세 사이의 특별한 관계를 다루는데, 이때의 주요 배경이 교황의 여름 별장이 있는 카스텔리 로마니다. 교황의 별장은 구체적으로는 알바노 호수 주변에 있는 데, 특히 아름다운 정원 덕분에 두 교황이 그곳에 앉아 쉴 때면, 세상은 한순간에 고요 속으로 빠진 것처럼 느껴진다.

로마의 귀족들은 '유수' 이후에도 여기에서 경쟁하듯 저택들을 지었고, 지금 그 건물들은 대부분 르네상스를 대표하는 '이탈리아의 보물'로 남아 있다. 괴테는 독일 친구들에게 보낸 편지에서, 이 지역의 아름다움은 도저히 언어로 표현할 수 없다며, 그림을 그려 대신 보내기도 했다. 카스텔리 로마니의 아름다운 풍경은 '시인' 괴테를 '화가'로 둔갑시킨 셈이다. 알다시피 괴테는 프로급의 그림 실력으로도 유명하다. 아마도 카스텔리 로마니의 아름다운 풍경이 그의 화가 수련에 큰 영향을 미쳤을 것이다.

괴테는 특히 프라스카티에 있는 '알도브란디니 저택'(Villa Aldobrandini)의 아름다움을 반복하여 강조했다. 견고한 느낌의 르네상스 양식, 조화를 이룬 정원과 연못, 그리고 실내를 장식한 그림들에 감탄을 드러내곤 했다. 사실 이런 저택들은 카스텔리 로마니의 14개 마을 전체에 하나 쯤은 다 있다. 그러므로 이탈리아 르네상스의 귀족문화를 경험하고 싶으면, 이 지역에 있는 저택들만 둘러봐도 될 것이다.

펠리니가 그린 카스텔리 로마니

그런데 이탈리아를 관광용으로 제시하는 것을 꺼린 '네오리얼리즘의 전통' 때문인지, 이탈리아 영화에서 이 지역을 괴테처럼 귀족적으로 묘사한 경우는 별로 없다. 또 이 지역이 외국인에겐 상대적으로 덜 알려진 이유 등으로, 외국영화의 배경이 된 경우도 드물다. 카스텔리 로마니가 낭만적으로, 하지만 서민적으로 그려진 대표적인 경우는 페데리코 펠리니의 〈카비리아의 밤〉(1957)에서다. 매춘부 카비리아(줄리에타 마지나)가 사기꾼 남자에게 속아 '사랑의 데이트'를 즐기는 종결부에서의 배경이 카스텔리 로마니다. 그녀는 드디어 사랑을 찾았다는 흥분에 그 남자와 함께 근사한 곳에서의 데이트를 계획했고, 이들이 도착한 곳이 카스텔리 로마니의 알바노 호수다. 빼어난 풍경 덕분에 프랑스의 코로(Jean-Baptiste-Camille Corot) 같은 화가들에 의해 자주 그려진 명소다. 하지만 하층민 탈출을 꿈꾸는 카비리아에겐 애초부터 어울리지 않는 곳이었다. 그녀에 겐 호수를 감상할만한 여유가 없었다. 역설적으로 카스텔리 로마니의 절경은 하층민 카비리아의 궁핍한 처지를 더욱 강조하는 곳이 되고 말았다.

현대 이탈리아 리얼리즘의 대표 감독인 마르코 벨로키오의 〈유모〉(La balia, 1999)는 카스텔리 로마니 출신인 어느 유모의 삶을 다룬다. 20세기 초가 배경인 이 영화에서 유모의 남편은 진보적인 정치 활동 때문에 감옥에 갇혔고, 살길이 막힌 그녀는 로마 부르주아 집안의 유모로 취직한다. 〈유모〉에는 상층부 로마와 하층부 로마 근교(곧 카스텔리 로마니)의 지리적 차이가 강조돼 있고, 그 지리적 차이만큼 사람들 사이의 차이도 극명하게 드러나 있다. 벨로키오에 따르면, 괴테의 넋을 뺏었던 카스텔리 로마니의 낭만적 풍경 속에는, 감옥에 갇히고, 다른 자식에게 젖을 먹여야 살아갈 수 있는 민중들의 현실이 고스란히 남아 있다. 말하자면 카스텔리 로마니는 대도시 로마의 근교라는 지리적 운명 때문에, 로마에 봉사하는 일종의 비극을 잉태한 것이다.

네오리얼리즘에 낭만성을 잘 섞었던 피에트로 제르미의 〈형사〉(1959)에도 로마와 카스텔리 로마니가 대조돼 있다. '죽도록 사랑해'(Sinnò me moro)라는 주제가로 유명한 이 작품은 로마 상층부 여성의 살인사건을 다루고 있는데, 이 집의 하녀(클라우디아 카르디날레)가 사는 곳이 카스텔리 로마니다. 그녀는 로마 시내의 번쩍이는 저택과 카스텔리 로마니의 낡아빠진 서민 주택 사이를 오가며 일한다. 형사는 마치 절차를 밟듯, '가난한 하녀'의 주변을 의심하기 시작한다. 그렇게도 아름답던 카스텔리 로마니는 〈형사〉에서는 하층민과 범죄의 이미지로 표현돼 있다.

괴테의 귀족적 아름다움을 영화로 확인할 수 있는 작품은 루키노 비스콘티의 〈레오파드〉(1963)이다. 물론 이 영화의 주요 배경은 시칠리아다. 그런데 비스콘티는 일부 실내 장면을 로마 근교에서 찍었다. 이를테면 주인공 버트 랭커스터가 천체망원경이 있는 서재에서 하늘을 바라보며, 그 어떤 혼란이 와도 세상은 별자리처럼 변하지 않을 것이라고 말할 때, 창밖으로 보이는 아름다운 풍경은 카스텔리 로마니다. 티슈바인이 그린 괴테의 초상화 속 풍경처럼, 세상은 편안하게 균형을 이루고 있다. 알다시피 〈레오파드〉는 그 균형의 균열을 그려낸 대서사극이다.

　지금도 카스텔리 로마니는 귀족적 아름다움과 민중적 아름다움이 섞여 있는 곳으로 유명하다. 이곳의 여행자들에겐 저택에선 괴테가, 서민층의 마을에선 이탈리아의 리얼리스트들이 떠오를 것이다. 두 곳 가운데 마음이 편안한 곳, 그곳에서 여행자는 자신의 천성을 만날 것 같다.

18. 볼테라

바람 속으로 사라질 운명

크리스 웨이츠, 〈뉴 문〉, 2009
루키노 비스콘티, 〈희미한 곰별자리〉, 1965

비스콘티가 그린 데카당스의 땅

이탈리아의 오래된 도시를 걷다 보면, 어느 순간 자신이 거대한 무덤 속에 들어와 있다는 이상한 기분을 느낄 때가 있다. 나무 한 그루 없어서, 생명이라곤 보이지 않는 시내의 딱딱한 돌길들, 몇 세기를 견뎌낸 돌집들, 그리고 인적 없는 길 위의 적막한 분위기는 영락없는 무덤 그 자체다. 중세도시의 밤이면, 그런 불안은 더욱 강해질 수 있다. 게다가 혼자 있다는 고립감은 얼핏 뒷덜미가 서늘해지는 '언캐니'(낯익은 두려움)의 기묘함마저 자극한다. 사실 이런 느낌은 무명의 중세도시뿐 아니라 관광지로 유명한 피렌체, 또는 베네치아 같은 큰 도시의 중심에서도 경험할 수 있다. 단, 어둡고 인적이 드문 새벽이면 가능성이 높다. 이탈리아에는 그만큼 옛것을 지금까지 고스란히 간직한 곳이 많다. 과거와 현재가, 다시 말해 죽음과 삶이 공존하는 대표적인 곳이 이탈리아일 것이다.

볼테라, 뱀파이어의 도시

'무덤에 왔다'라는 느낌은 약간 과장하자면 단테가 산 사람으로서 처음 지옥에 발을 들여놓았을 때의 긴장과 비슷할 것이다. 못 올 곳에 왔다는 옅은 공포, 하지만 도망가고 싶진 않은 흥분 같은 게 느껴질 수 있어서다. 7년간 이탈리아에 체류하며, 저 멀리 시칠리아의 시라쿠사에서, 또 로마 한복판의 밤길에서, 그리고 토스카나에 흩어져 있는 수많은 중세도시에서 '언캐니'의 느낌을 종종 경험하곤 했다. 그런 경험 가운데 지금까지도 강렬하게 기억에 남아, 간혹 뒷덜미를 잡게 하는 가장 '서늘한' 도시가 바로 볼테라(Volterra)다. 로마제국 이전에, 토스카나의 아름답고 평화로운 들판이 아니라, 저 멀리 산꼭대기에 형성된 고대도시이다. 얼마나 높은 곳에 있는지 도시 이름 자체가 날개, 날다의 뜻을 가진 볼(vol)과 땅(terra)이 합쳐져 만들어졌다. 도시가 하늘을 나는 듯 높은 곳에 있다는 의미다.

볼테라에 접근하려면 토스카나의 평야를 가로질러, 산으로 올라가는 육로를 이용하는 게 유일한 방법이다. 토스카나 특유의 야트막한 언덕들, 포도밭들, 해바라기밭들, 그리고 양들을 방목한 평화로운 목초지 등을 지나면, 어느

새 눈 앞에 펼쳐지는 곳이 강고한 석성(石城)으로 둘러쳐진 볼테라다. 멀리서 보면 산꼭대기가 돌로 변해 있고, 바로 그곳에 인구 10만 명의 도시가 형성돼 있다. 저렇게 멀리, 높게 도시가 형성돼 있을 거라곤 상상하기 어려운 곳이다. 볼테라의 공간적 위계 자체가 현실적이지 않다. 이를테면 영국의 '해머 스튜디오'에서 만들던 호러 영화 속의 드라큘라 성이 실제로 존재한다면, 지금도 볼 수 있는 적격인 곳이 볼테라다. 그만큼 볼테라는 멀고 아득하다.

'트와일라잇' 시리즈가 발표되며 세상의 영화 관객들에게 많은 인기를 끌 때, 개인적인 취향의 문제로 별 관심을 두지 않았는데, 두 번째 시리즈물인 〈뉴 문〉(2009)은 봤다. 순전히 볼테라에 대한 개인적 기억 때문이었다. 대형화면으로 그곳을 다시 보고 싶었다. 뱀파이어 에드워드(로버트 패틴슨)는 뱀파이어 사이의 패권 가족인 볼투리(Volturi) 집안의 지배를 받고 있다. 세상의 뱀파이어들을 통제하는 권력을 가진 볼투리 집안이 사는 곳이 볼테라다. 드라마의 마지막에 에드워드가 연인 벨라(크리스틴 스튜어트)의 죽음을 막기 위해 뱀파이어로서의 삶을 스스로 끝내기로 마음먹고 볼테라로 가는데, 벨라도 동시에 에드워드를 구하기 위해 볼테라로 달려간다. 이 시퀀스에서 볼테라가 특히 강조된다. 볼투리 집안이 머무는 곳으로 설정된 궁은 오래된 도시 특유의 견고한 돌집이다. 종교적인 복장을 한 볼테라의 주민들은 도시에서 뱀파이어들이 사라진 날을 축하하고 있는데, 궁 안에서는 에드워드와 벨라가 볼투리 집안사람들과 생사를 건 결투를 벌이고 있다. 〈뉴 문〉은 뱀파이어들이 살 것 같은 산속의 고립된 도시 볼테라의 비현실적인 이미지를 십분 이용한 셈이다. 원작 소설에서 뱀파이어의 도시로 소개된 곳이 볼테라이고, 그래서 영화 속 대사에서도 주인공들이 "볼테라에 간다"라고 말한다. 그런데 아쉽게도 사실 촬영이 진행된 곳은 볼테라가 아니라, 토스카나의 또 다른 도시인 몬테풀치아노(Montepulciano)였다.

바람 속으로 사라지는 운명

곧 영화는 고대도시 볼테라의 느낌만 살린 것인데, 그 느낌은 비교적 틀리지 않게 전달됐다. 하지만 볼테라를 아는 관객에겐 딴 장소가 제시되는 바람에 실망을 안긴 것도 부인할 수 없는 사실이다.

볼테라가 영화의 역사 속으로 들어온 건 루키노 비스콘

티 덕분이다. 그의 1965년 베네치아영화제 황금사자상 수상작인 〈희미한 곰별자리〉가 알려지면서부터다. 〈희미한 곰별자리〉는 아이스킬로스의 그리스 비극인 '오레스테이아 3부작'을 변주한 멜로드라마다. 그리스 고전은 트로이전쟁의 영웅 아가멤논 왕이 아내와 그의 정부에 의해 살해당하자, 딸 엘렉트라가 동생 오레스테스와 함께 부친의 복수를 실행하는 모친살해의 비극이다. 그리스의 이 비극이 〈희미한 곰별자리〉의 복선이 됐다. 산드라(클라우디아 카르디날레)는 모친과 그의 정부가 공모하여, 과학자인 아버지를 유대인이라는 이유로 나치에 고발했다고 생각한다. 결국에 부친은 나치에 체포되고, 아우슈비츠에서 사망했다. 산드라는 엘렉트라처럼 부친에 대한 사랑과 모친에 대한 증오의 감정으로, 살해의 복수심을 키운다. 그런데 오빠 잔니(잔 소렐)는 오레스테스와 달리 모친에 대한 증오심을 별로 갖고 있지 않다. 대신 오누이 산드라를 지나치게 사랑한다. 근친상간적인 이 관계가 비극을 몰고 오는 게 〈희미한 곰별자리〉의 주요 내용이다.

친족살해, 근친상간 같은 파멸의 테마가 〈희미한 곰별자리〉의 전체 분위기를 압도하고 있다. 그래서인지 비스콘티는 이런 부패와 종말의 느낌이 나는 곳으로 볼테라를 선택했다. 결과적으로 비스콘티의 이름 앞에 늘 따라다니는 수식어 '데카당스'는 더욱 분명하게 관객에게 전달되기도 했다. 데카당스(decadence)라는 용어는 '떨어지다'(decado)라는 라틴어에서 유래했는데, 이것이 미학적으로 사용되며, 추락과 퇴폐의 의미를 갖는다. 썩고 냄새나고 그러면서 떨어져 죽어가는 모든 병든 것에 대한 특별한 애착 같은 것이다. 곧 비스콘티는 볼테라가 데카당스라고 해석했다.

고대도시 볼테라는 바람의 도시로도 유명하다. 〈희미한 곰별자리〉에서 그 바람은 미래에 불어 닥칠 불행의 전조로 이용되고 있다. 산드라가 볼테라에 도착한 첫날 밤, 정원에 있는 나무들이 휘청일 정도로 강풍이 분다. 그런데 그 강풍 때문에 실제로 언덕 위의 도시 볼테라는 언젠가부터 하부 일부가 사라져가는 위기에 놓여 있다. 풍화작용 때문에 도시 곳곳에 파헤쳐진 낭떠러지가 드러나 있고, 이곳은 〈희미한 곰별자리〉에서도 상징적으로 등장한다. 비스콘티에 따르면 낭떠러지의 도시 볼테라는 필멸의 존재인 인간이 그러하듯, 바람처럼 사라져갈 운명이란 것이다.

운명의 시간이 정해져 있는 도시 볼테라, 바로 그곳에서 죽음의 운명 속으로 내몰리는 질곡의 드라마가 펼쳐지는 셈이다.

볼테라를 떠올리면 '무덤 같은 공간 이탈리아'라는 말이 정말 실감 난다. 도시 전체가 암벽 같은 성에 의해 둘러싸여 있고, 또 도시의 입구는 남문인 '아치의 문'(Porta all'Arco), 북문인 '디아나의 문'(Porta Diana)에서 보듯 강직한 돌로 특징지어져 있다. 도시 전체가 돌 같다. 견고하지만 생명이 없는 사물 같은 것이다. 그 도시를 걷다 보면 로마제국 전사들의 투구가, 또 르네상스 시절 패권 도시 피렌체의 공격을 막아내던 볼테라 전사들의 칼과 창이 유령의 휘파람처럼 귓가를 때릴 것 같다. 아득히 먼 과거와 만난다면, 우리는 현재를 살고 있다는 것은 찰나라는 허무함에 빠지기도 할 것이다. 비스콘티의 〈희미한 곰별자리〉는 그런 역사와 죽음의 데카당스 기운을 온전히 되살려놓고 있다.

19. 사바우디아

파시스트 정권의 선전 도시

파올로 소렌티노, 〈가족의 친구〉, 2006

마르코 페레리, 〈피에라 이야기〉, 1983

미켈란젤로 안토니오니, 〈여자 친구들〉, 1955

'반듯한' 신고전주의 건축의 양면성

이탈리아에 체류할 때 가진 개인적인 궁금증 가운데 하나가 무솔리니가 주도한 파시스트 정권의 역사적 존재였다. 이탈리아와 국가주의는 서로 어울려 보이지 않아서다. 내가 경험한 바로는 이탈리아는 또 다른 군국주의 국가였던 독일, 일본과 달리 '합일' '단합' 같은 일방주의는 잘 먹히지 않는 문화를 갖고 있다. 사람들은 자유롭고, 종종 지나치게 자유로워, 혼란스러워 보이는 나라가 이탈리아다. 극좌부터 극우까지 수많은 정당이 공존하는 정치문화를 떠올려 보라. 그건 혼란일 수도 있지만, 정치적 의사가 그만큼 다양하다는 뜻이기도 하다. 그런 이탈리아 사람들이 '두체'(Duce, 지도자라는 뜻으로 무솔리니를 지칭)에게 로마제국식의 일사불란한 거수경례를 하며, 일방적인 지지를 보냈다는 역사가 선뜻 상상되지 않는 것이다. 이탈리아와 '일사불란'은 너무나 어울리지 않는 말이다. 그런데도 이탈리아에는 무솔리니의 파시즘과 비슷한 정권이 종종 들어서곤 한다. 이것은 여전히 풀리지 않는 궁금증인데, 결과적으로는 이탈리아에는 파시즘과 '지나친' 자유가 혼란스럽게 섞여 있는 셈이다. 정상이 아니라는 점에서 둘은 어쩌면 자웅동체일 수 있다.

파올로 소렌티노가 사바우디아에서 그린 것

파시즘이 먹혀든 이유 가운데 중요하게 지적되는 게 주택정책이다. 무솔리니는 경제적인 서민용 주택을 대량으로 지어, 국민에게 '내 집 마련'의 꿈을 심었다. '신도시 개발' 같은 정책을 펼쳤는데, 로마의 '에우르'(EUR) 지역 같은 게 대표적이다. 또 대규모 간척사업을 펼쳐, 습지를 아예 육지로 바꾼 뒤, 없던 도시를 새로 만들기도 했다. 로마 남쪽으로 90km 정도 떨어져 있는 도시 사바우디아(Sabaudia)가 바로 그런 곳이다. 한때 습지였던 이곳을 무솔리니는 파시즘의 선전 도시로 건설했다. 도시 전체의 스타일도 고려하여, 로마제국의 '권위와 위엄'을 과시할 수 있는 건축 양식인 '신고전주의'를 대거 이용했다. 파시스트들은 로마의 한복판에 있는 우윳빛 대리석 건물인 '비토리오 에마누엘레 2세 기념관'(일명 '조국의 제단') 같은 권위의 상징을 보여주려 했다. 하지만 예산을 아껴야 했고, 당대의 건축가들은 '단순화된 신고전주의'라는 새로운 양식을 선보였다. 형식은 신고전주의인데, 규모는 확 줄인 것이다. 그래도 멀리서 보면 도시는 체스판처럼 명확하게 구획돼 있고, 작은 건물들도 레고 장난감처럼 수학적 균형을 잡고 있다. 제국 시대의 도시 로마를 소형화, 단순화시킨 공간을 떠올리면 되겠다.

파올로 소렌티노 감독은 데뷔 시절 이탈리아 사회를 풍자하는 블랙코미디로 주목을 받았다. 마피아의 볼모가 된 사업가를 그린 〈사랑의 결과〉(2004)는 이탈리아의 경제에 대한 통렬한 풍자였다. 주인공(토니 세르빌로)은 겉보기에는 번듯하고 세련된 경제인인데, 알고 보니 마피아의 노예처럼 살고 있어서이다. 마피아의 범죄가 여전히 골칫거리인 남부 이탈리아의 상황, 또 잊을만하면 적발되는 정치경제계와 마피아 사이의 결탁 등을 떠올리면, 〈사랑의 결과〉는 바로 이탈리아 사회의 거울임을 알게 했다. 페데리코 펠리니의 코미디 감각과 난니 모레티의 풍자 정신을 계승한 소렌티노는 후속작 〈가족의 친구〉(2006)를 〈사랑의 결과〉에 이어 연속하여 칸영화제 경쟁부문에 출품함으로써 이탈리아를 대표하는 감독으로 우뚝 선다. 제목 '가족의 친구'는 마피아를 지칭하는 말이다. 곧 마피아들이 자신들을 종종 '(당신)가족의 친구'라고 소개하는 관습에서 제목을 따왔다.

고리대금업자 노인 제레미아(자코모 리초)는 겉으로는 소규모 재봉공장의 주인인 척 살고 있다. 사실은 서민들에게 돈을 빌려주고, 고리로 이자를 뜯는 악덕 사채업자다. 알부자이지만, 무엇이 두려운지 병든 노모를 모시고, 대단히 가난한 사람들이 몰려 있는 서민 주택가에 거주한다. 그는 지독한 구두쇠다. 금속 탐지기 같은 걸 들고, 사람들 왕래가 잦은 시내의 교회 주변, 또는 바닷가의 모래사장 등지를 돌아다니며 동전을 찾아내기까지 한다. 결혼을 앞둔 신부 로잘바(라우라 키아티)의 부모에게 '가족의 친구'라며 돈을 빌려주러 갔다가, 그만 어린 신부에게 반하면서 이 구두쇠 노인의 삶에 큰 변화가 몰려온다. 그는 돈을 이용해 젊은 신부의 사랑을 뺏을 허망한 꿈을 꾸는 것이다.

지독하게 구두쇠인 '부자 노인' 고리대금업자, 그가 마피아의 비호를 받는 사실을 알면서도 돈을 빌리려 오는 무력한 이웃들, 역시 그에게 꼼짝 못 하는 '실업자 청년들', 그런 와중에도 춤과 노래를 즐기는 무책임한 주민들... 다른 사람의 눈에는 세상은 근본에서부터 무너지고 있는데, 〈가족의 친구〉의 인물들은 찰나에만 집착하는 것 같은 불안이 영화 내내 따라다닌다. 소렌티노의 눈에는, 불행하게도 우리가 사는 세상, 특히 당대의 이탈리아 사회가 그렇다는 뜻일 테다.

흥미로운 것은 이들의 뒤로 보이는 도시의 모습은 너무나 반듯하고, 질서정연한 점이다. 기획도시 사바우디아의 특성이 한눈에 보인다. 마치 흰 도화지에 직선 몇 개를 수직과 수평으로 그은 것 같은 이미지다. 사바우디아의 두오모인 '성모승천교회'는 간결하고 균형 잡힌 모습을 하고 있고, 역시 레고 장난감처럼 보이는 시청 건물도 '단순화시킨 신고전주의' 양식을 띠고 있다. 도시도, 건물도 군더더기 하나 없이 균형을 잡은 것이다. 아마 이런 공간, 곧 신고전주의 양식 같은 논리적이고 균형 잡힌 공간, 이것은 누군가에겐 질서의 권위를 느끼게도 하겠지만, 또 다른 누군가에겐 질식할 것 같은 억압으로도 작용할 것이다. 〈가족의 친구〉 속 가난한 사람들은 후자의 세상에 사는 것 같

다. 출구를 찾지 못하는 이들에게 질서정연한 사바우디아
는 감옥이나 마찬가지다.

마르코 페레리의 광기의 도시

파시스트의 도시 사바우디아가 이탈리아를 넘어 외부
세계에까지 알려진 데는 마르코 페레리의 영향이 컸다. 이
탈리아의 이 기인은 1960년대 데뷔 시절 '정상과 괴물' 사
이의 의미를 추적하며 주목을 받았다. 곧 우리가 '정상'이
라고 쉽게 수용하는 통념이란 게, 언제든지 '괴물'로 돌변
할 수 있다는 것이다. 더 나아가 코뮤니스트인 페레리에겐
정상이 대개 괴물로 해석되곤 했다. 어떡하든 돈을 벌려는
'정상적인 남자'를 풍자한 〈원숭이 여인〉(1964)이 대표적
이다. 이 남자는 돈을 벌기 위해 악착같이 사는데, 그 정도
가 심해지더니 점점 '괴물'로 변해간다. 나중에는 털이 많
은 아내를 사람들 앞에 전시하기까지 한다. 아내를 구경시
켜 돈을 벌려는 것이다. 페레리는 1970년대와 1980년대
를 거치며, 괴물의 속성을 더욱 천착한다. 이를테면 페레
리의 작품 중 가장 유명한 〈그랜드 뷔페〉(1973) 속 인물들
처럼, 죽을 때까지 먹고 섹스하는 행위가 과연 '괴물의 기

행'인지 묻는 식이다. 기행처럼 묘사했지만, 사실 우리는 그렇게 살지 않느냐는 반문이다. 오직 섹스하고 먹고, 그러면 죽는 줄 알면서도 또 먹고 하는 것 말이다. 말하자면 괴물은 특별한 존재가 아니라, 정상인으로 둔갑했다는 것이다.

이런 태도는 경력 후반부의 '광기'에 대한 주목으로 발전한다. 우리는 괴물을 넘어, 어느덧 미쳐간다는 시선이다. 시종일관 술을 마셔대는 광기의 작가에 대한 애정 어린 지지인 〈평범한 광기의 이야기〉(1981)를 떠올리면 되겠다(작가로 나오는 벤 가차리는 처음부터 끝까지 술에 취한 압도적인 연기를 펼친다). 〈피에라 이야기〉(1983)는 〈평범한 광기의 이야기〉에 바로 이어 나온 작품이다. 피에라(이자벨 위페르)라는 여배우의 어린 시절부터 다루고 있는데, 여기서도 '광기'가 주요 테마이다. 피에라의 모친(한나 쉬굴라, 이 영화로 칸영화제 여우주연상 수상)은 정신에 약간 이상이 있다. 속옷이 보여도 아무렇게나 앉아 있고, 아무 데서나 아무 남자하고 쉽게 관계를 맺는다. 어린 피에라는 엄마의 이런 행동에 불안을 느껴, 마치 그녀의 보호자처럼 행동한다. 그래서인지 소녀 피에라는 옷도 어른처럼 입는다. 초등학생이 하이힐을 신고, 드레스를 입고, 화려한 모자를 쓰기도 한다. 부친은 공산당 소속 노조 활동가(마르첼로 마스트로이안니)인데, 정신이상자인 아내의 기행을 어쩔 수 없이 받아들인다. 그런데 그도 공산당에서 직장을 잃은 뒤, 점점 이상해지고, 결국에는 미친 사람들이 입원해 있는 요양소에 들어간다. 결과적으로 피에라의 부모는 모두 미친 사람이 되고 말았다.

　여기서도 이런 비정상의 가족 뒤로, 너무나 반듯한 도시 사바우디아가 등장한다. 이들 가족이 시청 근처에 살고 있어서, 신고전주의 양식의 시청 건물과 광장이 특히 강조돼 있다. 코뮤니스트인 페레리가 무솔리니의 도시 사바우디아를 등장시킨 것은 의도가 있어 보인다. 페레리는 영화를 만들 때인 1980년대의 이탈리아가 파시스트 시절의 과거 상황과 별로 다르지 않다고 본 것 같다. 여전히 이탈리아에서는 노동자들은 시위하고, 경찰은 무력으로 진압하고, 노조 간부는 늘 긴장한 채 광기의 위험 속에 빠져 있다. 사바우디아는 과거 파시즘의 상징으로 등장한 셈인데, 페레리는 그 공간이 현대 이탈리아의 상징으로도 충분히 기능한다고 표현하고 있다.

20. 비테르보 1

오손 웰스가 '발견한' 도시

오손 웰스, 〈오셀로〉, 1951

피에르 파올로 파졸리니, 〈매와 참새〉, 1966

마이클 호프만, 〈한여름 밤의 꿈〉, 1999

중세의 기억

비테르보는 로마에서 북쪽으로 80km 떨어져 있는 오래된 도시다. 로마에서 버스를 타고 비테르보 방향의 국도를 달리다 보면, 로마가 속한 라치오주 북부의 특별한 풍경을 감상할 수 있다. 곧 북쪽으로 가면 갈수록 창밖으로 오래된 도시들, 낡은 돌집들, 약간은 가난한 황량한 광장들을 만날 수 있다. 시외버스 정류장은 주로 광장에 있다(라치오주에서는 로마만이 특별히 발달 돼 있다). 비테르보는 소위 '투시아'(Tuscia) 지역에 있다. 로마제국 이전의 에트루리아(Etruria) 문명이 발전된 곳을 투시아라고 부르는데, 지금의 토스카나 남쪽과 라치오 북부가 주로 여기에 해당한다. 비테르보는 투시아 지역의 중심이다. 그만큼 비테르보의 역사는 오래됐다. 13세기에는 24년간 비테르보에 교황청이 있기도 했다. 그때 교황이 머물던 곳이 지금도 비테르보에서 가장 유명한 건축물인 '교황궁'(Palazzo Papale)이다. 말하

자면 비테르보는 르네상스 이전의 이탈리아 모습을 잘 보
존하고 있는 대표적인 중세도시인 것이다.

오손 웰스, 비테르보에서 〈오셀로〉를 찍다

오손 웰스의 칸영화제 황금종려상 수상작인 〈오셀로〉
(1951)는 셰익스피어 원작(1603)의 매력을 잘 살린 예술적
성취뿐 아니라, 험난한 제작과정의 파란만장한 이야기 덕
분에라도 지금까지 유명한 작품으로 남아 있다. 당시 오손
웰스는 미국의 매카시즘을 피해 이탈리아 등 유럽을 떠돌
아다니며 살 때다. 자신이 배우로 출연한 작품들의 개런티
를 모아, 겨우 영화 한 편 만들며 감독경력을 이어가고 있
었다. 〈오셀로〉는 무려 3년에 걸쳐 촬영이 진행된 작품이
다(최근의 경향은 대개 석 달, 길어야 넉 달 안에 촬영이 끝난다).
돈이 조금 모이면 배우와 제작팀을 불러 촬영을 이어가고,
또 중단하고를 3년간 반복했다.

유명 배우들의 일정 빼기는 그때도 어려웠다. 그래서 이
작품에는 유독 대역 촬영이 많다. 배우를 부를 수 없으니,
어쩔 수 없이 대역을 기용해 뒷모습을 찍었다. 제작비가
없어 웰스가 펼친 기발한 아이디어 중에 가장 유명한 것은

악인 이아고에게 이용만 당하고 죽는 로드리고의 마지막 장면일 테다. 웰스는 돈이 없어 의상비 지급을 제 때에 하지 못했다. 안타깝게도 촬영 날짜는 다가오는데, 시대극에 맞는 의상은 도착하지 않았다. 그래서 웰스는 기지를 발휘해, 살인 장소를 터키식 목욕탕으로 바꾸었다. 말하자면 배우들이 옷을 입을 필요가 없는 상황으로 이야기를 바꾼 것이다.

〈오셀로〉의 주 배경은 오셀로가 장군으로 있던 베네치아, 그리고 곧이어 튀르키예의 공격에 대비하기 위해 부임한 키프로스 섬이다. 도입부의 비교적 짧은 베네치아 시퀀스는 현지촬영으로 마쳤다. 영화 대부분이 진행되는 키프로스 장면은 현지촬영이 아니라, 대개 북아프리카의 모로코에서 찍었다. 그런데 촬영이 자주 중단됐기 때문에 늘 모로코에서 작업을 진행할 수는 없었다. 모든 제작진을 약속된 날짜에 결집하기도 힘든데, 언제 또 모로코까지 갈 수 있을까. 키프로스로 설정된 모로코 장면을 완결 짓기 위해선 다른 대안을 찾아야 했다. 모로코처럼 〈오셀로〉의 시대성을 표현해줄 오래된 도시가 필요했다. 그때 찾아낸 곳이 비테르보이다.

오셀로가 아내 데스데모나를 의심하며, 궁내를 혼자 돌아다니는 장면, 결국 마지막에 아내를 위협하며 죽음에 이르게 하는 비극적 사건이 일어나는 곳은 전부 비테르보에서 찍었다. 비테르보에서 촬영된 주요한 두 장소는 '교황궁'과 비테르보 인근에 있는 중세교회 '산 피에트로 성당'(Chiesa di San Pietro)이다. 임지 키프로스에 도착하자마자 부관 카시오가 싸움에 휘말렸다는 소식을 듣고, 오셀로는 궁 밖으로 나와 그를 벌함으로써 군의 기강을 바로잡는다. 그런데 오셀로의 엄격한 권위의식이 드러나는 키프로스에서의 도입부 장면은 대개 비테르보의 '교황궁'에서 찍었다. 오셀로는 군사들 앞에 당당하게 서 있고, 그의 뒤로 위풍당당한 건물이 아래를 내려다보고 있다. 곧 오셀로가 중세의 굳건한 궁처럼 표현됐다. 영화의 후반부에서 오셀로는 아내를 의심하며, 고통에 빠진다. 그가 폐소공포증을 불러일으킬 정도로 사방이 막힌 실내에서 자신을 학대하며 괴로워하는 장면들은 대개 '산 피에트로 성당'에서 찍었다. 11세기에 완성된 로마네스크 양식의 교회로, 수많은 열주와 딱딱한 돌로 만들어진 길고 긴 복도들이 오셀로의 심리적 고통을 대신 표현하는 곳이다. 영화적으로 볼 때,

비테르보는 오손 웰스에 의해, 옛 도시의 모습을 고스란히 간직한 곳으로 다시 태어난 것이다.

파졸리니가 그린 성(聖) 프란체스코 시대의 풍경

피에르 파올로 파졸리니는 장편 세 번째 작품인 〈마태복음〉(1964)의 경제적 성공 덕분에 이후의 영화 제작에 여유를 가질 수 있었다. 이때부터 마르크시스트 파졸리니는 자신의 정치적 견해를 드러내는 알레고리 작품을 연속하여 내놓는다. 첫 작품이 〈매와 참새〉(1966)이고, 이어서 〈테오레마〉(1968), 그리고 〈돼지우리〉(1969)가 연이어 발표된다. 소위 파졸리니의 '지적인 알레고리 3부작'이다. 이 작품들은 네오리얼리즘 미학이 남아 있던 앞선 작품들처럼 현실적이지도, 서사구조가 단선적이지도 않다. 대신 현실과 환상을 넘나드는 설정에 두세 개의 이야기가 섞이는 복잡한 구조를 갖는다. 파졸리니의 지적 열정이 가장 뜨겁던 시절에 발표됐는데, 아쉽게도 세 작품 모두 난해하다는 인상이 박히면서 대중적으로는 크게 주목받지 못했다.

〈매와 참새〉는 알레고리 3부작의 포문을 연 작품이다. 아버지와 아들이 마르크시스트를 자처하는 '말하는 까마

귀'와 함께, 로마 근교의 빈민촌을 순례자처럼 걸어 다니는 내용이다. 영화의 중심엔 까마귀가 들려주는 중세 시대의 우화가 하나 들어 있다. 아시시의 성인 프란체스코가 두 수도사에게 '새들에게 복음을 전하라'라는 숙제를 남기는 장면이다. 선배 수도사(이탈리아의 전설적인 코미디 배우 토토가 맡았다)는 불가능한 숙제를 수행하기 위해 들판에 앉아 하루도 빠지지 않고 기도를 한다. 수도사들이 1년이 넘도록 기도하는 곳이 바로 비테르보 인근의 '산 피에트로 성당' 앞이다. 11세기에 건설된 교회이니, 아시시(Assisi)에서 성 프란체스코가 활동했던 13세기의 배경으로는 손색이 없는 셈이다. 기도한 지 1년이 지난 뒤, 결국 선배 수도사는 큰 새, 곧 매들과의 대화에 성공한다. 영화의 원제목(Uccellacci e uccellini) 뜻은 '큰 새들과 작은 새들'이다. 새들에게 강조한 신의 말씀은 '사랑'이다.

또 1년 뒤, 이번에는 작은 새, 곧 참새들과도 대화에 성공한다. 이들 작은 새들에게도 '사랑'을 강조한다. 성인의 숙제를 완성했다는 뿌듯한 마음에 두 수도사는 아시시로 가고 있는데, 예상치 못한 잔인한 장면을 목격하게 된다. 이들이 그렇게 '사랑'을 강조했고, 또 신의 말씀이 전파됐을 것으로 믿고 있었는데, 큰 새가 순식간에 작은 새를 공격하여 먹어치우는 것이다. 말하자면 착취하는 자(매)와 착취당하는 자(참새)의 계급갈등은 신의 말씀과는 아무 관계가 없다는 파졸리니의 무신론 혹은 비관주의 입장이 잘 드러나 있는 장면이다. 그래도 한 가지 희망이 있다면, 두 수도사는 착취의 계급갈등에 낙담했지만, 성인 프란체스코를 만난 뒤, 아무런 조건 없이 다시 순례의 길에 오르는 점이다. 비테르보 인근의 한적한 시골길을 두 수도사가 마치 찰리 채플린처럼 터덜터덜 걸어가는 게 영화의 마지막 장면이다. 파졸리니의 〈매와 참새〉에서 비테르보는 성인 프란체스코 시절의 신화 같은 이야기를 기억하는 중세의 공간으로 그려져 있다.

　중세, 곧 현대인에게는 너무나 먼 것 같은 시대의 비테르보가 비교적 가까운 19세기를 배경으로 한바탕 코미디의 배경이 된 게 마이클 호프만의 〈한여름 밤의 꿈〉(1999)이다. 셰익스피어의 원작은 고대 그리스가 배경이다. 호프만은 각색을 통해 원작의 그리스를 19세기 초 이탈리아로 바꾸었다. 허구의 도시 '몬테 아테네'를 설정하여, 코미디를 이어가는데, 이 이야기가 촬영되는 곳이 대부분 비테르보와 그 근처다. 그리스의 귀족인 테세우스와 이폴리타의 결혼식을 축하하기 위한 연극공연이 준비되는 것으로 시작하여, 결국 결혼식이 열리는 것으로 종결되는 게 〈한여름 밤의 꿈〉의 이야기 구조다. 그 중간에 환상적인 '꿈'이 끼어들고, 이 꿈의 신비가 셰익스피어 상상력의 매력으로 남아 있는 작품이다.

한바탕의 꿈이 시작되고, 그 꿈이 깨어나는 장소가 바로 비테르보에서 촬영됐다. 특히 테세우스의 궁전 장면은 비테르보 인근에 있는 '빌라 란테'(Villa Lante)에서 진행되는데, 정원이 아름답기로 유명한 이곳엔 그리스풍의 조각이 많아, 고대의 멋이 제대로 남아 있다. 〈한여름 밤의 꿈〉이 진행될만한 그리스 신화의 배경 같은 공간, 호프만 감독에 따르면 그곳은 이탈리아의 중세도시 비테르보라는 것이다.

21. 비테르보 2

펠리니의 영화적 고향

페데리코 펠리니, 〈비텔로니〉, 1953
페데리코 펠리니, 〈길〉, 1954
페데리코 펠리니, 〈달콤한 인생〉, 1960

유아기에 대한 향수

　페데리코 펠리니는 이탈리아 북부 해변 도시 리미니 출신이다. 부친의 고향이 리미니이고, 모친의 고향은 로마다. 1939년 19살 때, 펠리니가 고교를 졸업한 뒤에 일을 찾아 로마에 가겠다고 하자, 모친은 너무 걱정돼서 아들을 따라 함께 여행길에 오른다. 그래도 자신은 최소한 로마의 지리는 알고 있으니, 어떻게든 아들에게 도움이 되리라는 이유에서다. 모친은 숙소에서 함께 며칠 머물며, 아들이 로마에서 정착할 수 있도록 온 정성을 다했다. 어느 정도 안심이 되자 그녀는 리미니로 돌아갔다. 하지만 19살 펠리니의 고생문은 그때부터 본격적으로 열렸다. 그는 1943년 로마 출신인 배우 줄리에타 마지나와 결혼할 때까지, 거의 굶다시피 하는 일상을 반복했다. 결혼 후에도 고생은 이어졌지만, 그래도 혼자 살 때보다는 나았다(툴리오 케치치, 〈페데리코 펠리니〉). 펠리니는 로마에 도착한 뒤, 어쩌면 살면서 할 수 있는 모든 고생을 모조리 경험했다. 그런 어려운 시기에 펠리니가 발견한 도시가 비테르보다.

펠리니, 비테르보에서 고향을 느끼다

펠리니는 '거장'이라는 명성과는 달리, 데뷔 때의 모습은 좀 초라했다. 데뷔작 〈버라이어티 쇼의 불빛〉(1950)은 혼자서 연출 하지도 못하고, 당대의 중견인 알베르토 라투아다(Alberto Lattuada)와 공동 연출했다. 펠리니는 네오리얼리즘의 거장 로베르토 로셀리니의 시나리오 작가이자 조감독이었는데, 이런 경력도 감독으로 데뷔하는 데는 직접적인 도움이 되지 못했다. 영화계는 여전히 그를 로셀리니의 시나리오 작가로 바라보았다. 두 번째 장편 〈백인추장〉(1952)은 지금은 팬들로부터 컬트(cult)로 사랑받지만, 당시엔 외면받았고, 흥행에서 참패했다. 데뷔작으로 단번에 스타가 된 오손 웰스, 장 뤽 고다르 같은 유명감독과 비교하면, 펠리니의 출발은 초라했다. 드디어 세 번째 장편 〈비텔로니〉(1953)로 펠리니는 이름을 알리기 시작했다. 베네치아영화제에서 은사자상도 받았고, 전후 이탈리아 사회의 모습을 적나라하게 표현했다는 찬사를 받았다. 〈비텔로니〉로 펠리니는 감독으로서의 자신감도 갖게 됐다. 그래서 흔히 〈비텔로니〉를 펠리니 경력의 전환점이 된 작품으로 꼽는다.

제목 '비텔로니'(Vitelloni)는 소고기(vitello)라는 단어에서 나온 조어다. 큰 소고기란 뜻으로, 대략 '고깃덩어리'로 해석하면 적절할 것 같다. 〈비텔로니〉는 펠리니의 고향 리미니에 대한 자전적인 작품인데, 제목은 아무것도 하지 않고 빈둥빈둥 시간을 보내는 지방의 무기력한 청년들을 빗댄 말이다. 그들은 마치 정육점의 고깃덩어리 같다는 뜻이다. 학교를 졸업한들, 일자리도 별로 없고, 그렇다고 청년들이 미래에 대한 열정으로 삶에 도전하는 태도를 갖는 것도 아니었다. 모든 게 느슨하고, 대충 포기하고, 하지만 그들은 예술의 나라 이탈리아의 후손답게(?) 삶의 여흥은 놓치지 않고 즐기면서 산다.

〈비텔로니〉는 펠리니가 파시즘 시절 리미니에서 성장할 때 본 당대 청년들(그의 선배들)의 모습이다. 영화 내적인 공간은 그래서 고향 리미니로 설정돼 있다. 하지만 제작비 등을 고려하여, 촬영은 대부분 비테르보에서 했다. 로마에서 북쪽으로 80km 떨어진 곳으로, 버스를 이용하

면 1시간 이내에 도착하는 곳이다. 인구 7만 명쯤 되는 비
테르보는 중세도시의 아름다움을 고스란히 간직하고 있
는 이탈리아의 대표적인 도시다.

〈비텔로니〉의 주인공은 5명의 청년이다. 그들은 맨날
놀기만 하고 아무것도 하지 않는다. 사실 할 일도 마땅히
없다. 그냥 길가의 카페에서 죽치고 앉아, 지나가는 사람
들 구경하는 게 중요한 일과다. 덩치만 컸지, 여전히 부모
들로부터 용돈을 받아 쓰는 한심한 청춘들이다. 심지어 육
신이 멀쩡한 청년이 공장에서 일하는 누나에게 용돈을 달
라고 사정하기도 한다. 그래서 영화는 겉으로는 흥이 넘치
지만, 속으론 약간 허망하고, 슬픈 느낌마저 전달한다.

펠리니가 비테르보에 관심을 갖게 된 것은 데뷔작 〈버
라이어티 쇼의 불빛〉을 찍으면서부터다. 로마에는 입성도
하지 못하는 지방의 삼류 유랑극단을 다루는 이 영화를 찍
으며, 펠리니는 로마 근교를 많이 돌아다녔다. 그때 발견
한 도시가 비테르보이다. 여전히 복원하지 못한 역사적 폐
허들이 널려 있어서, 중세의 모습을 고스란히 간직하고 있
었다. 펠리니는 여기서 자신의 고향 리미니를 봤다. 이탈
리아의 유아기라고 할 수 있는 중세도시를 보니, 자신이

유아기를 보냈던 고향 리미니가 떠오른 것이다. 비테르보
는 펠리니에게 고향 같았다.

과거의 영광이 새겨진 폐허 같은 곳

〈비텔로니〉에 이어서 나온 작품이 펠리니의 출세작
〈길〉(1954)이다. 이 작품도 로마 근교를 돌아다니는 서커
스단을 다룬다. 차력을 하는 '야수' 참파노(앤서니 퀸)와 그
의 조수 '천사' 젤소미나(줄리에타 마지나)의 이야기다. 〈길〉
은 로마 근교의 바닷가 피우미치노(Fiumicino)에서 시작한
다. 찢어지게 가난한 집의 딸 젤소미나가 참파노에게 돈
몇 푼에 팔려가는 장면부터다. 두 사람은 오토바이를 개조
한 차를 타고, 로마 인근을 돌아다니며 차력(서커스)을 보
여주고, 돈을 번다. 쉽게 상상할 수 있듯, 참파노는 밤이면
젤소미나를 괴롭힌다. 그런데 젤소미나는 누구를 미워할
줄 모르는 타고난 천성 때문인지, 이해할 수 없는 참파노
를 사랑하기 시작한다. 하지만 참파노에게 그 관계란 오직
돈과 쾌락을 위한 도구일 뿐이다.

젤소미나는 폭군 같은 참파노의 손아귀에서 벗어나려
고 무작정 '길'을 떠난다. 너무나 서러워서 혼자 시골길을

울며 걷다가, 젤소미나는 길옆에 앉아 잠시 쉰다. 그때 꿈
인지 생시인지, 갑자기 유랑극단의 악사들이 길 위에 나타
나 나팔을 연주하며 젤소미나의 옆을 지나간다. 젤소미나
는 그들이 악기를 연주하는 천사인지, 유랑극단의 악사인
지 혼동을 느끼며 무작정 따른다. 하늘은 높고, 흰 구름이
저 멀리 걸려 있는 날이다. 여기서 젤소미나가 도착한 곳
이 비테르보다. 그날은 비테르보에서 종교 축제가 열리고
있다. 축제 행렬을 따라 어리둥절하며 시내 중심으로 걸
어 들어가니, 그곳에선 밤하늘을 배경으로 높은 건물을 연
결한 줄타기(서커스)가 벌어지고 있다. 줄타기 광대의 별명
은 '미친 남자'(Il Matto)이다. 천사처럼 날개 장식을 단 착
한 인상의 광대는 아슬아슬한 줄 위에서 스파게티까지 먹
는다. 젤소미나에게는 그가 진짜 천사처럼 보인다. 참파노
와는 너무나 다른 따뜻한 성품의 광대를 만나, 젤소미나는
인생의 전환점을 맞는다. 이들이 서로를 북돋아 주는 이야
기가 진행되는 곳이 전부 비테르보와 그 인근이다. 여기서
도 비테르보는 마치 펠리니의 유아기 고향처럼, 두 사람
모두에게 모성을 자극하는 어릴 적의 향수로 표현돼 있다.

〈비텔로니〉와 〈길〉을 발표한 뒤, 펠리니는 그야말로 거

칠 게 없는 거장의 길을 걷는다. 〈길〉에 이어서 다시 그에게 아카데미 외국어 영화상을 안긴 〈카비리아의 밤〉(1957)을 발표했고, 곧이어 펠리니는 아마도 인생 최고의 작품인 〈달콤한 인생〉(1960)을 내놓는다. 로마의 황색 저널에서 일하는 기자 마르첼로(마르첼로 마스트로이안니)의 '달콤한 일상'을 좇는 내용이다. 이때는 이탈리아가 2차대전의 상처에서 벗어났고, 소위 '경제 기적'을 일구고 있을 때다. 영화가 발표된 1960년, 이탈리아는 로마올림픽을 개최한다. 곧 국운이 위로 솟을 때다. 〈달콤한 인생〉은 언제 전쟁이 있었냐는 듯, 세상은 다시 풍요의 삶으로 회귀했고, 사람들은 오직 쾌락을 좇아 하루를 보내는 것 같은 곳, 곧 '소돔과 고모라'처럼 로마를 그리고 있다.

마르첼로는 매일 유명 셀럽들의 뒤를 쫓아다니며 스캔들 기사를 캐는 삼류 기자다. 할리우드에서 온 배우(아니타 에크베르그)를 따라, 온 로마를 뛰어다니며 뭔가 자극적인 기사가 없을지 냄새를 맡는 그런 남자다. 자신은 거의 매일 로마의 상류 계급들, 또는 유명 인사들을 쫓아다니고, 그래서 간혹 자신도 그런 사람들과 비슷하지 않을지 헷갈리기도 한다. 하지만 계급은 엄정한 것, 마르첼로는 늘 그들의 서클에서 뒤로 밀려난다. 영화의 후반부에서 마르첼로가 로마의 귀족, 상류계급, 유명 인사들의 밤샘 파티에 참석하기 위해 따라간 곳이 비테르보이다.

그들이 도착한 곳은 16세기에 지어진 '오데스칼키 빌라'(Villa Odescalchi)이다. 과거 비테르보를 지배하던 귀족 오데스칼키의 저택이다. 특별한 사람들이 갑자기 밤에 비테르보로 간다는 뉴스를 듣고, 마르첼로는 무작정 그들의 뒤를 따랐다. 뭔가 뉴스가 없을까 싶어서였다. 하지만 그곳에서 벌어지는 일이라곤, 전부 허망하기 짝이 없는 허세와 위선의 연속이다. 귀족 같은 사람들은 별 할 일이 없어, 마치 〈비텔로니〉의 청춘들처럼 무의미하게 시간을 죽치며 밤새도록 놀고 있다. 그럴 때면 상류계급의 사람들이, 이제는 본래 모습을 많이 잃은 중세도시 비테르보의 '폐허'처럼 보인다. 과거의 영광이 새겨져 있는 비테르보의 폐허 같은 옛 건물에서, 펠리니가 이탈리아의 운명을 읽었을지도 모를 일이다. 현재가 아니라 과거의 영광인 폐허 말이다.

22. 페루지아와 아시시

성인 프란체스코의 성령

로베르토 로셸리니, 〈프란체스코, 신의 어릿광대〉, 1950

프랑코 제피렐리, 〈성 프란체스코〉, 1972

릴리아나 카바니, 〈프란체스코〉, 1989

해와 달을 사랑한 성인의 고향

에트루리아 문명이 많이 남아 있는 고대도시 페루지아는 이탈리아에서 바다도 없고, 국경도 없는 유일한 주인 움브리아의 주도(州都)다. 페루지아는 이처럼 내륙에 숨어 있어서인지 외부에는 덜 알려져 있는데, 특별하게도 이탈리아 유학생들 사이에선 아주 유명한 도시다. 페루지아대학에 외국인을 위한 어학 과정이 개설돼 있어서다. 이탈리아에서 유학하는 학생들 가운데 어학 과정에 들어간다면, 주로 이곳 아니면 시에나대학의 어학 과정에서 이탈리아어를 배운다. 한국은 물론이고 세계의 학생들 대부분이 그렇게 한다. 두 곳은 국립대 산하의 기관이라, 신뢰도도 높고, 시스템도 좋으며, 비용도 경제적인 게 장점이다. 게다가 시에나와 페루지아는 모두 이탈리아 특유의 오래된 도시 풍경을 갖고 있다. 이것은 처음 이탈리아를 밟는 외국인들(특히 젊은 학생들)에겐 첫눈에 호감을 갖게 한다. 특히 페루지아는 성인 프란체스코의 고향 아시시가 바로 옆에 있어서인지(25km), 신성한 기운마저 느끼게 한다.

로셀리니, 프란체스코를 친구처럼 그리다

성인 프란체스코의 고향 아시시는 중세 때 교황파와 황제파가 격렬하게 싸울 때, 황제파였다. 반면에 페루지아는 종교적 계율을 엄격하게 따르는 교황파였다. 1202년 두 도시 사이에 전쟁이 벌어졌고, 청년 프란체스코도 그 전쟁에 참여했다. 전쟁에서 페루지아가 승리하면서, 아시시는 지금처럼 페루지아의 변방으로 밀려났다. 그런데 흥미롭게도 아시시는 전쟁에서 패배했지만, 상징적인 차원에선 페루지아에 압승을 거둔 도시가 됐다. 바로 성인 프란체스코 덕분이다. 아마 사람들은 페루지아는 몰라도, 프란체스코의 탄생지인 아시시는 잘 알 것이다. 지금도 많은 여행객이 '성지(聖地) 아시시'를 먼저 방문한 뒤, 페루지아에 들른다. 어찌 보면 인구 17만 명의 주도 페루지아는 인구 3만 명의 소도시 아시시의 곁다리 격으로 떠오르는 셈이다.

프란체스코는 아시시의 부유한 섬유업자 아들로서 어려움 없이 자랐다. 주위에 여성도 적지 않았고, 세속적 쾌락도 제법 즐겼다. 하지만 그가 페루지아와의 전쟁에 참여하면서 삶의 전환점을 맞는다. 프란체스코는 포로가 된 뒤, 1년 정도 감옥에 갇혀 있었다. 병에 걸렸고, 고열로 죽음의 경계를 오갔다. 겨우 고향에 돌아왔는데, 그 이후의 삶은 우리가 알다시피 세속의 관습을 가볍게 뛰어넘는 것이었다. 그는 새들을 좋아했고, 새들처럼 자유롭게 살기를 원했다.

성인 프란체스코에 관한 영화는 제법 많다. 가장 먼저 주목을 받은 작품은 로베르토 로셀리니의 〈프란체스코, 신의 어릿광대〉(1950)이다. 로셀리니는 네오리얼리즘의 미학에 따라 성인 프란체스코와 그의 '형제'(수도사들)들을 전부 실제의 수도사들이 연기하게 했다. 이 작품은 성인이 막 출가한 뒤, 아시시 인근의 들판에 오두막 같은 교회 '천사의 산타 마리아(Santa Maria degli Angeli)'를 짓고, 형제들을 결집할 때에 집중하고 있다. 9편의 에피소드를 연결하며, 그 속에 성인의 가르침을 심어 놓았다.

로셀리니는 카톨릭 교도가 아니다. 단 그는 사랑, 평화, 자유를 전파하며, 꽃과 나무를 아끼고, 새처럼 노래하는 프란체스코를 좋아했다. 그래서인지 성인의 삶을 다루고 있음에도, 드라마가 무겁다거나 부담스럽지 않다. 프란체스코는 친구처럼 느껴지고, 이야기에 유머가 넘쳐, 종종 미소까지 짓게 한다. 그런데 프란체스코에 관한 최초의 중요한 영화인 〈프란체스코, 신의 어릿광대〉는 아쉽게도 성인이 주로 활동했던 아시시, 또는 페루지아에서 찍지 않았다. 대부분 장면은 중세의 이미지를 많이 간직하고 있는 비테르보(Viterbo) 인근에서 촬영했다. 성인이 살았던 12, 13세기의 이미지를 실감 나게 잡기 위해서였다.

아시시, 페루지아 일대에 남은 성인의 흔적

프란체스코의 삶이 대중적으로 알려진 데는 프랑코 제피렐리의 〈성 프란체스코〉(1972)가 큰 역할을 했다. 이 영화는 제피렐리가 흥행작 〈로미오와 줄리엣〉(1968)의 후속작으로 내놓아, 대중의 높은 관심을 받으며 공개됐다. 원제목은 '형제 태양, 자매 달'(Fratello sole, sorella luna)인데, 성인이 태양과 달을 마치 가족처럼 사랑한 데서 나온 것이다. 프란체스코는 사람들에게 '형제' '자매'라고 부르며 접근했다. 그는 태양과 달도 그렇게 부를 정도로 자연을 사랑했다.

〈성 프란체스코〉는 전쟁에서 막 돌아온 상처투성이의 성인의 몸을 보여주며 시작한다. 죽음에서 겨우 살아난 성인은 과거와는 전혀 다른 삶을 연다. 성인들이 주로 그렇듯, 그는 '매몰차게' 세속의 인연을 끊는다. "저는 더는 아버지의 아들이 아닙니다." 예수처럼 가난하고 병든 사람들의 벗이 되겠다며, 아들은 아버지 앞에서 입고 있던 옷을 모두 벗고, 벌거벗은 몸으로 세상으로 나간다. 그 유명한 '성인의 벌거벗음' 장면이다. 그리고는 평생을 맨발에 누더기 같은 옷을 걸치며 살았다.

번역 제목은 성인의 이름이 강조돼서 약간 무거운 느낌이 들게 하지만, 원제목에서 짐작할 수 있듯 제피렐리의 작품은 밝고 경쾌하다. 해와 달에게 웃으며 인사하는 해맑은 청년의 모습이 떠오르기도 한다. 이 영화는 출가한 프란체스코가 훗날 성녀가 되는 '자매' 키아라(Santa Chiara) 등 다른 형제자매들과 하나의 교단, 곧 프란체스코 수도회를 만들어 가는 과정을 그린다. 그런데 그 모습이 성스럽기보다는 〈로미오와 줄리엣〉처럼 예쁘게 그려져 있다. 제피렐리의 감성이 그대로 드러난 것이다.

제피렐리는 페루지아 인근의 고원지대를 십분 이용하

고 있다. 이곳은 '카스텔루치오 고원'(Piani di Castelluccio)인
데, 넓은 들판엔 붉은 양귀비꽃들이 만발해 있고, 부드러
운 능선은 그 속의 세상을 포근하게 안아주고 있다. 자연
이 천상의 세계 같다. 성인은 여기에 폐허를 이용하여 교
회를 짓고, 사랑과 평화의 질서를 이웃들에게 전하고 있
다. 모든 장면이 대개 동화 같고, 꿈꾸듯 아름답다. 가끔 등
장하는 아시시의 모습은 페루지아 인근의 중세도시 구비
오(Gubbio)에서 찍었다. 아시시는 너무 변해 있어, 성인 당
대의 모습을 담아낼 수 없어서였다.

　대중성의 면에서는 릴리아나 카바니가 만든 〈프란체스
코〉(1989)가 가장 대표적이다. 캐스팅부터 특별했다. 프란
체스코 역에는 당시의 스타 미키 루크, 그리고 성녀 키아
라 역에는 헬레나 본햄 카터가 나왔다. 이 영화는 '보통 청
년' 프란체스코를 보여주며 시작한다. 페루지아 포목상의
아들인 그는 가업을 잇기 위해 사업을 배우고 있다. 부자
들에게 친절하고, 동냥 온 걸인들은 매몰차게 내쫓는 '평
범한' 청년이다. 전쟁이 그의 삶을 변화시켰고, 여기서 강
조된 또 하나의 변수는 성녀 키아라와의 만남이다. 그는
키아라가 아무 거리낌 없이 나병 환자들을 돕고, 그들의

손을 잡는 모습을 보고 적지 않게 충격을 받는다. 역시 아버지 앞에서의 '성인의 벌거벗음' 장면 이후, 프란체스코는 출가한다. 맨발과 누더기 차림으로 가난하고 병든 자들의 친구가 되려고 하자, 걸인과 병자들마저 처음엔 당황한다. 아시시의 친구들은 대부분이 프란체스코처럼 부잣집 아들들인데, 그들도 이제 성인에게 등을 돌리고 '미쳤다'라고 놀리기까지 한다.

카바니의 〈프란체스코〉는 여느 종교영화처럼 비장하고 교훈적이다. 로셀리니와 제피렐리의 영화가 봄 같은 기운을 표현했다면, 카바니의 영화는 겨울, 그것도 한겨울의 어둠 같은 수난을 강조하고 있다. 그런 어려움 속에서도 한 가지 프란체스코에게 힘이 되는 것은 과거의 친구들이 하나 둘, 그의 곁으로 몰려든 점이다. 한때 '미쳤다' 혹은 '아시시의 청년들을 타락시킨다'라고 비난했던 사람들이 프란체스코의 사도가 된 것이다. 그러면서 이들의 활동이 점점 알려지고, 그 세가 확장되고 있는데, 프란체스코는 신의 믿음을 확인하기 위해 계속 방황하고 있다. 이 장면이 가장 논란거리일 것이다. 성인이 믿음을 확인하려는 세속적 태도를 보이고 있어서다. 그 믿음은 종결부에서 프란체스코가 성흔(聖痕, 예수처럼 손과 발 등 몸에 상처가 생기는 것)을 입는 것으로 확인된다.

〈프란체스코〉의 주요 장면은 아시시와 페루지아 인근에서 주로 촬영됐다. 페루지아의 트라지메노 호수(Lago Trasimeno), 아펜니노 산맥 일대, 고원 등이 주요 무대다. 그리고 아시시를 표현하는 장면은 여기서도 구비오에서 촬영했다. 중세의 돌집, 돌길 분위기를 잘 간직하고 있어서이다. 페루지아와 아시시, 그리고 두 도시를 잇는 길을 여행하는 것은 어쩌면 성령을 느끼는 신비한 경험일 것이다.

23. 안코나

팔꿈치 모양의 천연의 항구

난니 모레티, 〈아들의 방〉, 2001
루키노 비스콘티, 〈강박관념〉, 1943
마리오 마르토네, 〈아름다운 청년, 자코모 레오파르디〉, 2014

숨은 듯 외부로 향한 바다

안코나는 이탈리아 중부 마르케주의 주도(州都)이다. 마르케주는 피렌체의 토스카나주에서 오른쪽으로 끝에 있다. 왼쪽부터 토스카나, 움브리아, 그리고 마르케로 이어지는 중부의 세 주는 외부에는 덜 알려졌지만, 아마 이탈리아 최고급의 자연풍경을 자랑하는 곳일 테다. 토스카나는 야트막한 언덕들로, 그리고 움브리아와 마르케는 계곡과 고원으로 유명하다. 그런데 마르케는 간선철도에서 벗어나 있고, 외부의 손을 덜 탔기 때문인지, 역설적으로 더욱더 이탈리아적인 아름다움을 잘 보존하고 있다. 우리에겐 영화제로 유명한 페사로(Pesaro), 라파엘로의 고향 우르비노(Urbino), 중세도시의 표본인 마체라타(Macerata), 매년 이탈리아의 '살기 좋은 도시 베스트 10' 리스트에 빠지지 않는 아스콜리 피체노(Ascoli Piceno) 등이 마르케의 주요 도시들이다. 주도인 안코나(Ancona)는 마르케에서 가장 많은 사람이 사는 곳이다(약 10만 명).

비스콘티의 〈강박관념〉으로 알려져

안코나는 오른쪽에 아드리아해를 끼고 있는 항구도시인데, 항구답게 외부 세계로 향한 원심력은 물론, 아이로니컬하게도 내부로 움츠러드는 구심력도 느껴지는 곳이다. 안코나 항구의 독특한 형태를 보면 수긍이 될 것 같다. 안코나는 고대 그리스의 식민지인데, 당대의 이름 '안콘'(Ankón)은 팔꿈치라는 뜻이다. 항구가 팔꿈치처럼 생긴 것에서 유래했다. 다시 말해, 항구는 구부린 팔 모양의 자연스러운 방파제를 갖고 있어서, 도시 앞의 바다는 사나운 파도와는 별 관계 없이, 편안하고 잔잔한 수평선을 보여준다. 천혜의 항구란 말은 이럴 때 쓰는 것일 테다.

안코나가 영화적으로 주목받은 것은 네오리얼리즘의 효시로 평가되는 루키노 비스콘티의 〈강박관념〉(1943) 덕분이다. 제임스 케인의 하드보일드 소설 〈포스트맨은 벨을 두 번 울린다〉를 대거 각색한 작품인데, 비스콘티는 저작권 문제를 의식하여, 인물은 물론, 장소와 시간을 전부 당대의 이탈리아로 바꾸었다. 〈강박관념〉의 주 무대는 이탈리아 북부 포(Po)강 일대다. 떠돌이 지노(마시모 지로티)가 페라라 주변의 한적한 음식점에 들어가, 여주인 조반나(클라라 칼라마이)와 갑작스레 관계를 맺으며 이야기는 범죄의 소용돌이 속으로 빨려 들어간다. 어두운 범죄의 냄새 때문에 불안했을까? 떠돌이 지노는 조반나와의 사랑을 포기하고, 다시 무작정 길을 떠나는데, 그가 도착한 곳이 바로 안코나다.

도입부의 페라라 주변이 불륜과 경제적 구속의 어두운 공간이라면, 안코나는 해방의 밝은 공간으로 대조돼 있다. 조반나가 지노를 사랑했음에도 따라나서지 못한 것은 가난에 대한 공포 때문이었다. 조반나의 남편은 아버지뻘 되는 중년 남자로, 음식점의 주인이다. 조반나는 그의 아내이자, 하녀 같은 삶을 '참으며' 산다. 지노는 조반나를 사랑했지만, 그 사랑을 숨기는 것도 싫었고, 그 남자의 노예 같은 일상은 더욱 싫어서 도망치듯 길을 떠났다. 지노는 짧은 기간이지만 그 식당에 머물며, 허드렛일을 했다.

지노는 안코나로 향하는 기차에서 '스파뇰로'(스페인 남자라는 뜻)라고 불리는 승객의 신세를 진다. 지노가 차표 검색원 앞에서 위기에 처했을 때, 스파뇰로가 지노 대신 차

비를 내주었다. 신세, 그런데 이것은 또 다른 구속이 될 수 있는 것 아닌가? 숙소에서 잠을 얻어 잔 뒤, 지노는 이튿날 스파뇰로에게 아무런 말도 하지 않고, 혼자 시내로 나와 항구 앞에 하염없이 앉아 있다. 그는 무슨 생각을 하고 있을까? 그는 모든 것에서 벗어나, 바다 저 멀리 바깥세상으로 떠나버리고 싶은 생각을 하지 않을까?

그런데 지노는 다시 시내에 있는 그 숙소로 되돌아간다. 하긴 빈털터리인 그가 어딜 가겠는가? 지노를 다시 만난 스파뇰로는 아무런 질문도 하지 않고, 그냥 옆에서 말없이 걷는다. 두 남자가 도착한 곳이 안코나의 언덕 위에 있는 두오모 '산 치리아코'(Duomo di San Ciriaco)이다. 11세기 초반에 건립된 로마네스크 양식의 이 오래된 교회는 언덕에서 안코나 시내 전체를 바라보는 듯한 인상을 준다. 두 남자는 교회 앞에 앉아 담배를 나눠 피우며, 환한 미소로 저 멀리 바다를 바라본다. 안코나에서 찍은 이 시퀀스는 〈강박관념〉에서 거의 유일하게 행복한 순간이다. 항구도시 안코나에서 지노는 저 멀리 잔잔한 바다를 바라보며, 처음으로 편안한 마음을 느낀다.

난니 모레티, 안코나에 가다

난니 모레티는 로마를 대표하는 감독이다. 그는 주로 로마에서 영화를 찍는다. 정치적 아이러니의 코미디로 명성을 얻은 모레티는 2001년 과거와는 성격이 전혀 다른 작품 〈아들의 방〉을 발표했다(칸영화제 황금종려상 수상). 〈아들의 방〉은 풍자가 넘치는 모레티 특유의 정치 코미디가 아니라, 아들의 죽음을 다루는 대단히 슬픈 멜로드라마다. 〈아들의 방〉 이후 모레티의 영화는 더욱 어두워졌고, 지금 돌이켜보면 이 작품은 어떤 전환점을 마련한 셈이다. 이후 모레티의 영화에선 풍자의 웃음보다는 멜랑콜리의 사색이 점점 깊어졌다. 〈우리에겐 교황이 있다〉(2011), 〈나의 어머니〉(2015) 같은 후속작들이 모두 그랬다.

그런 전환점을 염두에 뒀는지, 〈아들의 방〉은 로마가 아니라 안코나에서 찍었다. 모레티는 왜 영화적 공간이 안코나인지에 대해 직접적인 언급은 하지 않았다. 두 가지 추측들이 제시됐다. 먼저 안코나의 지리적 특성이다. 안코나는 '팔꿈치'처럼 안으로 굽은 항구인데, 이것이 밖으로 뻗어가려는 기세를 가두는 기능을 하고, 이는 이탈리아 전체의 조건을 비유한다는 것이다. 곧 안코나의 지리적 특성

이, 지중해 가운데 열려 있듯 갇혀 있는 이탈리아의 지리
적 특성이라는 의미다. 또 하나는 안코나의 정치적 특성이
다. 앞에서 말한 이탈리아 중부의 세 주, 곧 토스카나, 움브
리아, 마르케는 소위 이탈리아의 '적색 벨트'(과거에 공산당
우위 지역)이다. 진보적 특성이 강한 곳이고, 이런 성격은
난니 모레티의 정치적 입장과 별로 다를 바 없다. 안코나
는 모레티에게 친근감을 주는 도시인 것이다. 그래서 영화
적 전환점을 맞을 〈아들의 방〉의 배경이 안코나가 됐을 것
이란 추측들이 나왔다.

정신분석 의사 조반니(난니 모레티)는 아침이면 안코나
시내를 즐겁게 조깅하며 하루를 연다. 항구와 바다, 그리
고 저 멀리 언덕엔 두오모인 '산 치리아코'의 모습이 보인
다. 아내는 디자이너이고, 딸과 아들은 고교생이다. 행복
한 이 가정에 아들이 스킨 스쿠버를 하다 사고로 죽는 바
람에, 불행은 순식간에 찾아온다. 가족들은 모두 극심한
고통에 빠진다. 조반니는 졸지에 아들을 잃은 슬픔을 이기
려고, 일부러 놀이동산에 혼자 가서 무서운 속도의 기구를
타는데, 아무리 웃으려고 해도 눈에서는 눈물이 그치지 않
는다. 아내는 충혈되고 멍한 눈빛으로 자주 창밖을 바라본

다. 딸은 부모가 아들을 잊지 못해, '아들의 방'에서 멍하니 앉아 있는 모습을 보며, 역시 슬픈 무력감에 빠진다. 단란한 가정은 졸지에 산산이 쪼개졌다. 자식을 사고로 잃었을 때, 남은 가족은 어떤 고통에 빠지는지, 이 영화만큼 사실적으로 표현한 작품도 드물다(그래서 그런 가족에겐 이 영화를 추천하기가 매우 주저된다).

뒤늦게 알았는데, 죽은 아들에겐 여자 친구가 있었다. 애인은 아니고, 짧게 서로 호감을 느낀 사이였다. 사고 소식을 모른 채 그녀가 연락해서, 가족들은 아들과 소녀의 관계를 알게 됐다. 조반니는 마치 아들을 다시 본 듯 소녀를 반긴다. 소녀는 프랑스로의 배낭여행을 앞두고 있고, 조반니는 히치하이크하기 좋은 주유소까지 배웅할 참이다. 밤이 되도록 차가 쉽게 잡히지 않자, 조반니는 내친김에 자기 가족과 함께 소녀를 태우고 저 멀리 프랑스 국경까지 밤새 차를 몬다. 프랑스 국경에도 안코나처럼 바다가 펼쳐져 있다. 안코나의 바다가 아들의 방처럼 사방이 콱 막혀 보였다면, 여기 국경의 바다는 저 멀리까지 시선이 끝없이 펼쳐지는, 열린 공간으로 그려져 있다. 슬픔에 빠졌던 조반니의 가족들은 아들의 여자 친구를 프랑스 쪽으로 보내며, 마치 아들을 이제야 놓아주는 것처럼 편안한 마음을 갖는다. 그 가족 앞에 푸른 바다가 넓게 펼쳐져 있다.

마르케주의 고립성, 폐쇄성은 마리오 마르토네의 〈아름다운 청년, 자코모 레오파르디〉(2014)에서도 잘 드러나 있다. 베네치아영화제 경쟁부문을 통해 소개된 이 작품은 이탈리아 청년들로부터 가장 사랑받는 낭만주의 시인인 레오파르디 관련 전기영화다. 레오파르디의 비관주의, 이를테면 '태어나지 않는 게 차라리 더 행복할 것' 같은 문구들은 지금도 자주 회자 되고 있다. 그의 고향이 안코나 근처인 레카나티(Recanati)라는 작은 마을이다.

레오파르디는 학자 부친 아래서 어릴 때부터 혹독하게 공부 훈련을 받았다. 그의 집에는 웬만한 도서관 뺨칠 정도로 많은 책이 소장돼 있었고, 영재 기질을 보이던 레오파르디는 어릴 때부터 학문에 출중한 재능을 보였다. 특히 문학과 과학에서 레오파르디는 발군이었다. 그런데 성장하며 시인은 도서관에서 벗어나 세상을 보고 싶어 했지만, 엄한 부친은 학문에의 집중을 강조하며 절대 허락하지 않았다. 그때부터 아름다운 고향은 고립된 성처럼, 특히 종일 처박혀 있는 도서관은 감옥처럼 느껴지기 시작한다. 〈

아름다운 청년, 자코모 레오파르디〉는 시인이 어떻게 고향을 벗어나 이탈리아 문학의 보석으로 성장하는지를 그리고 있다. 그런데 이탈리아의 중견 감독 마리오 마르토네도 모레티처럼 마르케의 이미지를 폐쇄된 공간으로 그려놓았다.

마르케의 주도 안코나, 어떤 시각에서 보느냐에 따라 누군가에겐 열려 있는 공간으로, 또 누군가에겐 그 열림을 막는 폐쇄된 공간으로 느껴질 것이다. 안코나는 그런 이중성을 갖는 도시다.

24. 그로세토

토스카나의 한적함

알리체 로르바케르, 〈경이〉, 2014

로베르토 베니니, 마시모 트로이지, 〈울 일만 남았다〉, 1984

디노 리지, 〈추월〉, 1962

이탈리아의 옛 멋을 만나다

짐작하건대 이탈리아의 20개 주 가운데 여행객에게 가장 사랑받는 곳은 토스카나 같다. 르네상스 문화의 최고 유적지 피렌체, 과학의 도시 피사, 예술과 포도주의 도시 시에나 등 특별한 사랑을 받는 도시들이 많고, 이 도시들은 또 빼어난 자연경관까지 갖고 있어서다. 이제는 토스카나의 유명 도시뿐 아니라, 그동안 살짝 가려져 있던 산지미냐노(San Gimignano), 몬탈치노(Montalcino), 몬테풀치아노(Montepulciano), 그리고 피엔차(Pienza) 같은 조그만 도시들에도 관광객들의 발길이 끊이지 않는다. 여행할 때, 특히 외국을 여행할 때 맛볼 수 있는 '자의적 고립'의 한적함을 즐길 수 있기 때문이다. 토스카나에서 상대적으로 덜 알려진 곳이 그로세토(Grosetto)이다. 피렌체와 떨어져 있고, 남쪽 라치오주와 붙어 있어서, '인접성'이라는 관광 효과를 덜 누리기 때문일 테다. 성벽으로 둘러싸여 있는 도

시 자체도 매력적이지만, 인근 지역은 '은둔의 쾌락'마저
느끼게 할 정도로 홀로 떨어져 있고, 대단히 차분한 분위
기를 갖고 있다.

그로세토에서 발견한 로르바케르의 '경이'

알리체 로르바케르는 29살 때 발표한 장편 데뷔작 〈천
상의 육체〉(2011) 덕분에 단숨에 이탈리아의 차세대 선두
주자로 주목받았다. 13살짜리 이탈리아 소녀의 이야기다.
그녀는 가족과 함께 스위스에서 10년간 살다, 최근에 이탈
리아의 남쪽 고향으로 이사했다. 현대적인 스위스에서 전
통적인 이탈리아 남부로의 이동이라는, 급격한 환경변화
에 놓인 소녀의 혼란과 그때 닥친 육체적 변화를 통해 이
탈리아의 문화 전체를 성찰케 하는 작품이었다. 이탈리아
영화계는 신인 감독의 창의력 넘친 이 작품을 보고 약간
흥분하기도 했다. 큰 신인이 등장했다는 점은 틀림없었다.
특히 여성 감독의 시선에서 그린 소녀의 예민한 감수성에
대한 표현이 돋보였다. 이를테면 혼자 거울 앞에서 자신의
입술을 바라보는 장면은 주인공의 심리적 변화를 압축적
으로 보여주는 것이었다. 단언컨대 파올로 소렌티노와 마

테오 가로네의 뒤를 잇는 최고의 후배 감독이라는 찬사가 쏟아졌다.

로르바케르의 두 번째 장편이 〈경이〉(Le meraviglie, 2014) 이다. 영어 제목 〈더 원더스〉(The Wonders)로도 소개되는 작품이다. 그로세토의 농촌 지역에서 양봉업을 하는 어느 가족의 이야기다. 감독의 전기적 사실이 적지 않게 들어 있다. 로르바케르의 부친은 독일 출신으로, 이탈리아인 여성과 결혼했고, 이탈리아의 움브리아주에서 벌꿀을 만들었다. 알리체 로르바케르는 어릴 때, 지금은 배우로 성장한 언니 알바 로르바케르와 함께 아버지의 일을 돕기도 했다. 그때의 기억이 〈경이〉의 바탕이 됐다.

그로세토의 한적한 농촌, 그중에서도 홀로 떨어져 있는 집에서 네 자매를 거느린 부부가 벌꿀을 가꾸며 살고 있다. 부친은 독일인인데, 반문명주의자로 비칠 만큼 자연에 숨어 살려고만 한다. 외부와의 접촉은 '사탄'을 만나는 것처럼 싫어한다. 그는 열심히 벌꿀을 만드는데, 아쉬운 것은 딸들을 거의 노예처럼 부려먹는 점이다. 특히 이제 겨우 15살 정도 되는 큰딸은 몸종처럼 부린다. 큰딸은 온갖 허드렛일은 물론, 자잘한 심부름까지 다 처리한다. 요령을 부리는 둘째를 다그쳐 일을 시키고, 그 와중에 코흘리개 셋째, 넷째까지 돌봐야 한다(소녀들은 배우가 아니라 현지인이다).

산간벽지 같은 이곳에 어느 TV 방송사가 '특산물 대회'를 연다며 도착했다. 문명의 때가 묻지 않은 이런 곳에서 이탈리아의 진정한 '경이'(훌륭한 것)가 생산된다는 이유에서다. 이웃들은 경제적 효과를 생각하며 방송을 환영하는데, 이 가족의 가장은 그 방송이 결국 마을을 망칠 것이라며 크게 화를 낸다. 촬영 과정을 구경한 큰딸은 이 대회에 나가고 싶어 한다. 사회를 맡은 여성(모니카 벨루치)의 '경이로운' 아름다움에 반했고, 또 바깥세상을 보고 싶어 외부로의 탈출을 꿈꾼다. 소녀는 사뭇 폭군 같은 아버지의 명령을 조금씩 위반한다. 작지만 이전에는 꿈도 꾸지 못했던 반항이다. 그런 과정에서 소녀는 아름다운 자연과 풋풋한 사랑에 서서히 눈뜬다.

〈경이〉는 이 큰딸의 변화에 대한 열망에 초점이 맞춰 있다. 중세시대 수녀원에 감금된 존재처럼 살던 사춘기 소녀가 작은 목소리로 칸초네를 따라 부르고, 아이돌 가수의 춤을 수줍게 따라 추고, 휘파람 부는 법을 배우며, '아빠의 세계' 밖을 상상하는 것이다. 그 과정이, 또 그 과정이 전개되는 그로세토 부근의 자연이 전부 '경이'(놀라운 것)의 느낌으로 표현돼 있다. 〈그레이트 뷰티〉(2013)에서 파올로 소렌티노가 산책자의 호흡으로 로마의 '아름다움'을 짐짓 화려하게 그렸다면, 〈경이〉는 미성년의 호기심으로 자연과 그 속에 사는 사람들의 '경이'를 조용히 바라보는 것이다. 두 번째 장편 〈경이〉로 로르바케르는 칸영화제에서 그랑프리(심사위원특별상)를 받았다.

베니니와 트로이지의 풍요의 자연경관

로베르토 베니니와 마시모 트로이지(〈일 포스티노〉의 주인공)는 1980년대에 시쳇말로 '혜성처럼' 등장했다. 당대의 진보적 사회 분위기와도 맞는 이들의 코미디 감각은 특히 청년층의 큰 지지를 받았다. 두 사람 모두 당시의 이탈리아 공산당 서기장인 엔리코 베를링구에르의 지지자였다. 이들은 연출도 겸했는데, 두 사람이 함께 연출한 작품이 〈울 일만 남았다〉(Non ci resta che piangere, 1984)이다. 트로이지가 〈일 포스티노〉(1994)에 출연한 뒤, 41살의 젊은 나이에 죽는 바람에, 〈울 일만 남았다〉는 한 세대의 대변인이었던 두 코미디언이 함께 연출하고, 함께 연기한 유일한 작품으로 남아 있다. 제목은 '승리할 일만 남았다'(Non ci resta che vincere)라는 일반적인 표현법을 비튼 것이다. 그러니 제목은 무엇이 뜻대로 잘 안 돼서, 울게 되는 상황을 뜻한다. 영화는 그런 상황을 연속적으로 들려준다.

학교 잡역부 마리오(마시모 트로이지)와 교사 사베리오(로베르토 베니니)는 밤길을 헤매다 비를 만나 어느 여인숙에 들어간다. 그런데 아침에 창문을 여니, 도대체 무슨 일이 벌어졌는지, 바깥세상은 1492년 콜럼버스가 항해를 떠났던 그해가 돼 있다. 〈이상한 나라의 엘리스〉처럼 황당무계한 세상으로 들어선 것이다. 소위 '시간여행' 영화인데, 이탈리아 영화답게 이들이 도착한 시간과 공간은 역사적 전성기인 르네상스 때의 토스카나다. 레오나르도 다 빈치의 그림에서 본 것 같은, 약간은 민망한 타이츠 하의를 입고, 이들이 좌충우돌 모험을 겪는 게 주요 내용이다. 두 청년은 근본주의 종교개혁가 사보나롤라가 화형당하기 전에 그의 힘을 빌리려고 편지를 쓰기도 하고, 실험 중인 레오나르도 다 빈치를 만나 전구와 기차 같은 현대의 신문명을 열심히 설명하기도 한다. 이들은 다 빈치에게 발명왕의 명예를 주려고 했지만, 그들의 의도와는 달리 르네상스의 '천재'는 현대의 '평범한' 기술도 전혀 이해하지 못하고 마는 것이다.

가장 흥미로운 부분은 이들이 콜럼버스의 출항을 저지하러 가는 장면이다. 이유는 그렇게 해서 이후에 미대륙에서 일어나는 '원주민 학살'을 미리 막기 위해서다. 스페인으로 설정된 부분은 전부 그로세토에서 찍었다. 넓은 평야, 야트막한 언덕, 사이프러스 나무들처럼 토스카나 특유의 풍경이 이어지고, 마지막엔 그로세토 인근의 바다에 이른다. 그런데 이들은 날짜를 착각하여, 출항 바로 다음 날 도착했고, 콜럼버스는 이미 신대륙으로 떠난 뒤였다. 이제 '울 일만 남은' 셈이다. 그나마 다행이라면, 실망하고 돌아오는 이들 앞에 다 빈치가 기차실험을 성공적으로 진행하며, 만약 이익이 생긴다면, 삼등분 하자는 제안을 하는 점이다. 말하자면 이 작품은 두 젊은 감독의 르네상스에 대한 자부심이 가득 담겨 있는 코미디인데, 이들이 선택한 공간은 토스카나의 한적함이 매력적으로 남아 있는 그로세토였다.

한적함은 어떨 때는 옛것에의 집착, 혹은 긍정적으로

해석해 전통의 보존 등의 성격을 띠기도 한다. 이탈리아가 1960년대의 '경제 기적' 시대에, 곧 앞만 보고 달릴 때, 그 사회를 풍자한 코미디 걸작이 디노 리지의 〈추월〉(Il sorpasso, 1962)이다. 소위 '이탈리아식 코미디'(사회 비판과 풍자 코미디를 섞은 것)의 대표작이다. 영업사원인 중년 브루노(비토리오 가스만)와 법대생인 로베르토(장-루이 트린티냥)의 우연한 여행 이야기다. 로마의 일요일, 시내는 텅 비어 있고, 허세와 허풍이 심한 브루노는 컨버터블 차를 몰고 담배 사러 나갔다가, 학생 로베르토를 만난다. 이들이 얼떨결에 여행에 오르는데, 로마에서 출발한 차는 항구도시 치비타베키아(Civitavecchia)를 거쳐, 토스카나의 그로세토, 그리고 리보르노(Livorno)에까지 이른다. 과장법이 심한 브루노는 계속 여행을 감행하고, 샌님 같은 로베르토는 마지못해 뒤따르는 식이다.

　여행길에서 자연스럽게 보게 되는데, 경제 붐을 맞은 이탈리아는 가는 곳마다 사람들이 흥청망청 즐기고 있다. 길에서든 실내에서든 춤을 추는 장면이 자주 등장하고, 브루노는 늘 쾌락을 좇기에 바쁘다. 브루노는 '의회 출입'(아마 가짜일 듯) 표식을 차창 앞에 붙여놓고, 불법주차를 일삼고,

도로에선 속도위반의 '추월'을 밥 먹듯이 한다. 새치기, 위반, 불법, 탈법이 일상인 것처럼 벌어지는 이탈리아가 표현된 것이다. 여기서 딱 한 곳, 정신없는 곳이 아니라, 고향처럼 아늑한 공간으로 표현된 곳이 그로세토이다. 그곳엔 여전히 이탈리아다운 아름다운 고택이 있으며, 가족이 있고, 또 마을을 감싸는 아늑한 풍경이 있다. 경제 붐으로 세상이 질주할 때도, 사람들이 마구 추월할 때도, 그로세토는 옛 멋을 잘 간직한 곳으로 남아 있는 것이다.

25. 난니 모레티의 숨어 있는 로마

일상에 대한 주목

난니 모레티, 〈우리에겐 교황이 있다〉, 2011
난니 모레티, 〈4월〉, 1998
난니 모레티, 〈나의 즐거운 일기〉, 1993
난니 모레티, 〈나의 어머니〉, 2015

관광지가 아니라 로마의 일상을 보고 싶다면

이탈리아 네오리얼리즘의 전통 가운데 하나가 '일상성'의 강조다. 특별한 사건이 아니라, 매일 반복하는 일에서 주요한 의미를 찾는다. '일상이 곧 정치'가 되는 것이다. 이런 태도는 촬영 장소의 선택에도 영향을 미친다. 관광객들이 주로 방문하는 역사적 유적지가 아니라, 로마의 평범한 사람들이 늘 걷고 지나치는 무명의 장소가 영화의 주요 배경이 된다. 네오리얼리스트들, 그리고 이들의 후예들이 피하고 싶은 게 윌리엄 와일러의 〈로마의 휴일〉(1953), 또는 우디 앨런의 〈로마 위드 러브〉(2012)처럼 로마가 관광의 대상으로 소비되는 것이다. 현대 이탈리아 감독 가운데 도시에 대한 낭만적 환영을 깨고, 네오리얼리스트처럼 '평범한 로마'를 그려내는 대표적인 감독이 난니 모레티이다.

모레티의 '관광지 기피증'

영화사적으로 볼 때 '로마의 주인'은 페데리코 펠리니다. 그의 〈달콤한 인생〉(1960)에는 다른 무엇보다도 로마에 대한 사랑이 넘친다. 펠리니의 대표작들은 주로 로마를 배경으로 제작됐고, 1972년 그는 로마에 대한 사적인 생각을 에세이처럼 써 내려간 〈로마〉를 발표하기도 했다. 로마의 '역사적 주인'이 펠리니라면, '동시대의 주인'은 단연 모레티이다. 모레티는 장편 데뷔작 〈나는 자급자족한다〉(1976)부터 거의 모든 작품을 로마에서 '자급자족'했다. 펠리니는 이탈리아 북부 리미니에서 로마로 이주한 '시골' 출신이다. 반면에 모레티는 로마의 가정에서 태어나 로마에서 성장한 전형적인 로마 사람이다(별나게도 모레티는 부모가 이탈리아 알프스에서 여름휴가를 보내는 중에 태어나는 바람에 출생지는 볼차노 근처의 브루니코로 돼 있다).

먼저 밝혀두고 싶은 사실은 모레티의 영화에서 로마의 명소를 발견하기란 거의 불가능에 가깝다는 점이다. 이 점에서 그는 펠리니와 달랐다. 펠리니의 영화에서 트레비 분수, 콜로세움, 아피아 가도 등 로마의 명소는 쉽게 볼 수 있다. 하지만 일상을 찍는 모레티의 영화에서 관광지 같은 특별한 장소는 끼어들 틈이 없다. 유명 장소가 등장한 작품으론 바티칸 배경의 〈우리에겐 교황이 있다〉(2011)가 거의 유일하다. 영화 자체가 교황을 다루다 보니 성 베드로 성당, 성 베드로 광장, 시스티나 예배당, 그리고 로마제국의 유적지인 포로 로마노(Foro Romano, 로마의 포럼이란 뜻) 등이 등장했다. 포로 로마노에서 교황은 비밀리에 비서를 만나 교황청의 새 문양을 정한다. 사실 모레티의 강박에 가까운 '관광지 기피'를 고려하면, 이 장면의 등장도 놀랄 만한 변화였다. 그 정도로 모레티는 관광지 로마의 이미지를 지우려고 애쓴다. 새로 선출된 교황이 혼자 로마 시내를 방황할 때도 특별한 장소는 거의 나오지 않는다. 대신 보통 사람들의 공간이 강조된다. 이를테면 '밤 버스' 장면이 인상적인데, 두 칸으로 연결된 대형 버스에 이탈리아사람들뿐 아니라, 동양인 여성과 아프리카계 남성 등 로마의 '평범한' 시민들을 압축하여 보여주고 있어서다. 곧 버스는 로마의 은유가 됐다. 로마에서 밤 버스를 타면, 바로 이 장면이 떠오를 정도로 버스 시퀀스는 현실과 닮았다.

　모레티의 일상성은 마치 바로크 시대 네덜란드의 장르화 같다. 이를테면 요하네스 페르메이르의 그림 속 인물들

이 사적인 공간에서 편지 쓰고, 책 읽고, 설거지하고, 포도
주 마시는 것 같은 지극히 일상적인 행위를 반복하듯 영화
가 전개되기 때문이다. 이런 사적인 일상을 통해 최종적으
로는 사회의 보편적인 문제까지 고민케 하는 게 모레티 코
미디의 미덕이다. 이런 미덕은 〈나의 즐거운 일기〉(1993)
를 통해 전 세계에 알려졌다(칸영화제 감독상 수상). 세 개의
에피소드로 구성된 〈나의 즐거운 일기〉의 첫 장이 '베스
파'(이탈리아의 작은 오토바이 이름)이다. 여름휴가기를 맞아
모레티가 혼자서 베스파를 타고 텅 빈 로마를 이리저리 돌
아다니는 게 영화의 기본적인 구성이다. 그는 동네 주변
을 돌아다니다, 영화를 보고, 칸초네를 부르고, 춤추곤 한
다(영화, 칸초네, 춤은 모레티 코미디의 빠지지 않는 소재다). 모레
티가 돌아다니는 지역은 특별히 유명한 곳이 아니라, 주로
그의 집 근처다. 오래된 길, 오래된 가로수, 조용한 거리 등
전형적인 로마의 주거지역이다. 모레티는 오랫동안 시내
중심의 서쪽에 있는 몬테베르데 베키오(Monteverde Vecchio)
지역에서 살았다. 다시 말해 자기가 사는 곳 주변이 영화
의 배경이지, 로마의 특별한 곳이 나오지는 않는다.

모레티가 사는 곳 주변이 주요 촬영지

출세작 〈나의 즐거운 일기〉가 발표된 뒤, 모레티의 차기작이 언제 나올지에 대한 기대가 컸다. 그런데 후속작 〈4월〉은 무려 5년이 지난 뒤인 1998년에야 나왔다. 이유가 있었다. 1994년 총선에서 우파의 리더 실비오 베를루스코니가 이탈리아의 총리가 됐고, 1년 반 뒤 베를루스코니 내각이 무너졌으며, 1996년 다시 총선이 실시돼, 이탈리아에서 최초로 좌파 정부가 들어서는 급격한 정치적 변화가 그때 일어났다. 〈4월〉은 1994년 '파시스트'라고 비판받았던 베를루스코니의 승리, 1996년 과거 이탈리아 공산당이 중심이 된 좌파 정부의 등장, 그리고 좌파 정부에 대한 모레티의 개인적인 실망까지, 그동안의 5년에 가까운 시간을 고스란히 담고 있다. 물론 지극히 사적인 일들을 통해서다.

모레티는 그때 실비아 노노와 동거했고(실비아 노노는 이탈리아 현대음악의 거장인 루이지 노노의 딸이다. 실비아의 외조부는 12음계의 창시자 아르놀트 쇤베르크. 곧 부친이 쇤베르크의 제자이자 사위였다), 두 사람은 아들 피에트로를 낳았다. 아들의 탄생이라는 사적인 이야기가 최초의 좌파 정부 탄생이라는 공적인 사건과 맞물려 있는 것이다. 여기서도 모레티는 베스파를 타고, 역시 자신이 사는 몬테베르데 베키오 주변을 돌아다닌다. 그리고 〈나의 즐거운 일기〉에서처럼 모레티는 마치 취미를 즐기듯, '멍한' 표정으로 주변의 집들을 구경한다. 특별한 사람들이 아니라 오래도록 로마에서 살아온 평범한 시민들에 관한 관심의 표현일 테다.

　〈4월〉은 보기에 따라서는 가족 다큐멘터리다. 아들의 탄생을 계기로, 아내나 다름없는 실비아 노노, 실비아의 모친이자 쇤베르크의 딸인 누리아 쇤베르크, 그리고 모레티의 실제 모친인 아가타 아피첼라까지 나온다. 초창기 영화에서 종종 등장했던 부친 루이지 모레티는 이미 죽어서 안 나왔을 뿐, 주요 가족들이 대부분 등장했다(부친은 로마대학 문학철학부 교수였다). 모레티의 초창기 영화 속 주인공 이름은 항상 미켈레 아피첼라였다. 성은 모친의 성에서 따온 것으로, 모레티의 모친에 대한 특별한 마음을 읽을 수 있다. 〈나의 어머니〉(2015)는 그 모친의 죽음에 관한 드라마다. 모친은 영화 속 모친처럼 실제로 인문계 고등학교 라틴어 교사였다.

　〈나의 어머니〉는 죽은 모친에 대한 애도 일기이다. 현실

풍자와 자기 아이러니의 유머로 빛나는 모레티의 일반적인 코미디와는 성격이 다르다. 이런 비극적 성향은 〈아들의 방〉(2001)에서 시작됐다(칸영화제 황금종려상 수상. 이 영화는 로마가 아니라 동부 해변 도시 안코나에서 촬영됐다). 그럼으로써 우디 앨런처럼, 코미디 갈래와 더불어 비극의 갈래에 속하는 작품들까지 나온 것이다. 어머니의 죽음 때문인지 〈나의 어머니〉에선 버스 터미널이 유난히 강조돼 있다. 터미널, 곧 '종착역'이 사람의 운명처럼 보인 까닭이다. 여기서도 로마의 '테르미니' 같은 유명한 종착역이 등장하는 게 아니라, 로마의 평범한 사람들이 타고내리는 평범한 시내버스 종착역이 등장한다(만치니 광장에서 찍었다). 〈나의 어머니〉는 〈아들의 방〉, 〈우리에겐 교황이 있다〉와 더불어 '죽음 3부작'으로 묶을 수 있는데, 최근 들어 점점 어두워지는 그의 영화세상을 짐작할 수 있는 대목이다. 차기작이 어떤 색깔을 띠든, 영화적 공간은 여전히 평범한 곳이 될 것으로 짐작된다. 그곳에 사람들의 일상, 사람들의 진실, 곧 모레티의 리얼리즘이 묻혀 있기 때문이다.

26. 바티칸과 영화

성전을 바라보는 여러 시선

프랜시스 포드 코폴라, 〈대부 3〉, 1990

J. J. 에이브럼스, 〈미션 임파서블3〉, 2006

로베르토 로셀리니, 〈무방비 도시〉, 1945

피에르 파올로 파졸리니, 〈맘마 로마〉, 1962

페데리코 펠리니, 〈달콤한 인생〉, 1960

난니 모레티, 〈우리에겐 교황이 있다〉, 2011

로셀리니의 낙관과 모레티의 비관

　로마는 성지다. 성베드로 성당을 비롯한 수많은 교회, 지하무덤들(Catacombs), 그리고 기독교인들을 죽였던 콜로세움 같은 순교지들이 성지 로마의 역사를 한눈에 알게 한다. 그 가운데 바티칸은 성지 로마의 중심이다. 베드로 성당, 베드로 광장, 사도궁전, 바티칸 미술관 등이 몰려 있어, 연중 내내 관광객의 발길이 끊이지 않는 곳이다. 아마 누구라도(종교에 관계없이) 원형의 베드로 광장에 들어서면, 어머니의 품 같은 아늑하고 편안한 느낌을 받을 것 같다. 광장을 내려다보며 베드로 성당이 긴 팔을 둥글게 벌려 이곳에 들어서는 모든 사람을 안아주는 형상을 띠고 있어서다. 베드로 성당 하나만으로도 로마는 카톨릭의 성지답다. 당연히 바티칸은 수많은 영화에 등장한다. 하지만 늘 성스러운 모습을 보여주는 건 아니다.

로셀리니, 바티칸의 희망을 보다

로베르토 로셀리니의 〈무방비 도시〉(1945)가 발표되며, 네오리얼리즘과 함께 파시즘에 대항하던 이탈리아의 파르티잔도 세상의 주목을 받았다. 로셀리니는 〈무방비 도시〉에서 파르티잔의 세 축으로 공산주의자 지식인, 노동자(인쇄공), 그리고 이들을 돕는 성직자를 꼽았다. 최종적으로 지식인은 고문 끝에 죽고, 노동자는 나치에 끌려가고, 성직자는 총살된다. 〈무방비 도시〉는 그 허무한 비극성 때문에 역설적으로 더 큰 사랑을 받았다.

한 가지 흥미로운 점은 로셀리니가 파르티잔의 범주 속에, 설사 조력자의 위치라 할지라도, 사회의 또 다른 주요한 축인 자본가는 포함하지 않았다는 사실이다(로셀리니는 로마에서 건축업을 하던 유명한 부자의 아들이다). 말하자면 좌파가 주도한 이탈리아 파르티잔의 역사를 인정한 것이다. 그런데 문제가 된 것은 성직자였다. 로셀리니는 성직자를 공산주의자, 노동자와 더불어 파시즘의 희생자로 그렸다. 목숨을 걸고 나치 그리고 파시즘과 싸웠던 파르티잔의 시각에서 보면, 이건 쉽게 받아들일 문제가 아니었다. 일반적으로 말해, 이들에게 성직자는 파시스트의 조력자였지, 파르티잔의 조력자는 될 수 없었다. 베르톨루치의 〈1900〉(1976)에서 볼 수 있듯, 파시즘을 돕는 카톨릭을 비판한 영화는 수도 없이 많다. 하지만 로셀리니는 성직자도 희생자로 그림으로써, 해방된 이탈리아의 주역에 '바티칸'을 포함했다. 이것이 전후의 화합을 희망하는 대의(大義)의 낙관주의인지, 절충주의의 영리함인지는 사람마다 다르게 평가할 것이다.

성직자가 문제가 되는 건 1929년 파시스트 정부와 이탈리아 교회 사이에 맺어진 악명 높은 '라테란 조약' 때문이다. 이 조약을 통해 이탈리아 교회는 파시스트 정부를 인정했고, 대신 지금의 바티칸을 교황령으로 얻었다. 그때는 안토니오 그람시 같은 정치인들이 파시즘에 반대한다는 이유로 감금되고 죽임을 당할 때인데 말이다. 교회는 바로 그 폭력적인 정부를 인정했다. 이후 공산주의자, 노동자, 농민이 주축이 된 '파르티잔', 그리고 이에 맞서 자본가와 교회의 지지를 등에 업은 '파시스트', 이들 양 진영의 대결 구도가 형성된다. 〈무방비 도시〉의 신부가 말한 것, 곧 '정직한 것이 신의 뜻'이라는 의미와는 사뭇 다르게 당시의 교회는 처신했다. 〈무방비 도시〉의 마지막 장면은 성직자의 총살형(순교)이다. 그 비극을 바라본 소년 파르티 잔들이 낙담한 채 로마 언덕을 걸어 내려가는데, 저 멀리 바티칸의 베드로 성당이 보인다. 로셀리니는 그 모든 영욕 을 덮고, 바티칸을 역사의 목격자로 해석했다. 로셀리니는 교회가 다시 민중의 친구로 되돌아올 수 있기를 바랐던 것 같다.

교회는 가진 자들의 편이라는 주장은 피에르 파올로 파 졸리니가 예리하게 제기한 바 있다. 원래 교회는 예수와 그의 헐벗은 사도들에 의해 세워졌는데 말이다. 파졸리니 의 두 번째 장편 〈맘마 로마〉(1962)는 가난한 집안의 딸로 태어나 팔려가다시피 노인과 결혼했고, 결국 매춘부로 길 에 쫓겨난 여성(그의 별명이 '맘마 로마')의 삶을 다룬다. 맘마 로마의 소원은 하나뿐인 아들이 자기와는 달리 부끄럽지 않은 직업을 갖고 사는 것이다. 오직 그것을 위해 엄마는 '무시당하는' 교회에 가서 기도도 열심히 한다(그 교회는 유 독 부자 신도들에게 친절하다). 그러나 아쉽게도 한때 매춘부 였던 엄마의 아들은 엄마의 희망대로 살아가지 않는다. 아 니 사회에 잘 섞이지 못하고, 결국 불쌍한 죽음에 이른다. 〈맘마 로마〉에서도 바티칸은 영화의 종결부에 등장한다.

아들과 자신의 불행한 삶에 절망한 맘마 로마는 집의 창문에서 투신하려 하는데, 친구와 이웃들이 달려와 가까스로 그의 죽음을 막는다. 그때 창문 저편엔 바티칸의 베드로 성당이 보인다. 교회를 바라보는 맘마 로마(안나 마냐니)와 가난한 이웃들의 절망한 눈빛이 영화의 마지막 장면이다.

난니 모레티, '교황은 없다'

바티칸은 로마 서쪽, 테베레강 건너편에 있다. 그 일대는 로마에서도 부촌으로 꼽힌다. 큰 사원 아래 형성된 사하촌(寺下村) 같은 것이다. 베드로 성당과 그 주변의 부유한 경관은 시각적 아름다움은 물론 경제적 여유까지 느끼게 한다. 그런데 바티칸이 영화에 비친 모습은 파시즘 시절의 '흑역사' 때문인지, '어둠'과 관계 맺을 때가 적지 않다. 대표적인 게 프랜시스 포드 코폴라의 〈대부 3〉(1990)이다. 마피아의 두목(알 파치노)이 성전이자 교황의 거주지인 '사도궁전'(Palazzo Apostolico)에서 고위 성직자와 협상을 벌이는 장면이 들어 있다. 개봉 당시에도 이런 설정은 큰 논란을 불러왔는데, 사실 파시즘 시절의 '흑역사'를 기억한다면, 허구 속의 상상은 결코 비현실적인 이야기는 아닌 셈이다. 〈대부 3〉 이후, 바티칸은 범죄의 배경으로 더 자주 등장했고, 대표작으로는 〈미션 임파서블3〉(감독 J. J. 에이브 럼스, 2006)가 있다. 여기서도 무기밀매상(필립 세이모어 호프 먼)이 사도궁전에서 열리는 바티칸의 파티에 들어가서, 성 전을 자신의 밀매 장소로 타락시킨다.

　그런데 짐작하겠지만 바티칸 배경 장면은 대개 그곳에 서 촬영되지 않았다. 허가를 받지 못했고, 그래서 다른 곳 에서, 혹은 스튜디오의 세트에서 촬영됐다. 바티칸이 영 화촬영을 허가해준 경우는 홍보용 다큐멘터리 제작 이외 에는 거의 없다. 〈대부 3〉은 세트에서, 그리고 〈미션 임파 서블3〉은 나폴리 인근 카세르타(Caserta)에 있는 '왕궁'(La reggia)에서 촬영됐다. 특히 '카세르타의 왕궁'은 '이탈리아 의 베르사유 궁전'이라 불릴 만큼 거대하고 화려해서 여러 영화의 배경으로 자주 등장하는 곳이다. 얼핏 보면 왕궁의 외관은 바티칸의 미술관을 닮았고, 그 내부도 웅장하고 화 려하다.

　페데리코 펠리니도 바티칸을 별로 긍정적으로 그리지 않았다. 로셀리니의 조감독 출신인 펠리니는 스승처럼 정 치적으로는 중도인데, 〈달콤한 인생〉(1960)에서는 종교의 중심 바티칸을 보기에 따라서는 조롱하듯 묘사했다. 도입부에서 예수의 동상을 공중에 대롱대롱 매달고 등장하는 것부터 교회를 불쾌하게 만들었다. 더 나아가 펠리니는 '황색 저널'의 기자(마르첼로 마스트로이안니)와 '육체파 배우'(아니타 에크베르그)의 데이트 장면 배경으로 베드로 성당을 이용해, 성전을 졸지에 세속적인 육욕의 장소로 만들어버렸다. 게다가 에크베르그는 성직자 복장을 닮은 검은 의상을 입고 있어서, 이들의 데이트 장면은 이탈리아의 '카사노바'와 교회의 '성직자'가 수작을 부리는 것처럼 보였다. 펠리니는 '신성모독자'로 공격받았고, 바티칸은 일부로부터 웃음의 대상이 됐다.

바티칸에 대한 가장 회의적인 시각, 가장 비관적인 시각이 드러난 작품은 난니 모레티의 〈우리에겐 교황이 있다〉(2011)일 것이다. 과거처럼 바티칸의 권위를 찬양하거나 혹은 조롱하는 게 아니라 아예 냉소적인 태도로 무시하는 듯 보여서다. 그건 무관심에 가깝다. 믿음, 사랑, 평화 같은 바티칸에 덧붙여진 그 모든 가치를 장 보드리야르의 개념을 빌리면 '시뮬라시옹'이라고 보는 것이다. 원래 그런 건 없는 것인데, 있는 척(시뮬라시옹)한다는 지독한 냉소다. 모레티는 영화의 마지막 장면에서 새로 선출된 교황이 그 직무를 수행할 수 없다며 어둠 속으로 사라지는 것으로 자신의 깊은 회의주의를 드러냈다. 그래서 제목은 반어법이며 '교황은 없다'라는 뜻으로 해석된다. 성지 로마의 심장에 있는 바티칸, 모레티에 따르면 '그런 건 없다'라는 것이다.

27. 이탈리아 포도주와 영화

이탈리아의 '술 익는 마을'

마이클 윈터바텀, 〈트립 투 이탈리아〉, 2014

오드리 웰스, 〈투스카니의 태양〉, 2003

노먼 주이슨, 〈온리 유〉, 1994

베르나르도 베르톨루치, 〈스틸링 뷰티〉, 1996

이탈리아의 '술 익는 마을'

이탈리아 영화를 볼 때마다 개인적으로 '곤혹스러운 것'은 포도주 마시는 장면들 때문이다. 편안한 언덕을 배경으로 포도밭이 이어지고, 정원에 마련된 수수한 식탁에서 사람들이 함께 식사할 때면 반드시 등장하는 게 포도주다. 너무 맛있어 보여, 영화가 끝나자마자 밖에 나가면 바로 포도주를 마시겠다는 조바심을 내며 영화관에 앉아 있던 적이 한두 번이 아니다. 이탈리아는 유럽의 대표적인 포도주 생산국가다. 생산량으로는 최대다(2, 3위가 스페인과 프랑스). 프랑스에는 포도밭이 중부와 남부 등에 집중돼 있다면, 지중해 기후가 특성인 이탈리아에는 전국에 포도밭이 산재해 있다. 북쪽의 알프스 근처부터 남쪽의 시칠리아까지, 모든 지역마다 특성 있는 포도주를 만든다. 그리고 작은 동네마다 자기 지역을 대표하는 포도주 하나쯤은 갖고 있다. 이 중에서도 가장 유명한 포도주 생산지는 중부 피렌체 인근과 북쪽 토리노 인근일 것이다. 피렌체 근처의 '키안티'(Chianti), 그리고 토리노가 주도인 피에몬테 지역에서 생산되는 '바롤로'(Barolo)와 '바르바레스코'(Barbaresco)는 이탈리아 포도주의 자랑이다. 영화가 이탈리아의 포도주를 놓칠 리 없다.

〈트립 투 이탈리아〉와 피에몬테 주의 포도밭

영국의 두 코미디 배우인 스티브 쿠건과 롭 브라이든을 내세워 이탈리아의 풍경과 음식을 소개하는 여행 영화가 〈트립 투 이탈리아〉(2014, 마이클 원터바텀 감독)이다. 장난꾸러기 같은 브라이든이 퉁명스러운 쿠건에게 이탈리아 여행을 권유할 때 동원하는 유혹적인 '미끼'도 이탈리아의 포도주다. "토리노에 가면 바롤로, 바르바레스코, 바르베라(Barbera) 같은 향기로운 포도주를 마실 수 있지." 피에몬테주의 주도인 토리노는 이탈리아 통일왕조의 첫수도였다. 왕도의 전통 때문인지, 이곳은 지금도 귀족적인 분위기를 갖고 있다. 〈트립 투 이탈리아〉는 바로 피에몬테주의 포도밭 근처를 두 배우가 차를 몰고 들어가는 것으로 시작한다. 나지막하고 편안한 언덕에, 말 그대로 그림 같은 포도밭이 이어져 있고, 두 수다쟁이 배우는 이탈리아가 주는 매력에 약간 흥분해 있다.

바롤로, 바르바레스코, 바르베라는 피에몬테주의 '3대 포도주'이고, 셋 모두를 합쳐 '피에몬테의 3B'라고 부르기도 한다. 두 배우는 토리노에서 남쪽으로 1시간쯤 떨어져 있는 '3B'의 중심 도시 쿠네오(Cuneo) 근처를 달리고 있다. 이들은 시골의 한 식당에 들어가 이탈리아에서의 첫 식사를 한다. 당연히 바롤로 한 병을 주문한 뒤, 토마토와 양파로 만든 전채요리, 고기 소스 라구(ragu)로 요리한 파스타, 그리고 메인으로 닭고기 요리를 먹는다. 전형적인 이탈리아식 식사, 곧 전채, 첫째 요리, 둘째 요리 순서다. 날씨는 맑고, 요리에선 향내가 나고, 그리고 포도주는 비워간다. 피에몬테주의 어느 시골 식당에 들어감으로써, 영국인 남자 두 명은 본격적으로 이탈리아 땅에 도착한 것이다.

토스카나의 키안티 지역 포도밭

이탈리아 포도주를 대표하는 '키안티'는 토스카나의 특정 지역 이름이다. 행정상의 지명이 아니라, 대략 피렌체에서 남쪽의 시에나에 걸쳐 있는 구릉 지역을 전부 키안

티라고 부른다. 그리고 이 지역에서 나는 포도주들 이름
도 역시 키안티이다(물론 세부적으로는 여러 종류가 있다). 키
안티 가운데 '브루넬로'(Brunello di Montalcino)는 특별한 사
랑 받는다. 브루넬로는 북쪽의 바롤로, 바르바레스코와 함
께 이탈리아 포도주의 '3B'라고 불린다(여기선 바르베라는
빠진다). 다른 포도주 생산지역보다 키안티가 더욱 유명한
데는 이곳이 르네상스의 발상지답게 오랜 역사와 전통을
갖고 있고, 특히 주변 풍경이 압도적으로 아름답기 때문일
테다. 이탈리아 배경의 할리우드 로맨틱 코미디치고 이 지
역을 비켜 가는 영화는 드물다. 그만큼 토스카나 지역은
이탈리아다운 전형적인 풍경을 갖고 있다.

토스카나라는 이름을 강조한 로맨틱 코미디가 〈투스카
니의 태양〉(2003, Under The Tuscan Sun)이다. 작가로 나오는
다이앤 레인이 이혼의 상처를 씻기 위해 즉흥적으로 여행
을 간 곳이 토스카나의 '코르토나'(Cortona)라는 아름답기
로 유명한 작은 도시다. 바로 키안티 지역에 있다. 특히 고
급 키안티 생산지로 유명한 몬탈치노(Montalcino), 몬테풀
치아노(Montepulciano)와 가까워 '와이너리 관광'의 필수 코
스 가운데 하나다. 흔히들 토스카나의 전형적인 시골 풍경

을 구경하고 싶으면, 이 세 도시 주변을 보면 된다고들 말한다. 지금도 양 떼들이 거니는 흙길이 있고, 사이프러스 나무와 해바라기들이 나그네들을 반긴다. 다이앤 레인은 여기 코르토나의 전원주택을 하나 사서, 아예 이탈리아에 눌러앉으며 삶의 전환기를 맞는다. 글 쓰는 작가, 토스카나의 전원, 맑고 푸른 풍경, 그리고 향기 나는 포도주가 어울려 로맨틱 코미디의 환상을 더욱 부풀리는 것이다.

로맨틱 코미디의 장인인 노먼 주이슨이 만든 〈온리 유〉(1994)는 이탈리아 전국투어 영화다. 감독 노먼 주이슨은 뉴욕에 사는 이탈리아인들의 풍습을 소재 삼아 만든 코미디 〈문스트럭〉(1987)을 통해 이미 이탈리아에 대한 특별한 관심을 표현한 적이 있다. 〈온리 유〉는 '운명의 남성'을 찾아 이탈리아로 떠난 여성 페이스(마리사 토메이)의 이야기다. 하늘이 정해준 배필을 만난다는 기대에 페이스는 단숨에 베네치아로 갔고, 그때부터 남쪽 아말피 해변의 포지타노(Positano)까지 여행이 이어지는 코미디다. 운명의 남자와의 만남이 한 발짝 차이로 자꾸 '남쪽으로' 연기되기 때문이다.

　남자를 뒤쫓는 페이스의 여정은 급해 보이고, 그럴수록 상대방은 항상 한 발짝 먼저 떠나기 때문에, 이를 보는 관객의 조바심도 커지는 이야기 구조다. 페이스가 남쪽으로 내려가다 모든 걸 내려놓고 전원에 취해 잠시 쉬는 곳이 바로 키안티 지역이다. 야트막한 언덕과 포도밭이 끝없이 이어져서, 거의 모든 장면이 서양미술사의 풍경화처럼 보이는 곳이다. 페이스는 여기서 여행 동료와 함께 키안티 포도주를 마시며, 눈 앞에 펼쳐진 자연풍광에 잠시 긴장을 푼다. 〈온리 유〉에는 북쪽의 베네치아, 그리고 로마와 아말피 해안이 강조돼 있지만, 중간 지점에 등장하는 쉼의 공간으로서의 키안티 지역은 그 넉넉한 풍경과 포도밭 덕분에 잊을 수 없는 기억을 남긴다.

　토스카나의 포도밭을 배경으로 만든 대표적인 이탈리아 영화로는 베르나르도 베르톨루치의 〈스틸링 뷰티〉 (1996)가 있다. 미국인 10대 소녀 루시(리브 타일러)가 친부를 찾아 이탈리아로 오는 드라마다. 죽은 모친의 일기에 따르면, 그녀는 시에나 근처에 있는 조각가의 집에서 젊은 시절을 보냈고, 여기서 친부를 만난 것으로 돼 있다. 루시는 과거에 엄마가 그랬던 것처럼 그 조각가의 집에 가서 여름휴가를 보낸다. 이곳도 역시 시에나와 가까운 키안티 지역이다. 토스카나의 붉은색 시골 흙길, 어른 키 정도 되는 포도나무들, 이 지역 특유의 돌로 지어진 전원주택 등이 어울려, 세상은 넉넉하고 편안해 보인다.

〈스틸링 뷰티〉는 베르톨루치가 〈마지막 황제〉(1987)를 만들기 위해 할리우드로 간 뒤, 10년 만에 귀국하여 만든 첫 작품이다. 그는 40대 중반에 미국에 가서 대중적인 인기에서는 최고의 위치에 오른 뒤, 50대 중반에 이탈리아에 돌아왔다. 베르톨루치도 이탈리아의 전형적인 혹은 이상적인 공간은 토스카나라고 여긴 것이다. 그만큼 자연이 아름답고, 문화가 깊은 곳이다. 베르톨루치에 따르면 이탈리아식 '술 익는 마을'은 토스카나라는 것이다.

토스카나의 키안티 지역, 피에몬테의 쿠네오 인근과 비교할 때, 상대적으로 덜 알려진 유명한 포도주 지역은 베네토주의 베로나 인근이다. 앞에서 〈레터스 투 줄리엣〉(2010)을 설명할 때 짧게 언급한 곳이다. 베로나 인근의 발폴리첼라(Valpolicella)라는 지역은 토스카나의 키안티처럼 명품 포도주를 생산하는 곳으로 유명하다. 여기서 생산되는 포도주 가운데 약간 독한 맛이 도는 '아마로

마테라. 남부 바실리카타주에 있다. 산 정상까지 돌집들이 들어서 있다.

볼테라. 산 정상에 석성이 쌓여 있고, 그 안에 도시가 건설돼 있다.

볼로냐의 '포르티치'.
길거리 위에 지붕이 있고, 이런 길로 시내 대부분이 연결돼 있다.

만토바 시내에 있는 '성 안드레아' 교회.
르네상스의 거장 레온 바티스타 알레르티의 작품이다.

비첸차 인근에 있는 '라 로톤다'.
르네상스의 거장 안드레아 팔라디오의 작품이다.

카르세타에 있는 왕궁.
이 성 때문에 카세르타는 이탈리아의 베르사유라고 불린다.

시칠리아 타오르미나에 있는 고대 그리스 극장.

페라라. 시내 중심의 트렌토와 트리에스테 광장.

네'(Amarone)라는 적포도주가 있는데, 이는 이탈리아 북부의 또 다른 명품 포도주로 사랑받는다. '아마로네'는 '아주 쓴'이란 뜻이므로, 맛이 강한 포도주라는 것을 알 수 있다. 이탈리아 현지에서는 아마로네 포도주를 그냥 지역 이름을 따서 '발폴리첼라'라고도 부른다. 토스카나의 술을 지역 이름을 따서 키안티라고 부르는 것과 같다.

펠리니의 〈달콤한 인생〉(1960)의 도입부에는 로마의 셀럽들이 출입하는 사교 클럽이 등장한다. 이곳에서 황색 저널의 기자인 마르첼로(마르첼로 마스트로이안니)는 어떤 왕족의 스캔들을 캐기 위해 한참 취재 중이다. 그에겐 그 왕족이 무슨 포도주를 마셨는지도 중요하다. 마르첼로는 클럽의 단골인 어떤 청년에게 물어본다. "왕자님은 발폴리첼라를 마셨어요." 청년의 대답에는 '발폴리첼라'에 방점이 찍혀 있다. 아주 특별한 포도주라는 강조일 것이다. 그에 따르면, 발폴리첼라는 왕족들에게 어울리는 포도주라는 의미다.

이탈리아 남부

28. 바게리아

시네마 천국의 고향

프랜시스 포드 코폴라, 〈대부 3〉, 1990
주세페 토르나토레, 〈바리아〉, 2009
주세페 토르나토레, 〈시네마 천국〉, 1988

시칠리아의 이상향

 시칠리아 출신 감독 가운데 대중적인 인기가 가장 높은 사람은 주세페 토르나토레일 것이다. 〈시네마 천국〉(1988)이 전 세계적으로 사랑을 받은 게 결정적인 이유다. 그의 장편 두 번째 작품인 〈시네마 천국〉 덕분에, 당시 32살의 시칠리아 청년은 일약 세계 영화계의 주목을 받는 신예로 떠오른다. 시칠리아 시골의 소년 토토가 어떻게 유명 감독이 됐는지를 따라가는 다분히 자전적인 이 영화는 이후 토르나토레의 일관된 테마인 '아버지와 아들의 사랑'을 본격적으로 그려내는 시발점이 됐다. 소년 토토와 영사기사 알프레도(필립 누아레) 사이의 (유사)부자관계는 토르나토레가 반복해서 그리는 부자간의 이상적인 관계다. 이건 '가족'에 대한 시칠리아의 유별난 전통이기도 한데, 부모는 희생하고 자식은 그 희생에 감사하는, 당연하지만 보기에 따라서는 '신화'와 같은 이야기다. 이런 이상적인 관계가 펼쳐지는 공간이 바로 바게리아(Bagheria)이다. 시칠리아의 주도 팔레르모에서 오른쪽으로 20km 정도 떨어져 있다. 바게리아는 토르나토레의 고향이다. 〈시네마 천국〉에서는 허구의 이름 '지안칼도'(Giancaldo)로 소개되고 있다.

토르나토레의 자전적 영화 〈시네마 천국〉

〈시네마 천국〉은 인구 5만 명 정도 되는 소도시 바게리아가 얼마나 아름다운 곳인지 보여주기 위해, 영화가 시작하자마자 도입부에서 액자 형식의 화면을 이용하고 있다. 교회 종탑 꼭대기에 있는 네모난 작은 공간을 마치 액자처럼 이용하여, 그곳을 통해 아래로 내려다보는 방식으로 마을을 소개한다. 저 멀리 광장이 보이고, 왼편으로 이 영화의 중심이 될 '시네마 천국'(Cinema Paradiso) 영화관이 있다. 소년 토토는 여기를 마치 제집 드나들 듯하며 영화를 본다. 그곳은 말 그대로 '시네마 천국'이 되고, 토토를 비롯해 마을 사람들이 보는 영화들은 전부 '천국의 영화'가 된다. 이렇듯 〈시네마 천국〉은 영화에 대한 사랑의 강렬한 표현이자, 특히 이탈리아 네오리얼리즘 영화에 대한 감독 개인의 숨길 수 없는 애정의 고백이다.

바게리아의 스크린에는 루키노 비스콘티의 걸작 〈흔들리는 대지〉(1947)에서 시작하여, 피에트로 제르미의 정치 드라마 〈법의 이름으로〉(In nome della legge, 1949), 라파엘로 마타라초의 눈물을 자극하는 최루 영화 〈사슬〉(Catene, 1949), 알베르토 라투아다의 수녀 주인공 멜로드라마 〈안나〉(Anna, 1951), 그리고 디노 리지의 코미디 〈가난하지만 아름다운〉(Poveri ma belli, 1957)에 이르기까지 전후 세계 영화계의 미학을 주도했던 이탈리아 영화들이 마치 '사슬'처럼 연속하여 제시된다. 말하자면 〈시네마 천국〉은 이탈리아 영화사를 찬미하며 시작하는데, 그때가 바로 '영화의 천국'이었다는 것이다.

당시에 대개 문맹이었던 관객들은 〈흔들리는 대지〉에서 도입부의 해설 자막을 읽지 못해 어리둥절하고, 〈법의 이름으로〉에서 부정부패를 척결하는 주인공(마시모 지로티)의 활약에 박수를 보내기도 한다. 특히 〈쓰디쓴 쌀〉(Riso amaro, 1948)에서 당대 최고의 육체파 배우였던 실바나 망가노와 청춘스타 비토리오 가스만이 키스하기 직전에 검열 때문에 갑자기 화면이 건너뛰는 순간엔 아쉬움을 넘어 분노를 표출하기도 한다. 이렇듯 〈시네마 천국〉은 당대의 영화들뿐 아니라, '영화관의 문화'까지 기억해내고 있다.
시골에선 영화관 자체가 드물었고, 그래서 극장 운영을 교
회가 하는 경우가 많았다. 교회가 이탈리아 사회의 곳곳에
영향력을 미치지 않은 데가 드물듯, 영화계에도 교회의 손
길은 깊고 오래됐다. 지금도 이탈리아에서 교회는 제법 많
은 영화관을 갖고 있다. 문제는 교회가 극장을 운영하며,
'종교의 이름'으로 검열을 하는 점이다. 바게리아의 신부
는 이곳의 극장에서 상영되는 영화들을 전부 검열한다. 그
가 엄격히 잘라내는 장면은 키스, 그리고 여성의 누드 같
은 성적 테마에 관한 것이다. 사회에 대한 교회의 윤리적
통제는 그때나 지금이나 여전히 일정한 효과를 발휘하고
있다.

〈바리아〉, 어느 코뮤니스트의 삶

주세페 토르나토레의 부친은 바게리아의 코뮤니스트이
자 노동조합 간부였다. 그의 영화에 나오는 문맹에 가까운
어른들, 이를테면 〈시네마 천국〉의 영사기사 같은 사람들
은 전부 실제 부친의 분신들이다. 부친은 초등학교 때부터
가족을 위해 시칠리아의 산속에서 목동을 하며 돈을 벌어

야 했다. 가난 때문에 교육을 제대로 받을 수 없었다. 부친
은 마피아를 등에 업은 시칠리아 지주들의 착취와 횡포에
분노했다. 지주들의 횡포를 막는 거의 유일한 조직이 공산
당이어서, 부친은 당에 가입했다. 무슨 특별한 이데올로기
가 있는 게 아니었다. 말하자면 부친은 반자본주의자이기
보다는 반마피아주의자였다. 〈시네마 천국〉에는 과거 이
탈리아 사회에서 코뮤니스트로 산다는 게 얼마나 어려운
일인지가 약간 드러나 있다. 이를테면 어느 코뮤니스트 가
족은 고향에선 마피아-지주들의 방해로 도저히 일을 찾
을 수 없어, 어쩔 수 없이 독일로 이민을 떠난다. 부친처럼
토르나토레도 코뮤니스트였다. 1979년 시칠리아에서 다
큐멘터리 작가로 일할 때, 23살의 토르나토레는 공산당
소속의 바게리아 시의원으로 선출되기도 했다.

　토르나토레의 코뮤니스트 부친 세대의 삶을 본격적으
로 그린 작품이 〈바리아〉(2009)이다. 제목 바리아(Baarìa)는
바게리아의 시칠리아식 표기이다. 주인공은 페피노인데,
이것은 부친의 실제 이름이다. 곧 〈시네마 천국〉에 이어
다시 들려주는 아버지와 아들의 사랑에 관한 영화다. 〈바
리아〉는 무솔리니의 파시스트 시절에서 시작하여 현재에

이르기까지 3세대에 관한 이야기를 펼친다. 목동 할아버지, 코뮤니스트 부친, 그리고 영화지망생 아들이 그들이다 (물론 그 아들은 토르나토레다). 말하자면 〈바리아〉는 베르나르도 베르톨루치가 〈1900〉(1976)에서 20세기 초중반의 이탈리아 역사를 좌파의 시각에서 그린 것처럼, 20세기 중후반의 역사를, 특히 시칠리아의 역사를 좌파의 시각에서 바라보고 있다. 그래서 〈바리아〉에선 시종일관 적기가 펄럭이는데, 이 영화가 베네치아영화제의 개막작이었음에도, 한국에서 정식 개봉되지 못한 데는 이런 정치적 표현이 적지 않은 이유가 됐을 것이다.

　〈시네마 천국〉에서처럼 여기서도 바게리아라는 도시 자체가 찬양의 대상이다. 바다를 끼고 있는 도시는 주변에 양들을 방목하는 아름다운 산까지 갖고 있다. 그런데 바게리아가 전 세상에 알려진 데는 프랜시스 포드 코폴라의 〈대부 3〉(1990)의 영향이 결정적일 것이다. 마이클(알 파치노)이 소유한 팔레르모 근처의 저택이 바게리아에 있다. 폭력이 난무하는 미국에서 화면은 갑자기 양들이 방목되는 평화로운 시칠리아로 전환되는 데, 그곳이 바게리아이고, 이 곳의 이름은 자막으로 강조돼 있다. 원래 바게리아는 아름다운 저택이 많아 '저택의 도시'(città delle ville)로 불리기도 한다. 유명하기로는 '빌라 팔라고니아'(Villa Palagonia)가 대표적이다. 〈바리아〉에도 등장하는데, 악마와 괴물들의 동상으로 저택 주변이 장식돼 있는 곳이다. 기괴한 느낌이 드는 이 유명한 저택은 미켈란젤로 안토니오니의 〈정사〉(1960)에도 짧게 등장한 적이 있다.

토르나토레의 주요한 작품들은 결국 '아버지에게 바치는' 찬가들이다. 로베르토 베니니의 〈인생은 아름다워〉(1997)에서도 짐작할 수 있듯, 이런 테마는 가족을 중시하는 이탈리아 특유의 문화적 산물이다. 아마 많은 관객이 시칠리아 출신 마피아를 다루는 '대부 시리즈'도 그렇게 읽을 것 같다. 자식을 위해 온몸을 던지는 아버지의 희생에 대한 서사로 말이다. 토르나토레는 그런 문화의 산실로 시칠리아를, 특히 자신의 고향 바게리아를 강조하고 있다. 바다와 산을 끼고 있는 바게리아의 아름다운 자연은 '이상적인 부친상'을 빚어내는 '신화의 땅'으로 비치는 것이다.

29. 마테라

바위 집의 도시

멜 깁슨, 〈패션 오브 크라이스트〉, 2004

패티 젠킨스, 〈원더우먼〉, 2017

알베르토 라투아다, 〈암늑대〉, 1953

피에르 파올로 파졸리니, 〈마태복음〉, 1964

티무르 베크맘베토프, 〈벤허〉, 2016

영화가 재발견한 '신성의 땅'

〈원더우먼〉(2017)의 첫 장면은 신화의 땅 '테미스키라'(Themyscira)에서 시작한다. 아마존의 전사들이 사는 곳이다. 산꼭대기에 크고 작은 돌집들이 빼곡히 들어서 있고, 주변엔 푸른 나무들이 둘러쳐 있다. 게다가 산 정상의 마을인데 곳곳에 작은 폭포들도, 그리고 시냇물도 보인다. 이곳은 현실이기보다는 신화의 공간이니, 지리적 사실성이 떨어져도 크게 문제 될 게 없었다. 이렇게 영화는 현실에선 거의 볼 수 없는 공간을 보여주며 시작한다. 그런데 컴퓨터 그래픽(CG) 작업이 잔뜩 입혀져 있어서, 환상처럼 보이는 이곳은 이탈리아 남부에 실제로 있는 도시이다. 이곳은 산 정상의 바위 집 도시로 유명한 마테라(Matera)이다. 이탈리아 최남단인 바실리카타주에 있는 작은 고도다. 폭포, 시냇물, 돌집 외벽의 나무들은 CG의 효과이고, 산 정상에 돌집들로 만들어진 '기이한 도시'의 모습은 현실에

바탕을 둔 것이다. 그만큼 마테라는 환상에 가깝다.

바위산 정상의 고대도시

이탈리아 남단의 마테라가 유명세를 타기 시작한 것은 네오리얼리즘 덕분이다. 노동자, 농민들의 일상을 포착하려는 영화적 태도는 이들이 사는 거주지에 관한 관심으로 확대됐고, 이는 이탈리아에 대한 지리적 탐구로 이어졌다. 이를테면 로베르토 로셀리니의 〈스트롬볼리〉(1950)처럼 무명의 화산섬이 재발견되고, 이곳에서 이탈리아의 특수성 가운데 하나인 폐쇄성을 성찰하는 것이다. 마테라도 이때 '영화적으로' 발견됐다. 알베르토 라투아다 감독의 〈암늑대〉(La lupa, 1953)를 통해서다. 네오리얼리즘에 큰 영향을 끼친 소설가 조반니 베르가의 동명 원작을 각색했다. 소설에 등장한 원래의 공간은 시칠리아인데, 감독은 시칠리아의 가난, 원시적인 성적 욕망, 종교적 신비주의를 마테라에 옮겨 놓았다. 산 대부분이 바위이고, 이곳에 바위처럼 단단한 돌집들, 그리고 집이라고 부르기 민망할 정도로 누추한 동굴 같은 거주지가 엉켜 있는 곳이다.

그런 풍경은 이탈리아 사람들에게도 낯설었다. 마치 중

세의 어느 마을로, 아니 로마제국의 어느 가난한 마을로 되돌아간 듯한 비현실적인 공간이었다. 실제로 영화 촬영 당시에 이곳은 빈민촌이었다. '암늑대'라는 별명을 가진 주인공은 뛰어난 미모를 지닌 중년 부인이다. 그녀는 마음에 둔 젊은 군인과 단지 가까이 있기 위해, 그를 딸과 결혼까지 시키며 성적 욕망을 포기하지 않는다. 친족 관계의 질서를 깨는 '암늑대'의 근친상간은 놀랍고 불편한 범죄이지만, 비현실적인 공간 마테라의 특성 때문인지, 다른 문명에서의 일반적일 사건처럼, 이해 못 할 것도 없는 것처럼 보이기도 했다. 그만큼 마테라는 저 멀리 바깥의 세상으로 비쳤다.

〈암늑대〉는 도발적인 내용보다는 어쩌면 마테라라는 특별한 공간 때문에 더 큰 주목을 받았다. 하지만 이 영화는 해외에까지 그 영향을 미치지는 못했다. 마테라가 세계 관객의 눈을 사로잡는 데는 피에르 파올로 파졸리니의 영향이 결정적이었다. 바로 〈마태복음〉(1964)을 통해서다.

로마의 도둑을 그린 〈아카토네〉(1961), 그리고 로마의 창녀를 그린 〈맘마 로마〉(1962)를 만든 뒤, 파졸리니는 장편 세 번째 극영화로 예수의 일생에 도전한다. 코뮤니스트가 예수의 삶을 다룬다는 이유로 제작 전부터 여러 말들이 많았다. 우파들은 그의 종교비판을 걱정했고, 동료들인 좌파들은 종교를 수용하는 '반동적'인 결과를 우려했다. 그런데 파졸리니는 이데올로기적인 내용보다는 미학적 결과에 더 주목했다. 곧 복음서의 저자 마태가 묘사한 대로 예수의 삶을 사실적으로 그리는 게 첫째 목표였다. 이때 가장 걱정했던 것이 예수 당대의 팔레스타인 지역의 재현이었다. 파졸리니는 스튜디오가 아니라 현장에서 찍고 싶어 했다. 장소를 찾기 위해 그는 예루살렘, 텔아비브 등 팔레스타인 지역을 헤집고 다녔다. 그런데 그의 기대와는 달리 팔레스타인 지역은 이미 너무 서구화됐거나 산업화가 진행돼 있었다. 예수 당시의 모습을 되찾기란 불가능했다. 파졸리니가 대안으로 발견한 도시가 마테라이다(파졸리니는 이때의 여행을 바탕으로 1965년 팔레스타인 지역에 대한 다큐멘터리 〈마태복음을 위한 팔레스타인 현지 조사〉를 발표한다).

파졸리니의 〈마태복음〉으로 재탄생한 도시

〈마태복음〉은 마리아의 수태로 시작한다. 아마 이 영화를 본 관객들은 도입부의 마을 장면을 잊지 못할 것이다.

요셉은 동정녀 마리아가 수태했다는 사실을 이해할 수 없다. 요셉은 배가 불러온 아내를 보고 너무 놀라서 아무 말도 하지 못한 채, 집에 들어가지 않고 되돌아 나온다. 무작정 걷던 그는 어느 넓은 바위 위에서 잠에 빠진다. 요셉은 꿈에서 가브리엘 천사로부터 수태에 관한 설명을 듣는다. 그때야 그는 환한 표정으로 일어나 주변을 둘러본다. 그렇다면 그곳은 요셉의 고향인 나사렛인데, 이때 스크린에 전시된 공간이 바로 마테라다. 산꼭대기에 돌집들이 운집해 있고, 곳곳에 빈민들의 동굴집도 보이고, 헐벗은 아이들이 해맑게 놀고 있는 곳이다. 그곳은 2천 년 전의 진짜 팔레스타인 땅처럼 보였다. 그만큼 현실적이지 않은 공간이다. 산꼭대기에 돌집 마을이라니? 게다가 빈민들이 거주하는 동굴들은 또 뭔가? 그런 동굴 집에서 마리아와 요셉은 아기 예수를 보러온 동방박사의 방문을 받는다. 파졸리니의 〈마태복음〉은 만약 우리가 예수 시절의 팔레스타인 땅을 볼 수 있다면, 바로 저런 곳일 거라는 착시 현상을 불러일으켰다. 그만큼 지리적 개연성을 높여 놓았다.

돌집들이 들어선 산꼭대기의 마을은 특히 '사시 디 마테라'(Sassi di Matera, 마테라의 돌이라는 뜻)라고 불린다. 파졸리니는 이곳을 다목적으로 이용했다. 예수의 고향 나사렛은 물론, 탄생지 베들레헴, 그리고 생의 마지막에 벌어졌던 '수난'의 장소 예루살렘으로도 마테라를 이용했다. 말하자면 예수와 관련된 팔레스타인 지역에서의 주요한 일들은 전부 마테라에서 찍었다. 갈보리 언덕의 십자가 비극저 너머로 마테라의 바위 집들이, 곧 빈민들의 집들이 마치 목격자들처럼 처형 현장의 배경으로 등장하는 식이다.

파졸리니의 〈마태복음〉 이후에 마테라는 '성서적 공간'으로 재탄생한다. 아마 대중적으로 가장 유명한 것은 멜 깁슨이 연출한 〈패션 오브 크라이스트〉(2004)일 것이다. 표현법만 보면, 예수를 주인공으로 내세워 '피 칠갑'을 하는 '스플래터'(Splatter) 호러 장르에 가까운 영화다. 이 영화의 실내장면은 로마의 치네치타(Cinecittà) 스튜디오에서, 그리고 실외장면은 대부분 마테라에서 찍었다. 예수가 십자가를 매고 지나가는 딱딱한 돌길의 도시가 바로 마테라다. 그럼으로써 고난을 느끼게 하는 돌과 암벽의 도시 마테라 자체가 예수의 수난을 상징하는 공간이 됐다.

마테라는 〈마태복음〉을 찍을 때만 해도 무명이었고, 바위 동굴에는 여전히 빈민들이 살고 있었다. 그런데 이후에 여러 영화의 배경이 되면서 유명세를 탔고, 1980년대 후반에 들어서는 관광지로 개발되기 시작했다. 지금은 유네스코의 세계문화유산으로 지정돼 있다. 마테라는 이제 원시적이고 헐벗은 공간이 아니라, 고대 문명의 세련된 도시로 거듭난 것이다. 이런 변화된 매력이 온전히 표현된 대표적인 작품은 고전 〈벤허〉(1959)의 리메이크작인 〈벤허〉(2016)이다. 리메이크작 〈벤허〉도 예루살렘 장면은 마테라에서 찍었다. 벤허의 예루살렘에서의 행적이 강조된 까닭에 이 영화의 배경도 대개 마테라다. 〈원더우먼〉과 달리 비교적 현지의 모습을 있는 그대로 담았다. 산의 정상은 암벽으로 구성돼 있고, 이런 암벽에 도시가 들어서 있는 장면은 볼 때마다 입을 다물지 못하게 한다. 그런 비현실적인 지리적 특성이 이곳에 '신성'까지 입혀 놓은 것이다.

30. 사르데냐

D. H. 로렌스의 눈에 비친 황무지

타비아니 형제, 〈파드레 파드로네〉, 1977

데릭 저먼, 〈세바스찬〉, 1976

미켈란젤로 안토니오니, 〈붉은 사막〉, 1964

루이스 길버트, 〈007 나를 사랑한 스파이〉, 1977

비토리오 데 세타, 〈오르고솔로의 산적들〉, 1960

유배지 혹은 목가적 유토피아

영국의 작가 D. H. 로렌스는 1차대전 때 독일 스파이 혐의로 영국군의 집요한 추적을 받았다. 로렌스의 아내 프리다 위클이 독일인이었던 게 의심의 큰 이유였다. 프리다는 6살 연상이었고, '광부의 아들'인 로렌스와 달리 귀족 출신이었다. 로렌스의 출세작 〈채털리 부인의 연인〉에서 묘사된 상층부 여성과 사냥터 남성 사이의 신분 격차를 넘어선 사랑은 작가 자신의 경험과 별로 다르지 않았다. 평범한 커플이 아니었던 이들은 종종 주위의 질시를 받았다. 로렌스 부부는 결국 군의 수사 압력을 이기지 못해 자발적인 망명길에 오른다. 1919년 이들은 영국을 떠났고, 1922년 이후 미국에 정착하기까지 세상을 유랑하는 삶을 산다. 로렌스 부부가 영국을 떠나 처음 도착한 곳이 이탈리아였다. 중부 이탈리아, 카프리, 시칠리아를 거쳐 최종적으로 여행 간 곳이 지중해 서쪽의 섬 사르데냐(Sardegna)이다.

로렌스는 이곳에서 자신이 사실은 '여행'이 아니라 '유배'의 운명에 놓였다는 점을 의식하기 시작했다. 로렌스의 눈에 비친 사르데냐는 '유럽과 아프리카 사이에서 길을 잃은 곳, 아무 데도 속하지 않는 황무지' 그 자체였기 때문이다 (D. H. 로렌스 지음, 〈바다와 사르데냐 Sea and Sardinia〉).

이탈리아 서부의 가장 큰 섬

로렌스 부부는 시칠리아를 여행한 뒤, 1921년 1월 사르데냐섬에 도착했다. 로렌스는 칼리아리(Cagliari) 항구에 들어서면서부터 섬의 헐벗은 풍경에 압도당하고 만다. 날카롭고 삭막한 풍경들, 이를테면 나무가 별로 없어 차라리 사막처럼 보이는 들판과 산들의 황량한 모습은 여행자의 마음을 더욱 가난하게 만들었다. 실제로 로렌스의 눈에 비친 사르데냐는 너무 가난했다. 그는 이탈리아에서 사르데냐보다 더 가난한 곳은 없을 것이라고 썼다. 부랑자나 다름없는 남자들이 무심히 외국인을 쳐다보는 모습에서 로렌스는 경계심 혹은 호기심보다는 체념의 무관심을 읽는다. 로렌스에게 사르데냐는 '시간과 역사의 바깥'에 있는 동떨어진 공간이었다.

로렌스가 묘사한 황무지로서의 사르데냐가 세계영화사에서 전환점을 맞는 건 타비아니 형제의 〈파드레 파드로네〉(1977) 덕분이다. 이 영화가 칸영화제에서 황금종려상을 받았고, 영화의 배경인 척박한 섬 사르데냐는 세계 영화인의 주목을 받았다. 〈파드레 파드로네〉는 사르데냐 출신 언어학자인 가비노 레다(Gavino Ledda)의 자전적 소설을 각색한 작품이다. 레다는 초등학교 1학년 때 부친에 의해 강제로 교실에서 끌려 나온 뒤, 20살이 될 때까지 양치기로 지냈다. 부친의 말에 따르면 '교육이 의무'가 아니라 '가난이 의무'인 까닭에, 아들은 자기처럼 6살이 됐으니, 산에서 양치기를 하며 살림을 도와야 한다는 것이었다. 무학에 문맹인 가비노 레다는 20살에 군에 입대하면서 처음 집을 떠났고, 군 동료의 도움으로 글을 익히고(그 동료 역으로 난니 모레티가 나온다), 대학에 진학한 뒤 사르데냐 지역어를 전공하고, 이후 언어학자의 삶을 산 입지전적인 인물이다.

'가난이 의무'라는 레다 부친의 말은 사르데냐의 운명을 압축하고 있다(이탈리아 공산당의 창건자 안토니오 그람시도 사르데냐 출신이다). 소년 레다는 산에서 양들을 지키기 위해 혼자 남는다. 밤이면 어둠과 동물들의 울음 때문에 죽음

같은 공포가 몰려오는데, 아버지의 매질이 더 무서워 동네로 내려갈 수도 없다. 로렌스에게 사르데냐는 잠시 머무는 유배지였다면, 소년 레다에겐 그곳은 버텨내야 하는 일상의 터전이었다. 그런 생활을 20살이 될 때까지 이어간다. 돌산은 늘 날카롭고, 바람은 살을 에는 듯 차갑고, 사방엔 양들뿐이다. 매일 젖을 짜고 양들을 방목하는 반복되는 일상, 내일도 오늘과 별로 다르지 않을 일상이 기다리고 있을 '가난한' 시간에 대한 체념은 '시간과 역사의 바깥'이 어떤 느낌인지 어렴풋이 알게 한다. 타비아니 형제는 사르데냐의 잔인한 자연을 소년 레다의 역경으로 묘사하고 있다. 사르데냐는 로렌스가 썼던 대로 형벌의 땅처럼, 혹은 유배지로 기억되는 것이다.

타비아니 형제, 데릭 저먼의 사르데냐

영국의 혁신적 감독 데릭 저먼은 장편 데뷔작 〈세바스찬〉(1976)에서 사르데냐를 실제로 유배지로 그린다. 화살에 맞아 순교한 성인 세바스찬의 마지막 모습을 담은 이 작품에서, 저먼이 '영화적' 순교지로 설정한 곳이 바로 사르데냐다. 로마 황제의 근위대 장교인 세바스찬은 당시 금지된 종교인 기독교인이었다. 이 사실이 발각되면서 성인은 무명의 땅으로 추방됐다. 〈파드레 파드로네〉가 사르데냐의 산악지대를 주로 그렸다면, 〈세바스찬〉은 섬의 해안지대를 주로 그린다. 바닷가의 황량한 벌판에는 로마제국의 수비대가 파견돼 있다. 성인은 이곳에 사병으로 강등된 뒤 유배됐다. 메마른 땅, 날카로운 돌들, 헐벗은 산과 들판 등 황량한 느낌이 드는 것은 〈파드레 파드로네〉와 비슷하다. 그나마 옆에 물이 있다는 게 다른 점이다.

에로티시즘을 상징하는 물이 〈세바스찬〉에서는 중요한 역할을 한다. 데릭 저먼은 데뷔작에서부터 자신의 일생의 테마인 동성애를 적극적으로 표현하고 있다. 로마제국의 전사들이 물에서 맨몸으로 함께 어울리는 장면들은 마치 고대 그리스의 올림픽이 열리는 것처럼, 혹은 그리스의 조각들이 살아 숨 쉬는 것처럼 묘사하고 있다. 저먼은 여기에 성적 열정을 덧붙여 놓았다. 성인 세바스찬은 유배지에서도 자신의 종교적 신념을 굽히지 않는다. 무기를 버리고, 군사훈련 받기를 거부한다. 결국에 금지된 종교가 문제가 되어, 성인은 사형선고를 받는다. 이 사형 집행이 〈세바스찬〉의 마지막 장면이다. 수난을 상징하는 날카

롭고 딱딱한 돌이 온 세상을 뒤덮은 사르데냐의 벌판에서
다. 여기서 성인은 나무 기둥에 묶여 있고, 전사들은 화살
을 쏜다.

흥미롭게도 이 장면은 전부 슬로모션으로 표현돼 있다.
누군가에겐 성인의 고통이, 또 타협을 거부한 순수한 정
신이 천천히 각인될 것이고, 또 누군가에겐 사라져가는
아름다운 육체의 허무함이 강하게 느껴지기도 할 것이다.
사르데냐의 황량한 벌판에서 촬영된 〈세바스찬〉의 마지
막 10분은 역사적 종교화에 빗댈 정도로 숭고함을 간직하
고 있다.

지금의 사르데냐는 영화 속 과거와는 달리 유명 관광지
로 거듭나 있다. 지중해의 대표적인 섬 시칠리아가 대중적
관광지라면, 사르데냐는 부유층의 관광지로 유명하다. 다
른 국가로부터의 접근성 때문인지, 특히 유럽 부자들이 최
고급의 여름 휴양지로 이곳을 꼽는다. 푸른 바다와 황금빛
모래사장은 눈부실 정도로 아름답다. 미켈란젤로 안토니
오니가 〈붉은 사막〉(1964)에서 아이를 위한 동화 이야기를
펼칠 때, 그 배경으로 등장한 바다가 바로 사르데냐다. 그
만큼 사르데냐의 바다는 '환상적'이다.

관광지로서의 사르데냐의 명성은 〈007 나를 사랑한 스파이〉(1977) 이후 증폭됐다. '데탕트' 시대를 맞아 영국과 옛 소련의 스파이들이 핵전쟁을 노리는 '전쟁광'에 맞서 합동 작전을 펼치는 스릴러다(핵폭탄이 터지는 장면은 현대 정치의 불안을 예견한 듯하다). 핵잠수함이 주요 배경인 까닭에 영화는 주로 바다와 수중에서 전개되는데, 전반부의 폐쇄적인 공간을 벗어날 때, 화면에 시원하게 펼쳐지는 곳이 바로 사르데냐다. 바닷가에서 한가롭게 해수욕을 즐기는 사람들, 들판을 거니는 양 떼들은 사르데냐를 고대 그리스의 목가적인 세상으로 바꾼 것 같다. 곧 사르데냐는 반드시 지켜야 할 지상의 낙원처럼 그려져 있는 것이다.

사르데냐와 관련해서, 영화사적으로 한 가지 기억해야 할 작품은 비토리오 데 세타(Vittorio De Seta) 감독의 〈오르고솔로의 산적들〉(1960)이다(베네치아영화제 신인 감독상). 2차대전 이후 사르데냐의 산악지역 오르고솔로(Orgosolo)를 배경으로, 한 명의 평범한 양치기가 어떻게 산적으로 변해갔는가에 대한 다큐드라마다. 가난한 양치기, 낭떠러지 같은 돌산들, 매일 산을 뛰다시피 양 떼를 쫓는 험난한 노동 등이 사르데냐의 가파른 삶을 압도적으로 보여주고 있다.

〈오르고솔로의 산적들〉은 무명의 섬 사르데냐에 영화적 '세례'를 한 셈이다. 이 작품 덕분에 사르데냐는 영화적 발견의 대상이 됐고, 이후 본격적으로 영화에 등장하기 때문이다.

31. 카세르타

이탈리아의 베르사유

J. J. 에이브럼스, 〈미션 임파서블 3〉, 2006
세르게이 본다르추크, 〈워털루 대전투〉, 1970
조지 루카스, 〈스타워즈 에피소드 1〉, 1999
론 하워드, 〈천사와 악마〉, 2009

나폴리 북쪽의 왕궁 도시

베르사유궁은 '태양 왕' 루이 14세의 상징이다. 유럽의 주요 국가들이 참전한 '30년 전쟁'(1618-1648)이 끝난 뒤, 프랑스는 마침내 대륙의 패권 국가로 우뚝 섰는데, 왕에겐 그 위세를 보여줄 기념물이 필요했다. 그리고 파리에 뿌리를 둔 귀족들을 통제하기 위해서도 천도가 절실했다. 루이 14세는 파리 남쪽 20km 떨어진 베르사유에 최고로 화려하고, 최대로 큰 궁을 지었다. 그럼으로써 프랑스가 세상의 중심이고, 또 프랑스의 중심은 바로 자신 루이 14세임을 만천하에 알렸다. 왕궁을 통해 절대 권력과 품격(문화)을 과시하려는 이런 성향은 후대의 왕들에게도 큰 영향을 미쳤다. 18세기 유럽의 곳곳에서 베르사유궁을 모방한 새 궁궐들이 건축됐다(루이 14세의 가장 열렬한 모방자는 바이에른 왕국 마지막 왕인 루트비히 2세일 것). 이탈리아에서도 마찬가지였다. 18세기 때 이탈리아는 사분오열된 상태였는데, 나폴리의 부르봉 왕가가 태양왕을 흉내 내 멋진 왕궁을 건설했다. 바로 '카세르타의 왕궁'(Reggia di Caserta)이 그것인데, 나폴리에서 북쪽으로 35km 정도 떨어진 카세르타(Caserta)라는 작은 도시에 있다. 그때부터 카세르타는 '이탈리아의 베르사유'라는 별명을 얻었다. 나폴리 인근의 조그만 마을이 왕궁의 건설 이후, 화려한 도시로 거듭난 것이다.

괴테가 미쳐간다고 고백한 곳

1786년 37살의 괴테가 이탈리아 여행을 시작한 뒤, 나폴리에는 이듬해인 1787년에 도착했다. 그의 기행문 〈이탈리아 기행〉은 좁혀 말하면 '로마 기행'이다. 그만큼 괴테는 로마를 동경했고, 실제로 로마에 도착한 뒤에는 도시의 매력에 흠뻑 빠져 지냈다. 아마 로마 다음으로 괴테가 반한 곳이 있다면, 그건 나폴리일 것이다. 이곳에서 그 유명한 말, "나폴리를 보고 죽어라."라는 말을 퍼뜨린다. 요즘 말로 번역하면 '죽기 전에 꼭 봐야 할 도시 나폴리'라는 뜻이다. 괴테는 "사람들은 로마에서 공부하고 싶어 한다면, 나폴리에선 그냥 살기를 원한다"라며 나폴리의 무위와 평화의 매력을 찬양했다. 로마는 고전주의자들의 낙원인 까닭에 사람들은 그곳에서 고대의 그리스와 로마 문화를 알고자 공부했다면, 나폴리에선 모든 걸 내려놓고 그냥 평화롭게 살아가기를 희망한다는 것이다. 이탈리아의 이런 무위의 행복을 '아무것도 하지 않는 달콤함'(Dolce far niente/ Sweet doing nothing)이라고 표현하는 데, 그 표현의 의미는 바로 나폴리에서 체득한다는 뜻일 테다.

나폴리에 체류할 때 괴테는 왕궁의 도시 카세르타를 여행한다. 그곳엔 독일에서 유학 온 화가들, 혹은 아마추어 화가 귀족들이 머물고 있었고, 괴테는 그들과 교류하며 그림 공부도 다시 했다. 그림 공부를 위해 카세르타의 왕궁을 드나들며 괴테는 더욱 나폴리의 문화에 빠져든다. 독일의 친구에게 편지를 쓰며, "옛날부터 나는 미쳐 있었거나, 아니면 지금 미치는 것이다."라고 전한다. 나폴리와 카세르타의 삶이 그만큼 비현실적이란 뜻일 테다. "여기선 누구나 마치 취한 것 같은 자기 망각 속에 살고 있다." 아무리 여행자의 흥분에 의한 감탄이라고 해도, 이 정도의 찬사를 받는 도시라면 그곳은 낙원에 가까울 테다. 나폴리와 카세르타는 과거에 이렇게 찬양받았다. 지금은 비록 관광지 가운데 하나에 머물러 있지만 말이다.

나폴레옹의 거대함, 교황청의 숭고함

카세르타 궁은 베르사유궁을 모방했다. 바로크와 신고
전주의가 결합 된 외양, 거대한 규모, 그리고 화려한 정원
은 베르사유의 그것과 닮았다. 18세기 나폴리 왕국의 왕
인 카를로 7세 때부터 건축이 시작돼, 아들 대에 이르기까
지 공사가 진행됐다. 1천2백 개에 이르는 방을 다 돌아보
려면 반나절 이상은 족히 걸리는 거대한 궁이다. 카세르타
가 영화에 등장하는 것은 주로 왕궁을 통해서다. 궁의 거
대함 때문인지, 그런 거대한 이미지를 가진 나폴레옹에 관
한 시대극, 곧 〈워털루 대전투〉(Waterloo, 1970)에 등장하면
서 카세르타 왕궁은 외부에 알려지고, 더욱 유명해지기 시
작한다.

〈워털루 대전투〉는 엘바섬에서 탈출한 나폴레옹(로드 스
타이거)이 재기를 노리다, 워털루 전투에서 영국과 프로이
센 연합군에게 패배하며 역사의 뒤로 사라지는 과정을 다
룬다. 이탈리아와 옛 소련의 합작영화인 〈워털루 대전투〉
는 당대의 전투 장면을 상세하게 재현하여 큰 주목을 받았
다. 마치 대규모의 군무를 안무하듯, 혹은 들판 위에서 거
대한 체스를 두듯, 양 진영의 리더, 곧 나폴레옹과 웰링턴

은 전략을 짜고, 워털루 들판에선 양 진영 합해 15만 명에 이르는 군인들이 피 튀기는 전투를 벌인다. 전투 장면은 옛 소련의 우크라이나 들판에서 주로 촬영됐다. 반면에 실내장면, 특히 프랑스 왕 루이 18세(오손 웰스)가 군림하던 왕궁 장면은 카세르타의 왕궁에서 찍었다. 카세르타 왕궁의 '대 계단'은 화려하고 거대해서 아마 누구라도 그곳이 프랑스의 왕궁인 점을 의심하지 않았을 테다.

'거대한' 이미지는 '스타워즈 시리즈'에도 등장한다. 1999년 조지 루카스는 1970년대에 처음 발표했던 '스타워즈 시리즈'의 프리퀄을 제작해 개봉하며 제목을 새롭게 붙였다. 프리퀄, 곧 첫 발표작 이전을 다루는 것이므로 제목은 〈스타워즈 에피소드 1〉이 됐다. 이 시리즈로 3편이 발표됐고, 따라서 1977년 처음 나왔던 〈스타워즈〉는 〈스타워즈 에피소드 4〉가 됐다. 〈에피소드 1〉에서 우주의 평화를 위협하는 일군의 반란집단에 맞서 질서를 지키려는 파드메 여왕(나탈리 포트만)은 큰 위기에 빠진다. 곧 선과 악의 대결이라는 '스타워즈' 고유의 대립 구도가 만들어졌고, 이후는 그 세가 약해 보이는 선의 집단이 능력과 권력을 가진 악의 집단을 어떻게 극복해내는지의 과정이다. 파드메 여왕이 거주하는 곳이 카세르타 왕궁이다. 하늘에 닿을 듯 높은 천장, 그런 실내 규모에 걸맞은 거대한 창문은 여왕의 권세를 비유하는 장치이다. 말하자면 카세르타 왕궁은 그 화려함이나 규모에 있어서 우주의 궁궐로 내세워도 손색이 없었다.

카세르타 왕궁의 거대함은 곧 숭고함으로도 연결되는데, 그래서인지 이 왕궁은 로마의 바티칸을 대신하기도 한다. 스릴러 소설가 댄 브라운의 '로버트 랭던 시리즈'가 유명해진 데는 〈다빈치 코드〉(2006)의 역할이 컸다. 하버드 대학 기호학 교수인 로버트 랭던(톰 행크스)이 레오나르도 다빈치의 그림 속 기호를 해독하며 사건을 해결하는 드라마다.

두 번째로 영화화된 작품이 〈천사와 악마〉(2009)인데, '로버트 랭던 시리즈'는 '미션 임파서블 시리즈' 혹은 '제임스 본드 시리즈'처럼 세계 곳곳을 사건의 배경으로 등장시켜 시각적 쾌락을 제공하는 전략을 쓴다. 〈다빈치 코드〉가 다빈치의 '모나리자'가 전시된 루브르 미술관의 파리가 중심이라면, 〈천사와 악마〉는 바티칸이 공격 대상인 까닭에, 로마 그리고 카세르타가 중심이 된다. 바티칸을 공격하는 악의 집단 이름이 '계몽주의자들'을 뜻하는 '일루미나티'(Illuminati)이고, 이들의 음모를 막아내는 데 랭던 교수가 투입되는 스릴러다. 여기서 바티칸 교황청 내부는 전부 카세르타 왕궁에서 찍었다. 특히 카세르타 왕궁의 '대 계단'이 여기서도 교황청의 위엄을 표현하는 데 적극적으로 이용되고 있다.

카세르타 왕궁의 외관은 앞에서도 말했듯, 바로크와 신고전주의가 결합 된 양식이다. 그래서 베르사유궁처럼 화려하면서도 수학적인 균형을 잡고 있다. 멀리서 보면 위엄과 숭고함까지 느껴진다. 이런 이유로 왕궁의 외관도 바티칸을 묘사할 때 종종 이용된다. 대표적인 작품이 톰 행크스가 주연한 〈미션 임파서블 3〉(2006)이다. 톰 행크스가 바티칸 내부로 침투하는 것으로 설정된 장면은 로마가 아니라, 전부 카세르타 궁에서 촬영했다.

한때 나폴리 왕국의 권세를 상징하는 왕궁의 존재 덕분에, 그 화려함을 과시했던 카세르타는 이젠 역사적 도시, 혹은 퇴영의 도시로 물러나 있다. 당대의 왕족들이 꿈꿨던 거대한 질서, 곧 왕궁처럼 거대하고 질서 잡힌 세상은 상상 속에서만 존재할 뿐이다. 과거와 현재의 그런 역사적

간격을 단번에 느끼게 하는 것도 이탈리아의, 특히 카세르
타 같은 역사적 도시의 매력일 테다.

32. 타오르미나

시칠리아의 그리스 유적지

뤽 베송, 〈그랑 블루〉, 1988

우디 앨런, 〈마이티 아프로디테〉, 1995

미켈란젤로 안토니오니, 〈정사〉, 1960

예술과 예술가들의 성소

'그랜드 투어'(Grand Tour)는 17세기 중반 영국에서 시작된 젊은 귀족들의 유럽여행을 말한다. 특히 18세기 계몽주의를 맞아, 세상에 대한 견문과 이해의 폭을 넓히기 위해선 여행이 필수라는 믿음이 널리 퍼졌다. 유럽의 뿌리인 고대 그리스와 로마제국에 대한 이해와 사랑은 상류 계급 청년들 사이에서 하나의 의무처럼 수용됐다. 아마 가장 유명한 그랜드 투어의 주인공은 〈이탈리아 기행〉의 저자인 괴테일 것이다. 로마제국에 대한 탐구는 제국의 유적지가 많이 남아 있는 로마, 나폴리, 그리고 폼페이로 집중됐다. 그런데 그리스로의 여행은 당시 튀르키예와의 긴장 때문에 약간 위험한 것으로 인식됐다. 그리고 너무 멀었다. 그리스에 가지 않아도, 고대의 역사를 느낄 수 있는 곳이 필요했다. 그때 그리스 못지않은 사랑을 받은 곳이 시칠리아다. 시칠리아는 고대 그리스의 식민지여서, 지금도 여러 관련 유적지가 남아 있다. 시칠리아의 도시 가운데 그랜드 투어의 목적지로 가장 사랑받은 곳은 시칠리아 동쪽에 있는 타오르미나(Taormina)였다. 고대 그리스 극장 같은 유적이 많이 남아 있고, 또 푸른 바다의 주변 풍경이 매우 빼어나서다.

〈그랑 블루〉, 타오르미나의 푸른 바다와 검은 심연

뤽 베송의 〈그랑 블루〉(1988)는 바다의 아름다움을 그린 영화의 목록에선 빠지지 않고 거론되는 작품이다. 그리스를 배경으로 두 소년의 우정을 그린 작품인데, 어쩌면 우정보다 더 강조된 게 이들의 바다에 대한 사랑일 테다. 그리스의 작은 섬 아모르고스(Amorgos)에서 시작된 영화는 소년들이 청년이 될 때 흑백에서 컬러로 바뀌고, 장소는 곧바로 이탈리아의 타오르미나로 이동한다. 이탈리아계 소년 엔초(장 르노)는 잠수 세계챔피언이 되어, 고향 타오르미나에서 살고 있다. 그는 장비 없이(freediving) 물속 3백 피트 이하를 너무나 손쉽게 내려가는 '괴물'이다. 시칠리아 특유의 남성처럼 허세는 많지만, 용기 있고, 자존심이 강하다(시칠리아의 후손들이 주인공인 '대부 시리즈'의 남자들을 떠올려보라).

　반면 프랑스계 소년 자크(장 마르 바)는 남프랑스로 돌아가 돌고래 조련사로 일하고 있다. 한때 그는 안데스산맥 근처의 빙하 같은 호수에서 생리학을 연구하는 미국 조사단의 일원으로 잠수부 생활을 한 적이 있다. 이곳에서 미래의 연인 조안나(로산나 아퀘트)를 만난다. 연구팀의 리더에 따르면 자크는 믿어지지 않게도 깊은 물 속에서 돌고래와 유사한 생리 반응을 보였다. 역시 자크도 잠수에 있어선 '괴물'인 것이다. 엔초가 남프랑스에 있는 자크를 찾아가, 세계잠수대회에 초대함으로써 영화는 본격적으로 타오르미나의 바다에서 펼쳐지게 된다.

　투명에 가까운 푸른 바다는 아래로 내려갈수록 어두운 심연으로 변하고, 그럴 때면 잠수라는 게 죽음의 세계에 이르는 의례처럼 보이기도 한다. 흔히 말하듯 물속은 모태의 은유처럼 그려져 있는데, 우연히도 두 남자는 모두 모친의 위상에 단단히 매여 있는 인물이기도 하다. 엔초는 대단히 활달하고 지배적인 캐릭터지만, 주변의 모든 질서를 통제하려는 엄한 모친 앞에서는 귀여운 강아지처럼 작아지기도 한다. 반면에 어릴 때 모친을 잃은 자크는 지

금도 애도에서 벗어나지 못한 듯, 얼굴에 멜랑콜리의 고독
이 강하게 드리워져 있다(조안나가 그 분위기에 반한 점은 말할
것도 없다). 두 청년은 모두 바다 아래에서 모친의 품 같은
따뜻함을, 혹은 영원한 평화에 이르는 죽음의 세계를 경험
하듯 지극히 행복한 기분에 빠지는 것이다.

두 남자와 한 여성이 타오르미나에서 합류하면서 이곳
의 아름다움이 본격적으로 전개된다. 푸르고 맑은 바다의
매력은 볼 때마다 탄성이 나게 한다. 엔초가 자주 가는 바
닷가 암벽 속에 있는 이탈리아 식당, 시내의 오래된 건물
들, 좁고 가파른 언덕길들이 바다의 도시 타오르미나의 매
력을 더욱 빛내주고 있다. 〈그랑 블루〉에서 타오르미나는
사랑의 성소처럼 그려져 있다.

타오르미나, 고대 그리스의 문명을 계승하다

타오르미나는 특히 예술가들로부터 큰 사랑을 받았다.
D. H. 로렌스, 테네시 윌리엄스, 트루먼 카포티 같은 작
가들, 시인 장 콕토와 연인이자 배우였던 장 마레 등은 이
곳에서 일정 기간 살기도 했다. 프리드리히 니체, 그리고
그의 인생 선배였던 리하르트 바그너도 타오르미나를 찬

양했다. 독일의 사진작가 빌헬름 폰 글뢰덴(Wilhelm von Gloeden)은 아예 타오르미나에 살며 작품들을 발표했다. 그는 현지의 남성들을 누드모델로 출연시켜, 타오르미나를 배경으로 고대 그리스의 목가적인 풍경을 연출하곤 했다. 그는 사진으로 옛 그리스를 낙원처럼 그렸다. 베르톨루치는 〈1900〉(1976)에서 폰 글뢰덴에 대한 오마주로서 주인공(로버트 드 니로)의 삼촌이 바닷가에서 청년들과 누드 사진을 찍는 장면을 재연하기도 했다.

타오르미나에 있는 고대 그리스 극장(Teatro antico di Taormina)은 지금도 사랑받는 공연장으로 쓰이고 있다. 2017년 G7 정상회담이 이곳 타오르미나에서 열렸고, 그 축하 공연은 고대 그리스 극장에서 진행됐다. 밀라노의 라 스칼라 오케스트라가 이탈리아 오페라의 유명 곡들을 연주하며 각국의 정상들을 환영했는데, 그날의 지휘는 정명훈이 맡았었다. 공연의 마지막 곡은 시칠리아 배경의 오페라 '카발레리아 루스티카나'에 나오는 '간주곡'이었다. 너무 슬픈 멜로디라서 사람들의 마음을 지극한 평화 속으로 이끌기도 하는 곡이다. 또 한편 고대 그리스 극장은 여름이면 유명 밴드들의 연주장이 되면서, 전 세계의 젊은이들을 끌어오기도 한다. 캄캄한 밤하늘 아래, 야외극장에 앉아 사방으로 울려 퍼지는 음악을 듣는 경험은 누구에게나 잊을 수 없는 순간일 테다. 어쩌면 타오르미나는 잘 보존된 고대 그리스 극장 하나만으로도 예술의 성지로 대접받을 수 있을 것이다.

　이 극장을 영화의 모티브로 이용한 게 우디 앨런의 〈마이티 아프로디테〉(1995)이다. 입양아를 받아들인 스포츠 기자 레니(우디 앨런)가 그 자식의 친모를 알고 싶은 호기심을 숨기지 못하다 여러 난관에 부딪히는 코미디다. 앨런은 극의 전개를 마치 그리스비극처럼 끌어간다. 뉴욕에 사는 레니는 오이디푸스처럼 자신의 불행을 앞당기는 수사를 스스로 진행하고, 그 과정에서 실수를 저지르곤 하는데, 그럴 때마다 타오르미나의 그리스 극장에선 합창단이 등장해 주인공 레니의 운명을 예언하고, 충고하고 하는 식이다. 일반 영화에서처럼 상황을 내레이터가 짧게 말하거나, 혹은 상상 장면을 삽입해도 될 텐데, 우디 앨런은 아예 고대 그리스 극장으로 가서, 그리스 연극을 하듯 이야기를 끌어가는 것이다.

　〈마이티 아프로디테〉는 그리스비극처럼 주인공의 실수

가 있고, 종결부에서 모든 것을 종합하는 '신의 장치'인 '데우스 엑스 마키나'(deus ex machina)까지 등장한다. 이처럼 고대 그리스 연극과 그리스 극장에 대한 우디 앨런의 애정이 잘 드러나 있는 코미디인데, 그리스 극장 장면은 전부 타오르미나에서 찍었다. 그만큼 타오르미나의 그리스 극장은 과거를 잘 보존하고 있다.

이탈리아 거장의 작품 가운데 타오르미나가 돋보였던 것은 안토니오니의 〈정사〉(1960)이다. 〈정사〉의 주요 무대는 시칠리아이다. 시칠리아 주변의 섬들, 그리고 서쪽의 바게리아부터 동쪽의 메시나와 노토, 마지막으로는 타오르미나에까지 이른다. 〈정사〉의 종결부는 전부 타오르미나에서 찍었다. 타오르미나의 유명 호텔인 산 도메니코 호텔이 배경이다. 클라우디아(모니카 비티)와 산드로(가브리엘레 페르체티)는 실종된 여성을 함께 찾다 서로 사랑하는 사이가 된다. 일말의 죄책감이 없는 게 아니다. 왜냐면 실종된 여성은 클라우디아의 친구였고, 산드로의 약혼녀였다. 실종된 사람은 죽었을지도 모르는데, 두 남녀는 지금 사랑의 기쁨을 만끽하고 있는 셈이다. 말하자면 이들의 기쁨 뒤엔 배신이라는 죄의식이 똬리를 틀고 있다.

〈정사〉의 마지막 시퀀스는 '악명' 높기로도 유명하다. 두 사람은 죄의식을 넘어 겨우 사랑을 확인했는데, 산드로 는 어이없게도 호텔에서 우연히 만난 또 다른 여성과 사 랑을 나눈다. 클라우디아가 그 장면을 봤고, 충격에 호텔 을 빠져나가 텅 빈 광장에 이른다. 겨우 정신을 차린 산드 로가 뒤를 천천히 따라간다. 그는 벤치에 앉아 참회한 듯 혼자 울고 있고, 그에게 절망했던 클라우디아가 다가와 예 상과 달리 위로하듯 그의 머리를 조용히 쓰다듬는다. 안토 니오니의 지독한 염세주의가 느껴지는 순간이었다. 우리 는 이렇게 실수를 반복한다는 것인가? 그게 우리의 운명 인가? 저 멀리 시칠리아의 화산 에트나가 보이는 게 이 영 화의 마지막 장면이다. 칸영화제에서 〈정사〉가 처음 소개 됐을 때, 관객들은 아연실색하여 야유를 보냈다. 그런데 바로 이 영화로 안토니오니는 세계의 감독으로 우뚝 선다. 안토니오니의 팬들에게 타오르미나는 무거운 염세주의의 엄정한 공간으로 기억되는 것이다.

33. 폼페이

로마제국의 흥망성쇠

세르지오 레오네, 마리오 본나르드, 〈폼페이 최후의 날〉, 1959

폴 W. S. 앤더슨, 〈폼페이: 최후의 날〉, 2014

로베르토 로셀리니, 〈이탈리아 기행〉, 1954

삶과 죽음의 구분이 무의미한 곳

유럽 역사의 가장 찬란한 순간은 로마제국일 것이다. 그리스 로마 문명의 절정이 완결된 시기이고, 유럽의 힘이 세계의 중심으로 자리 잡을 때다. 로마제국(BC 27년 아우구스투스 황제 이후)과 그 이전의 로마공화국의 역사(약 5백년)까지 합하면 '로마'의 역사는 2천 년에 이른다. 그 역사는 서로마의 멸망(476)과 동로마의 멸망(1453)으로 막을 내렸지만, 로마는 그 이후에도 '영원한 제국'으로 언제나 유럽인들의 가슴 속에 남아 있다(지금의 EU에서도 옛 로마의 영광에 대한 향수가 느껴진다). 특히 로마의 영웅 카이사르를 꿈꾸는 권력자들은 자신들이 늘 로마의 적자로 평가받기를 원했다. 저 멀리 중세의 칼 대제부터 신성로마제국의 칼 5세, 그리고 근대의 나폴레옹까지, 이들 '정복자'들의 가슴엔 자신이 로마의 후계자라는 자부심이 넘쳤다.

폼페이, 로마제국 타락의 상징일까?

그런데 영화에 나타난 로마는 역사 속 영광과는 사뭇 다르게 느껴진다. 영화의 역사에 따르면 로마는 결코 영광의 제국이 아니다. 로마는 네로 같은 광기의 황제에 의해 불타오르고, 콜로세움에선 검투사들이 피 흘리는 죽음의 결투를 벌이고, 길거리의 사람들은 포도주와 육욕의 쾌락 속에서 자멸의 구렁 속으로 빠지는 것이다. 간단히 말해 스크린 속의 로마는 멸망과 타락의 상징이 됐다. 어떻게 이렇게 타락한 제국이 유럽의 중심이 됐으며, 2천 년이나 이어졌을까? 그런 문명이라면 곧바로 망해야 하는 것 아닌가? 그 타락의 절정에 바로 폼페이가 있고, 화산재 속에 묻혀버린 이 고대도시의 이야기는 끊임없이 재생되며, 지금도 '재난 영화'의 대표적인 공간으로 등장하고 있다.

폼페이가 대중적 관심의 대상이 된 데는 영국 작가 에드워드 볼워-리튼(Edward Bulwer-Lytton)이 쓴 역사소설 〈폼페이 최후의 날〉(The Last Days of Pompeii, 1834)이 결정적인 계기가 됐다. 소설은 서기 79년에 일어났던 베수비오 화산의 폭발이라는 역사적 사건에 허구적 상상을 섞어 놓았다. 이 소설은 자연재난을 도덕적 죄의식으로 해석했는데,

이런 패턴은 이후의 많은 재난 소설, 재난 영화의 토대가 됐다. 곧 인간의 타락은 자연재난이라는 사건에 의해 처벌된다는 구조다.

소설에 따르면 로마의 지배를 받던 폼페이는 이집트의 태양신을 숭배하는 제사장에 의해 조종됐다. 이들은 권력과 쾌락을 독점했고, 반면에 로마제국의 탄압을 받던 기독교인들은 지하에서 비밀리에 형제애를 나누고 있었다. 곧 기독교와 이교도, 선과 악이라는 이항대립이 형성됐고, 누가 처벌의 대상이 될지는 분명하게 드러나 있는 것이다. 이교도의 제사장과 그를 따르는 자들은 화산 폭발 때 대부분 죽임을 당하고, 일부 기독교인들은 가까스로 바다로 탈출해 재난을 피한다는 내용이다. 이 소설을 각색하여, 〈폼페이 최후의 날〉이란 제목을 단 영화들이 수없이 제작됐다.

영국 월터 부스 연출의 〈폼페이 최후의 날〉(1900), 이탈리아 마리오 카세리니 연출의 〈폼페이 최후의 날〉(1913, 지금도 유튜브를 통해 볼 수 있다) 같은 무성시대의 작품부터, 세르지오 레오네와 마리오 본나르드가 '스파게티 웨스턴'처럼 공동 연출한 〈폼페이 최후의 날〉(1959), 그리고 최근의 할리우드 영화 〈폼페이: 최후의 날〉(2014)까지, 대부분 영화는 볼워-리튼의 소설을 각색했거나 혹은 소설에서 주요 모티브를 따왔다. 폼페이의 매장을 다룬 이런 영화들에서 한 가지 변하지 않는 구조는 선과 악, 기독교와 이교도, 그리고 기독교와 로마제국이라는 이항대립이다. 말하자면 로마제국은 기독교를 탄압한 원죄 때문에, 영화사에서는 주로 '어둠의 세력'으로 등장한다. 그러므로 할리우드 영화 속의 로마제국을 그 시대의 대표적인 이미지로 수용한다면, 그 제국은 결코 유럽 역사의 중심으로 기능할 수 없을 것이다. 로마가 오명을 얻는 데는 할리우드 영화의 영향이 컸다.

베수비오 화산이 폭발하는 79년은 티투스 황제 시기로, 기독교가 제국의 국교가 되기 이전이었다. 따라서 콜로세움에서 피 튀기는 죽음을 즐기던 당대의 로마는 기독교의 명백한 탄압자였다. 기독교는 313년 콘스탄티누스 황제에 의해 국교로 인정받는다. 사실 로마가 역사에서 빛나던 시기는 주로 기독교의 국교 인정 이전이었다. 그때 로마는 유럽뿐 아니라 북아프리카와 중동에 이르는 광대한 영토를 확보했다. 기독교와 로마, 곧 선과 악의 대립은 대개 그

시대에 뿌리를 두고 있다. 영화사에 따르면 서양문명의 근간인 기독교를 탄압한 원죄 때문에 로마제국은 주로 부정의 대상이 됐고, 당대의 도시 폼페이는 타락에 대한 응징의 상징으로 나타난 것이다.

로셀리니의 〈이탈리아 기행〉, 제임스 조이스의 '죽은 자들'

고대도시 폼페이가 본격적인 발굴의 대상이 된 것은 18세기 중반 때다. 화산 폭발 때문에 도시는 지하 5, 6m 아래에 묻혀 있었다. 발굴이 시작된 18세기부터 폼페이는 여행의 주요 목적지가 된다. 괴테도 1787년 나폴리에 도착한 뒤, 베수비오산에 모두 네 번 올랐고, 또 발굴된 도시 폼페이도 둘러보았다. 그때의 '경이'의 느낌을 〈이탈리아 기행〉에서 이렇게 말했다. "어떤 재난도 인류에게 폼페이에 매장된 것만큼 기쁨을 준 적이 없다." 그것은 사라진 것으로 잊고 있던 유아기 때의 집을 다시 만났을 때의 경이와 비슷할 테다. 혹은 생명의 기원과 맞닥뜨린 신비함에 대한 탄성일 것이다.

로베르토 로셀리니의 역작 〈이탈리아 기행〉(1954)은 폼페이에서 종결되는 드라마다. 영국인 부부 알렉스 조이스

(조지 샌더스)와 캐서린 조이스(잉그리드 버그먼)는 삼촌의 유산인 나폴리의 저택을 처분하기 위해 이탈리아 여행에 오른다. 사실 이들은 심한 갈등 속에 놓여 있었는데, 여행하면서 그 갈등이 봉합되기는커녕 점점 커져만 간다. 특히 캐서린이 지금은 죽은 어느 시인과의 옛사랑을 추억하자, 알렉스는 심한 질투에 휩싸이고, 두 사람은 파경 직전에 놓인다. 이때 이들이 마지막 여정으로 함께 간 곳이 폼페이다. 실제로 촬영 당시인 1952년에는 폼페이에서 매장된 사람들의 발굴 작업이 한창 진행 중이었다.

화산재를 뒤집어쓴 사람들은 현장에서 바로 죽었는데, 오랜 세월 속에 육체는 사라져도 땅속에 그들의 형태는 그대로 남아 있었다. 발굴자들은 육체는 사라져 거의 비어 있는 화산재 속에 석고를 부어 넣었고, 그러면 사람의 형태대로 석고로 된 조각이 드러나는 작업이었다. 알렉스와 캐서린은, 아니 할리우드의 스타 샌더스와 버그먼은 허구가 아니라 현실 속의 역사적 현장에서 그 작업을 고스란히 바라본다. 이때가 〈이탈리아 기행〉의 클라이맥스다. 곧 현실과 허구의 경계를 무너뜨리는, 혹은 허구 속으로 현실이 들어오는 로셀리니 특유의 리얼리즘 미학이 여기서 빛을 발하는 것이다.

이들이 목격한 석고는 부부로 보이는 남녀가 마지막 순간에 서로 끌어안고 있는 모습이다. 캐서린은 '죽은 자'의 모습을 보며 알 수 없는 격정에 휩싸이고, 곧 울음을 터뜨린다. 두 사람 중 누구도 말하지 않았지만, 거의 2천 년 전에 죽은 서로를 끌어안은 부부의 석고를 보자, 별 것 아닌 일로 다투고 있는 현실 속 그들의 모습이 너무나 하찮아 보이는 것이다. 제임스 조이스의 팬들은 눈치챘을지도 모르겠다. 주인공의 이름(알렉스 조이스와 캐서린 조이스)에서 알 수 있듯 이 영화는 제임스 조이스의 소설집 〈더블린 사람들〉에 나오는 마지막 단편 '죽은 자들'(The Dead)에서 모티브를 따왔다.

소설에서 크리스마스 파티 때 남편은 아내의 옛사랑 이야기를 듣고 심한 질투에 휩싸이지만, 밤새 내리는 눈을 보며, 그 눈은 죽은 자들이 지상의 산 자들과 접촉하는 신호라고 여기고, 다시 평온함의 마음으로 되돌아오는 내용이다. 영화 〈이탈리아 기행〉도 마지막에 조이스 부부가 죽은 자들의 석고를 보며, 밤눈을 바라보는 제임스 조이스의 주인공처럼, 화해의 희미한 끈을 다시 잡는 것으로 종결된다. 2천 년간 반복돼 온 부부의 인연을, 혹은 삶의 기원을 목격한 사람들이 느낄 수 있는 순간적인 대범함 같은 것이다.

알렉스 조이스와 캐서린 조이스 부부는 폼페이의 대로인 '아본단차 거리'(via dell'Abbondanza, 풍요의 거리라는 뜻)를 아무 말 없이 걷는다. 삶과 죽음이 공존하는 폼페이의 거리에서 이들은 무슨 생각을 했을까? 폼페이에서는 삶과 죽음의 구분이란 게 아무 의미 없어 보이는 데 말이다. 적어도 그 순간만은 세속의 삶이라는 게 찰나에 지나지 않은 것이라 여겼을 것 같다. 이렇게 고양되고 웅장한 기분을 느끼게 하는 것도 오래된 도시 폼페이의 선물일 테다.

34. 카타니아

시칠리아 화산 '에트나'의 입구

피에트로 제르미, 〈이탈리아식 이혼〉, 1961
에마누엘레 크리알레제, 〈신세계〉, 2006
루키노 비스콘티, 〈흔들리는 대지〉, 1948

시칠리아 문화의 중심이라는 자부심

  이탈리아에는 지금도 활동 중인 화산이 셋 있다. 먼저 나폴리 인근의 베수비오 화산으로, 이 화산은 고대도시 폼페이 덕분에 아마도 가장 유명할 것 같다. 기원후 79년 베수비오 화산이 폭발하며, 폼페이는 지하로 묻혀버렸다. 베수비오는 1944년 마지막으로 화산 폭발을 한 뒤, 지금까지는 비교적 잠잠한 채 머물러 있다. 그리고 영화 덕분에 유명해진 화산은 시칠리아 위쪽에 있는 작은 섬 스트롬볼리의 화산이다. 산 이름도 스트롬볼리이고, 이 화산은 로베르토 로셀리니의 〈스트롬볼리〉(1950), 그리고 그 영화에 오마주를 표현한 난니 모레티의 〈나의 즐거운 일기〉(1993)를 통해 유명해졌다. 마지막으로 세 화산 가운데 가장 높은 것이 시칠리아의 에트나(Etna)이다. 높이 3329m로, 1281m의 베수비오, 926m의 스트롬볼리에 비교해 월등히 높다. 유럽 내에서 화산 중에서는 가장 높은 산이며, 이탈리아 내에서는 알프스 다음으로 높은 산이다. 에트나는 스트롬볼리와 더불어 지금도 비교적 활발하게 화산 폭발을 하고 있어서, '화산 관광'의 주요 코스가 되기도 한다. 카타니아(Catania)는 에트나 화산으로 들어가는 입구에 있어서, '에트나의 도시'(Città etnea)라고도 불린다. 시칠리아의 주도 팔레르모에 이어, 이 섬에서는 두 번째로 큰 도시다.

카타니아, 시칠리아 동쪽의 중심

시칠리아 서쪽의 중심도시가 주도인 팔레르모라면, 동쪽의 중심도시는 카타니아이다. 규모에선 팔레르모에 이은 시칠리아의 두 번째 도시이지만, 문화에서는 최고라는 자부심이 강하다. 지금도 남아 있는 고대 로마의 야외극장에선 여전히 음악회가 활발하게 열린다. 음악에 대한 자부심은 이곳 출신 오페라 작곡가인 빈첸초 벨리니에 기인한다. 그는 아름답고 품위 있는 음악 스타일 덕분에 '카타니아의 백조'라고 불리기도 한다. 이 도시엔 그를 기리는 '벨리니 대극장'(Teatro Massimo Bellini)이 세워져 있다. 주도 팔레르모에도 대극장(Teatro Massimo)이 있다. 이 대극장은 시칠리아를 대표하는 오페라 극장이자, 이탈리아의 유명 극장 가운데 하나다. 〈대부 3〉(1990)에서 마지막 시퀀스가 진행됐던 곳으로, 여기서 마이클(알 파치노)은 딸(소피아 코폴라)의 죽음을 속수무책으로 지켜봐야 했다. 그런데 주도 팔레르모에 있는 대극장보다 먼저 생긴 극장이 카타니아의 벨리니 대극장이다. 팔레르모의 극장보다 7년 빠른 1890년 준공됐고, 그때의 첫 공연작품은 벨리니의 유명 오페라인 〈노르마〉였다. 문화에선 카타니아가 시칠리아에서 최고라는 자부심이 허세만은 아닌 것이다.

카타니아의 아름다움이 세계적으로 알려지는 데는 피에트로 제르미의 코미디 〈이탈리아식 이혼〉(1961)이 큰 역할을 했다. 제르미는 데뷔 초, 당대의 미학인 네오리얼리즘 계열의 사회적인 작품들을 주로 발표했다. 이때의 출세작 〈법의 이름으로〉(1949)는 시칠리아의 아그리젠토 인근에서 촬영한 것이다. 제르미는 그때부터 시칠리아에 대한 남다른 사랑을 키워왔다. 시칠리아의 전통이라고 알려진 것 가운데, 덜 알려진 경쾌한 해학에 특별한 매력을 느꼈다. 시칠리아에는 겉으로는 남성우월주의, 가부장주의 같은 과거 지향적 가치들이 지배하지만, 그런 와중에도 남성 지배적 제도를 풍자하는 유머가 숨어 있다는 것이다. 〈이탈리아식 이혼〉은 바로 그런 풍자를 담은 '이탈리아식 코미디'이다.

시칠리아의 귀족 남자 페르난도(마르첼로 마스트로이안니)는 결혼 12년째인데, 아내에겐 영 관심이 없고, 수녀원의 학교에 다니는 10대 사촌 여동생 안젤라(스테파니아 산드렐리)에게 정신이 팔려있다. 그는 집안의 요구에 따라 억지로 결혼했는데, 이젠 안젤라를 보며 진정한 사랑을 찾았다고 확신한다. 그렇다고 이혼을 할 수도 없고, 이때 그가 생각한 것이 시칠리아의 오래된 '전통'인 '명예살인'이다. 가족의 명예를 더럽힌 자(주로 애정행각에 관련된 여성)에게 사적 처벌을 하는 것이다. 이 죄는 당시에 3년에서 7년형을 받았다. 페르난도는 아내에게 함정을 파, 자신의 '명예'를 더럽힐 음모를 짜기 시작한다. 페르난도는 7년을 살고 나와도 안젤라와 결합만 한다면 좋다고 생각한다.

그런데 문제는 자신의 아내(남자들의 주목을 못 받는 외모다)를 어떤 남자가 유혹하겠냐는 것이다. 그럼에도 페르난도는 온갖 꾀를 짜내어 아내를 쫓아내고, 결국 안젤라와 결혼하는 데 성공한다. 하지만 자신만을 사랑하고, 순진할 줄 알았던 10대 소녀 안젤라는 페르난도가 생각한 그런 여성이 아니었다. 아주 유명한 마지막 장면(밝힐 수 없다)은 페르난도를, 더 나아가 남성우월주의 문화 전체를 풍자하는 상쾌한 유머일 것이다.

시칠리아의 남성주의 문화를 배경으로 펼쳐지는 카타니아의 오래된 마을 모습, 시칠리아 바로크의 대표적인 도시인 이곳의 수많은 바로크 양식의 교회들, 솜털처럼 부드러운 모래밭이 깔린 해변의 모습들은 코미디의 경쾌함을 보강하는 카타니아의 공간적 매력이다. 사랑을 얻기 위한 페르난도의 기상천외한 상상이 마구 펼쳐지는 까닭에, 카타니아는 바로 그 상상의, 그 백일몽의 배경처럼 몽롱해 보이는 것이다.

야만의 어촌 카타니아

몽롱한 공간으로서의 카타니아는 에마누엘레 크리알레제의 〈신세계〉(2006, Nuovomondo/ 영어 제목 The Golden Door)에도 잘 드러나 있다. 20세기 초 시칠리아 가족의 미국 이민을 다룬 이 드라마의 초반부는 전부 카타니아 인근에서 촬영됐다. 도입부에서 아버지와 아들이 돌을 입에 물고, 에트나산 중턱까지 올라가, 이민 가는 것에 대한 신의 계시를 기다리는 장면은 이곳이 신화의 땅임을 강조하는 순간일 테다. 그들은 스스로 결정하기보다는 절대자의 신호를 더 신뢰한다. 문명 이전의 세계에서 온 것 같은 이들 가족이 종결부에서 드디어 뉴욕에 도착하는데, 다시 말해 문명의 최첨단 공간에 도착하는 데, 이들이 미국 사회에 진입할지 혹은 다시 시칠리아로 돌아갈지는 의문 속에 남겨 놓았다. 말하자면 카타니아는 뉴욕의 대척점에서 묘사돼 있다. 두 도시는 고향/타향, 신화/문명, 가족/사회, 농경/산업, 사랑/경쟁 같은 끝없는 가치의 충돌을 상상하게 만들어 놓았다.

〈신세계〉에 묘사된, 사람이 살 수 없을 것 같은 황야로서의 에트나산 주변 마을, 안개 낀 에트나산의 신비, 여기서 양을 방목하며 겨우 생계를 꾸려가는 가족들의 모습은 문명 이전의 세상을 상상하게 만든다. 그건 야만의 상징이기도 하지만 동시에 생명의 시원(始原)일 수도 있다. 시원이란 것이 무언가 새로 시작할 수 있는 희망을 의미한다면 말이다.

새로운 문명의 시원, 생명의 시원으로서의 카타니아가 그려진 작품으로는 루키노 비스콘티의 〈흔들리는 대지〉

(1948)가 있다. 네오리얼리즘이 절정에 있을 때, 사실 그런 미학과는 별로 어울리지 않는 탐미주의자 비스콘티가 만든 '기묘한' 걸작이다. 당대 이탈리아 공산당으로부터 제작비를 지원받았고, 분명 계급의식을 자극하는 네오리얼리즘의 내용을 갖고 있지만, 비스콘티는 리얼리즘과 그 특유의 탐미주의를 뒤섞는 기묘한 작품을 선보였다. 이야기는 카타니아 인근의 아치 트레차(Aci Trezza)라는 작은 어촌에서 주로 전개된다. 카타니아 출신 네오리얼리즘 소설가인 조반니 베르가의 〈말라볼리아가의 사람들〉을 각색했다.

이곳에도 문명이란 게 과연 있을지 의심스러운 분위기로 영화는 시작한다. 어부들은 대개 도매상(자본가)들에게 종속돼 있다. 돈이 없는 어부들은 자본가의 배를 빌려 타고, 그들이 빌려준 그물과 도구들을 이용하여 고기를 잡지만, 고기들은 도매상들의 단합 때문에 늘 턱없이 낮은 가격에 팔려갈 뿐이다. 생선을 많이 잡으면 오히려 더 많이 뜯기는 구조다. 주인공 은토니(직업 배우가 아니라 이곳의 실제 어민)는 집을 담보 잡히고, 카타니아의 은행에서 대출을 받는다. 자기 배를 사서 자기 사업을 벌이겠다는 포부에서다. 하지만 그 사업은 풍랑을 만나 쫄딱 망하고, 은토니는 먹고 살기 위해 다시 도매상들에게 돌아가, 온갖 수모를 당하며, 일자리를 구걸한다.

당시 이탈리아 공산당은 이런 결말을 패배주의로 해석했다. 그들은 노동자 영웅 같은 걸 기대했다. 비스콘티의 생각은 달랐다. 은토니의 성숙한 의식을 강조했다. 처음엔 '혼자' 도매상들의 악행에 저항했지만, 처절한 패배를 경험하면서, 자신의 저항은 동료들의 마음속에도 심어야 한다는 사실을 인식했다는 것이다. 곧 굳건한 '연대'라는 새로운 의식을 가진 은토니는 패배자가 아니라, 미래의 승리자라는 주장이었다. 그래서인지 영화의 마지막 장면은 은토니가 어린 동생들, 그리고 동료들과 함께 카타니아의 밤바다에서 힘차게 노를 젓는 것으로 끝난다.

35. 팔레르모

마피아의 전설

마르코 툴리오 조르다나, 〈백 걸음〉, 2000

피에르프란체스코 딜리베르토, 〈마피아는 오직 여름에만 죽인다〉, 2013

마르코 벨로키오, 〈배신자〉, 2019

프랜시스 포드 코폴라, 〈대부 3〉, 1990

범죄와의 전쟁

〈대부〉(1972)의 주인공 비토 코를레오네(말론 브랜도)가 미국행에 오른 이유는 고향 마피아 두목의 눈에 났기 때문이었다. 드라마에 따르면 시칠리아에선 마피아가 법 위에 있는 것처럼 보인다. 이들로부터 버림받으면 고향에서 더 이상 버텨낼 수 없다. 마치 중세의 종교재판처럼, 마피아의 결정은 한 번 정해지면 거의 불가역적이다. 죽음을 받아들이든지, 굴복하든지, 아니면 피의 복수를 피해 도주해야 한다. '마피아'(mafia)라는 단어는 조직범죄단이란 일반명사다. 지역마다 그 지역 마피아의 고유명사가 있고, 시칠리아의 마피아는 '코자 노스트라'(Cosa nostra)라고 불린다. 코자 노스트라는 '우리의 것'이란 뜻인데, 이것은 자신들이 지킬 자산이자 명예이며, 그래서 그걸 지키기 위한 자신들의 의무라는 것이다. 이를테면 '복수는 우리의 것'이란 뜻이다. 여기서 주로 폭력이 일어난다. 코자 노스트라의 주 활동무대가 시칠리아의 주도 팔레르모다.

〈백 걸음〉, 마피아에 맞서는 평범한 사람들을 주목

시칠리아를 배경으로 팔레르모의 마피아를 다룬 영화
는 수없이 많다. 이런 영화들이 세계적으로 유명해진 데는
코폴라의 '대부 시리즈'가 큰 영향을 미쳤다. 특히 〈대부
3〉(1990)의 종결부에서 벌어지는 마피아들 사이의 결투는
팔레르모의 대극장에서 전개되는 피의 복수극이다. '대부
시리즈'의 유명세 때문에 비토 코를레오네의 고향인 팔레
르모 인근의 조그만 도시 코를레오네(Corleone)는 지금은
유명 관광지가 됐다. 비토의 성 코를레오네는 고향의 지명
에서 따온 것이다. 마피아를 다룬 작품들은 대개 이들의
잔인한 폭력을 전시하는 액션물이다. 역시 '대부 시리즈'
가 대표적이다. 또 다른 주요한 갈래는 피에트로 제르미의
〈법의 이름으로〉(1949)처럼 마피아와 맞서는 국가권력의
노력을 주목하는 것이다. 검찰, 경찰들의 활약이 돋보이는
드라마들이다.

최근엔 이런 경향과 다른 작품들이 발표돼, 눈길을 끈
다. 먼저 마피아들의 폭력성(혹은 이를 이용한 액션)이나 국

가권력의 활약이 아니라, 평범한 사람들의 마피아에 대한 용감한 저항을 그린 작품들이다. 이들은 법기관에 소속된 사람들과 달리 특별한 권한을 가진 사람들이 아니다. 또 다른 경향은 특별한 권한을 가졌다고 할지라도, 과거에는 상상도 못 할 헌신을 보여준 인물들에 대한 찬양의 작품들이다.

먼저 평범한 사람들의 대(對) 마피아 투쟁을 그린 대표적인 작품으로는 마르코 툴리오 조르다나 감독의 〈백 걸음〉(I cento passi, 2000)이 있다. 〈백 걸음〉의 무대는 팔레르모에서 해변을 따라 서쪽으로 35km 정도 떨어진 치니지(Cinisi)라는 작은 도시다. 지금도 해변의 아름다움이 소문나서, 특히 여름이면 관광객이 물밀 듯이 몰려온다. 〈백 걸음〉은 이 지역에서 라디오를 이용해 반(反) 마피아 운동을 벌인 청년 페피노 임파스타토(Peppino Impastato, 1948-1978)의 삶을 극화했다. 실제 인물을 그린 전기영화이다.

치니지 출신으로 시칠리아에서 악명 높은 마피아 두목이 '돈 타노'(1923-2004)이다. 페피노의 친척인데, 그의 부친도 돈 타노 덕분에 지역에서 피자집을 운영하며 제법 부유한 삶을 즐기고 있다. 페피노는 어릴 때 자신을 특히 사랑하던 조부가 마피아 사이의 권력투쟁에 휘말려 암살당하는 사고를 목격한 뒤, 마피아의 존재에 대해 처음으로 눈 뜬다. 말하자면 태어나자마자 주변이 온통 마피아로 둘러싸여 있는 집안에서 자란 청년인데, 훗날 이들의 만행을 고발하는 활동에 앞장서는 것이다. 그가 적극적으로 활동하면 할수록 그는 물론이고, 그 가족들의 생명도 위태로울 수 있는 싸움이다. 제목 〈백 걸음〉은 페피노의 고향에선 백 걸음만 걸어가면 마피아가 사는 집이 나온다는 뜻이다. 마피아가 얼마나 흔한지 쉽게 짐작될 것이다.

페피노는 뜻이 맞는 지역 청년들을 끌어모으고, 이들과 함께 반마피아 운동을 벌여나간다. 이들의 무기가 라디오다. 서로 돌아가며 마이크 앞에 앉아, 마피아와 지역 정치가들 사이의 정경유착을 고발한다. 고발의 수위는 점점 높아지고, 이들의 리더가 누구인지 아는 마피아의 압력이 구체적으로 변해가며, 드라마의 긴장감은 높아지는 구조다. 먼저 페피노의 부친이 의문의 자동차 사고로 죽는다. 결국에 페피노도 기찻길에서 폭발물에 의해 신체가 조각난 채로 발견된다. 경찰의 수사는 어이없게도 '삶을 비관하던' 페피노의 자살이라는 것이다. 페피노의 삶은 30살에 그치고 만다. 서방 7개국의 하나인 이탈리아에서 1978년에 일어난 일이라곤 믿기지 않는 '황당무계한' 사고였고, 경찰의 발표였다. 마피아의 영향력이 어디까지 뻗어있었는지 충분히 짐작될 것이다(돈 타노는 결국 1997년 살인교사죄로 확정돼 종신형을 선고받는다).

〈마피아는 오직 여름에만 죽인다〉의 파토스

팔레르모 시내에서의 마피아들의 살인 사건이 빈번해지자 어린 아들이 아버지에게 묻는다. "아빠, 마피아들은 우리도 죽일 건가요?" "아들아 걱정하지 마라. 마피아는 오직 여름에만 죽인단다." 이 부자 사이의 대화에서 영화 제목 〈마피아는 오직 여름에만 죽인다〉(La mafia uccide solo d'estate, 2013)가 나왔다. 물론 그것은 아들을 안심시키기 위한 선의의 거짓말이다. 마피아의 살해행위는 여름에 많이 벌어지긴 했지만, 전체적으로는 시와 때를 가리지 않았다. 영화는 1969년 팔레르모 시내 한복판에서 벌어졌던 마피아 파벌 사이의 총격전에서 시작한다. 바로 그날 첫날밤을 맞은 부모의 '사랑' 덕분에 태어난 아들 아르투로(감독이자 주연인 피에르프란체스코 딜리베르토)의 30여 년에 걸친 삶이

이 코미디의 주요 내용이다.

　말하자면 아르투로는 모친이 임신하는 순간부터 마피아의 폭력과 인연을 맺었는데, 그 때문인지 본능적으로 마피아를 알아보는 예지력을 갖는다. 말이 늦어 애를 태우던 부모들이 신부를 초대하여 가족에게 축복을 내려달라고 기원하는데, 그 신부를 보자마자 소년 아르투로의 입에선 인생의 첫 단어가 튀어나온다. 바로 '마피아'이다. 뒤에 밝혀지지만, 그 신부는 실제로 마피아였다. 아르투로의 삶에 결정적인 순간에는 마피아들이 벌인 실제 사건이 끼어드는 식으로 이야기는 짜여 있다. 말하자면 이 영화는 다큐멘터리와 허구 사이를 오가는 독특한 형식을 갖고 있다. 그래서 이탈리아 관객이라면 1969년부터 1992년 사이에 벌어졌던 '마피아와의 전쟁'의 역사가 고스란히 떠오르게 돼 있다(그해 이탈리아 국내 주요영화제의 신인 감독상을 휩쓸다시피 했다).

　1983년 판사로서 마피아와의 전쟁을 본격적으로 이끌었던 로코 킨니치(Rocco Chinnici)는 소년 아르투로의 눈에는 마음씨 좋은 평범한 이웃 신사로 비쳤다. 그런데 어느 날 신문 1면에 살해된 판사의 얼굴이 게재됨으로써, 그동안 그가 얼마나 '살벌한' 직책을 맡고 있었는지 알게 되는 식으로 이야기는 전개된다. 역사적 현실과 개인의 삶을 겹쳐 놓은 것이다. 절정은 1992년에 벌어졌던 판사 살해사건, 곧 조반니 팔코네(Giovanni Falcone)와 파올로 보르셀리노(Paolo Borsellino) 암살사건이다. 팔코네 판사는 고속도로의 폭발사고로, 보르셀리노 판사는 아파트의 폭발사고로 죽는다. 마피아는 '자신들의 것'을 지켜야 한다면, 진보와 보수를 가리지 않고 정치가들, 법조인들, 언론인들, 노동조합 간부들을 차례로 죽였다.

그런데 한 가지 기억해야 할 사실은 그런 '살벌한 팔레르모'에 후배 판사들이 주눅이 들기는커녕, 끊이지 않고 '지원'을 했고, 그들의 희생이 결국 마피아의 만행을 통제할 수 있는 수준에까지 이끈 점이다. 특히 팔레르모가 고향인 팔코네 판사와 보르셀리노 판사는 마피아들과 전쟁을 벌이듯 업무를 이어갔다. 살해 경고가 잇따랐지만, 두 판사의 활동은 전혀 위축되지 않았다. 1992년 두 판사는 폭발을 위장한 마피아의 암살로 결국 삶을 마감했는데, 그들의 죽음은 순교자의 삶에 비교될 정도로 숭고하게 해석됐다. 마르코 벨로키오의 〈배신자〉(2019)에 따르면, 그날 팔레르모의 시민들은 아파트 발코니에 흰색 이불보를 조기(弔旗)처럼 널어, 두 판사에 대한 깊은 애도를 표현했다. 결국에 판사들이 생명을 바치는 희생을 치르며, 마피아는 법의 질서 속으로 조금씩 편입해 들어갔다. 두 판사의 죽음에 맞춰, 그동안 마피아의 존재에 짓눌려 있던 시민들도 스스로 일어나, 그들을 규탄하는 대규모 시위를 벌였고, 이후에도 팔레르모에서 근무하기를 지원하는 판사들의 수는 계속 늘어났다. 사실상 코자 노스트라의 세력은 그때부터 급격하게 위축된 것이다.

팔레르모의 공항은 두 판사의 이름을 따서 '팔코네-보르셀리노 공항'이라고 불린다. 〈마피아는 오직 여름에만 죽인다〉는 1969년의 총격전부터 1992년 두 판사의 죽음까지를 쉼 없이 따라간 뒤, 짧은 에필로그를 하나 붙인다. 곧 청년이 된 아르투로는 두 판사의 죽음을 기리는 반마피아 시위에 참여했는데, 그곳에서 어릴 때의 첫사랑을 만난다. 시간이 훌쩍 지나, 이들 부부 사이에 아들이 하나 태어났다. 아르투로는 아들을 데리고, 마피아와의 전쟁에서 희생된 사람들의 기념비들을 하나씩 방문하며, 그들이 어떤 희생을 치뤘는지를 들려준다. 팔레르모는 마피아의 폭력이라는 부끄러운 과거를 갖고 있지만, 동시에 그들의 야만성과 맞선 자랑스러운 역사도 함께 갖는다. 이런 미래로의 발걸음은 현재진행형이다.

36. 라퀼라

남부의 대표적인 고원지대

장-자크 아노, 〈장미의 이름〉, 1986
파올로 소렌티노, 〈그때 그들〉, 2018
안톤 코르빈, 〈아메리칸〉, 2010
리처드 도너, 〈레이디호크〉, 1985

중세의 느낌을 간직한 넓은 고원

라퀼라(L'Aquila)는 남부 아부르초의 주도(州都)다. 아부르초는 로마가 속한 라치오 주의 바로 오른쪽에 있다. 주 자체가 외국인들에겐 낯선 곳인데, 그곳의 주도는 아마 거의 무명에 가까울 테다. 라퀼라가 세상에 알려진 데는 불행하게도 2009년 발생한 지진이 큰 이유가 됐을 것 같다. 돌처럼 단단해 보이는 도시의 건물들, 길들이 무너져 있고, 특히 주 청사의 현관이 무너진 모습이 외신에 알려지면서, 도시의 비극은 전 세계적인 뉴스가 됐다. 그때 3백 명 이상이 사망하고, 1천5백 명 이상이 부상 당했다. 도시는 거의 다 부서져, 수많은 주민이 집을 잃었다. 라퀼라의 지진 피해는 파올로 소렌티노의 정치풍자극 〈그때 그들〉(2018)의 종결부에 짧지만, 극적으로 묘사돼 있다. 2009년 그해 G8 정상회담의 주최국이 이탈리아였는데, 이탈리아 정부는 인류애에 호소하기 위해 회담 장소를 원래의 사르데냐섬에서 이곳 라퀼라로 변경했다. 그러면서 라퀼라의 비극과 복구에 대한 열정이 다시 한번 주목받았다. 그런데 카메라가 라퀼라를 비출 때마다 아이로니컬하게도 비극적 현장 주변의 아름다움까지 고스란히 알려졌다. 특히 지진의 피해를 덜 입은 라퀼라 인근은 이탈리아 북부의 알프스와 비교되는, 남부 산악지대의 아름다움에 대해 새로 눈뜨게 해주었다.

〈아메리칸〉, 고립된 산악마을의 안도감

간혹 어떤 영화들은 완성도에 있어선 적지 않은 문제를 드러내지만, 개인적인 취향을 자극하여, 특정 관객의 사랑을 얻어내기도 한다. '컬트 영화'의 속성이 이럴 것이다. 안톤 코르빈 감독의 〈아메리칸〉(2010)이 나에겐 그랬다. 라퀼라 인근에서 대부분 촬영이 진행됐기 때문이었다. 지진이 난지 한 해 뒤 발표된 작품인데, 짐작하건대 친(親) 이탈리아 배우인 조지 클루니의 의견도 참작됐을 것 같다. 클루니는 코모호수 근처에 자신의 별장을 갖고 있다. 여름 바캉스 시즌이면 '코모의 클루니'는 빠지지 않고 이탈리아의 연예기사에 오른다. 그만큼 그는 이탈리아에 많은 팬을 갖고 있다. 〈아메리칸〉에는 지진 피해가 극심했던 라퀼라가 직접 카메라에 잡히진 않았지만, 보르고(borgo)라고 불리는 그 인근의 작은 산악마을들의 자태가 빼어나게 묘사돼 있다. 영화를 보다 보면, 라퀼라도 조금씩 안정을 찾아가는구나, 같은 안도감을 느낄 수 있었다.

라퀼라는 아펜니노 산맥의 아래 자락에 있는 고원에 있다. 산들, 넓은 고원들이 병풍처럼 펼쳐진 곳이다. 그 주변엔 특히 조그만 산악마을이 많아, 이탈리아의 중세를 느끼고 싶다면 이곳이 최적지임을 바로 알아볼 수 있다. 문명과의 연결을 끊은 것 같이 산속에 고립된 마을, 견고한 돌집들, 돌길들, 성벽들은 '절대 보호'의 안도감을 느끼게 한다. 원래 보르고라는 산악마을은 중세에 전쟁을 피하려던 사람들이 방어의 동기에서 건설한 곳이다. 그래서 도시에서 멀고, 주로 산꼭대기에 있다. 이곳에 배신한 조직원들의 추적을 피해, 청부살인업자 잭(조지 클루니)이 숨어들어 오면서 스릴러는 전환점을 맞는다.

잭은 전문 킬러이자 총기 제조자이다. 그는 스웨덴에서의 사고 때문에 당분간 숨어 있어야 했고, 그의 고용인이 추천한 은신처가 이탈리아의 아브루초주이다(주도 라퀼라가 있는 곳). 잭은 라퀼라 근처 산악마을인 카스텔 델 몬테 (Castel del Monte)에 머문다(바리 근처에 있는 유명한 팔각형 성 과 이름이 같다). 산 하나가 전부 마을로 변한 곳이다. 좁은 돌길엔 오토바이 하나가 겨우 다닐 수 있고, 산동네의 집 들은 계단 같은 길로 촘촘하게 연결돼 있다. 마치 미로에 들어선 것 같은 세상이 바로 이곳 카스텔 델 몬테다. 살인, 무기, 도주 같은 내일이 없는, 혹은 쉼표가 없는 삶을 살던 잭은 여기서 비로소 긴장을 좀 내려놓고, 사람들을 사귀기 시작한다. 고요함이 공기를 가득 채운 이곳은 궁극의 쉼을 느끼게 하는 까닭이다. 그의 보스가 권고하길 친구를 만들 지 말라고 했는데, 잭은 이 마을의 성직자와 포도주를 함 께 마시고, 우연히 만난 매춘부 클라라(비올란테 플라치도) 와 특별한 관계를 이어간다. 공간이 의심 많은 킬러 잭을 바꾼 것이다.

　그런 공간을 강조하려는 듯, 감독 코르빈은 카스텔 델 몬테의 모습을 시간에 따라, 곧 아침-오후-밤 등으로 구 분해 잡고, 또 위치에 따라 카메라의 시선을 위에서 아래 로, 또는 아래서 위로 바꿔가며 잡는다. 마을의 전체 모습 은 마치 사진처럼 정교하게 찍혔고, 그 사진은 반복하여 드라마의 중간에 삽입된다. 카스텔 델 몬테라는 마을 자체가 작품이 된 것이다. 안톤 코르빈은 영화계에 입문하기 전, 아일랜드의 록밴드 U2의 뮤직비디오 감독으로 이름을 알렸고, 그때도 작품 사진 같은 화면 잡기의 솜씨로 큰 주목을 받았다. 음악적 감수성, 뮤직비디오 경험, 탁월한 화면 잡기 감각이 여전히 코르빈의 미덕이다. 제임스 딘의 짧은 삶을 사진집처럼 그린 〈라이프〉(2015), 영국 록밴드 조이 디비전의 리더싱어에 관한 〈컨트롤〉(2007)이 그의 대표작이다. 문명의 구속에서 탈출하고, 나무들 사이로 부는 바람처럼 자유롭기를 원하는 잭의 가벼운 마음은 이곳 라퀼라 인근을 달릴 때면, 자연의 모습을 통해 그대로 표현되는 것이다.

〈레이디호크〉, 라퀼라를 세상에 알리다

라퀼라 인근의 고원은 '캄포 임페라토레'(Campo Imperatore, 황제의 들판이라는 뜻)라고 불린다. 이곳은 이탈리아의 대표적인 고원이어서, 도시 라퀼라보다 먼저 외부에 알려졌는데, 리처드 도너의 〈레이디호크〉(Ladyhawke, 1985)는 그런 유명세에 결정적인 역할을 했다. SF의 컬트 〈블레이드 러너〉(감독 리들리 스콧, 1982))에서 전투 전문 복제 인간으로 출연해 주목받았던 루트거 하우어가 주연으로 나왔다. 중세 배경의 시대극이다. 흑기사(루트거 하우어)는 라퀼라의 주교를 경호하는 전사다. 그런데 문제는 성직자인 주교가 기사의 연인 이자보(미셸 파이퍼)를 사랑하는 점이다. 주교는 질투심에 젊은 연인들에게 마법을 거는데, 기사는 밤이 되면 늑대로, 이자보는 낮이면 매로 변하게 했다. 곧 두 연인은 사람으로서는 절대 만나지 못하는 것이다.

기사는 라퀼라의 고원지대, 곧 캄포 임페라토레를 방황하며, 늘 손에는 매를 데리고 다닌다. 최소한 연인의 옆에는 있을 수 있으니 말이다. 사람이라곤 전혀 없는 넓은 벌판에서 검은 말을 타고 기사가 혼자 돌아다니는 모습에서 그의 고독과 저주받은 운명이 잘 표현돼 있다. 밤이면 그는 늑대로 변하고, 반면 사람으로 돌아온 이자보는 자신들의 잔인한 운명에 괴로워하며 밤을 지샌다. 〈레이디호크〉도 라퀼라 인근의 산악마을을 병풍처럼 펼친다. 롱숏으로 잡은 오래된 산악마을, 이를테면 페레토(Pereto)는 외관만으로도 관객을 순식간에 과거로 돌려놓는다. 마법, 흑기사, 잔인한 운명 같은 신화적 이야기가 전개되는 게, 어쩌면 더 자연스러워 보이는 공간이다. 특히 라퀼라 인근의 중세 시대 폐허인 로카 디 칼라시오(Rocca di Calascio) 요새는 이 영화를 통해 세상에 알려졌고, 이후에도 여러 작품에 등장하게 된다. 산꼭대기에 어떻게 저런 석성이 지어졌는지, 경외감이 들게 하는 건축물이다.

라퀼라를 얘기할 때 빠뜨릴 수 없는 영화가 장-자크 아노의 〈장미의 이름〉(1986)이다. 움베르토 에코의 베스트셀러가 영화화되면서, 관객들의 비상한 주목을 받았는데, 소설 속에 제시된 중세의 수도원을 어떻게 표현할지가 큰 관심거리였다. 소설에는 단지 '이탈리아 북부의 수도원'이라고만 서술돼 있다. 에코 자신은 토리노 인근에 있는 '산 미켈레 수도원'(Sacra di San Michele), 그리고 보비오의 '산 콜롬바노 수도원'(l'Abbazia di San Colombano)처럼 오래되고, 약간 고딕적 분위기가 느껴지는 수도원들의 이미지를 종합했다고 밝혔다. 그래서 에코의 팬들은 과연 어떤 수도원이 채택될지 큰 관심 속에서 이 영화를 봤다.

영화 속의 수도원은 첩첩산중에 있고, 멀리서 보면 바리 근처 팔각형 성인 '카스텔 델 몬테'(Castel del Monte) 같은 건물도 포함하고 있고, 또 구름에 둘러싸여 있어 산 미켈레 수도원도 떠오르게 한다. 하지만 정확히 어딘지는 알기 어려웠는데, 사실 그곳은 전부 세트다. 유명한 프로덕션 디자이너 단테 페레티(Dante Ferretti)의 솜씨가 얼마나 뛰어난지, 영화를 보는 동안에는 그곳이 인공적인 세트인지 알기 어려울 정도로 표현들이 생생하게 살아 있다. 실외가 세트였는데, 놀랍게도 실내는 현지 촬영이었다. 특히 도서관 장면은 독일의 '에버바흐 수도원'(Kloster Eberbach)에서 거의 다 찍었다.

그런데 중세의 비밀 많은 수도원의 느낌을 전달하는 데, 적지 않은 역할을 한 게 도입부의 황량한 들판 장면이다. 윌리엄 수도사(숀 코너리)와 아드소 수사(크리스찬 슬레이터)가 노새를 타고 터덜터덜 산 정상의 수도원으로 향하는 장면인데, 이곳은 전부 라퀼라 인근의 고원 '캄포 임페라토레'에서 촬영했다. 마치 사람의 접근이 애초에 금지된 공간처럼 보이는 곳이다. 수도원에서의 이해할 수 없는 살인 사건이라는, 비밀의 이야기가 펼쳐지기에 적절한 공간인 셈이다. 고원 자체가 세상을 비현실로 둔갑시키는 묘한 매력을 갖고 있다.

37. 루카니아

남쪽 끝을 의미하는 곳

프란체스코 로지, 〈그리스도는 에볼리에서 멈췄다〉, 1979

로코 파팔레오, 〈이탈리아 횡단밴드〉, 2010

과거엔 유배지, 지금은 궁극의 풍경을 품다

"저들은 루카니아 사람들이야."

루키노 비스콘티의 〈로코와 그의 형제들〉(1960)의 도입부에 나오는 대사다. 남부 농촌 출신인 로코와 그의 가족(모친과 다섯 형제)은 더 나은 삶을 꿈꾸고 밀라노에 왔지만, 함께 살 집을 찾지 못한다. 빈집이 드물 뿐만 아니라, 밀라노 사람들이 가난한 남부 출신들에게 집을 내놓기를 꺼리기 때문이다. 로코 가족은 고생 끝에 겨우 반지하에 셋집을 구했다. 이들의 누추한 외모를 보고, 어느 밀라노 이웃이 관리인에게 묻는다. 저들은 어디서 왔냐는 것이다. 그때 관리인이 말한 곳이 '루카니아'(Lucania)이다. 루카니아는 행정적인 정식명칭이 아니다. 우리가 영남, 호남이라고 부르는 관습과 비슷하다. 이탈리아반도의 최남단엔 세 개의 주가 있다. 왼쪽부터 오른쪽으로 칼라브리아, 바실리카타, 그리고 풀리아가 놓여 있다. 루카니아는 예부터 육지

끝 남쪽의 가운데를 지칭한 말이었다. 곧 대부분 바실리카
타주를 의미한다. 한때 파시즘 시절에는 정식명칭으로 쓰
이기도 했다. 그 관습이 지금도 남아 남쪽 끝을 말할 때 여
전히 루카니아라는 단어를 쓴다. 루카니아는 지금 바실리
카타와 그 위의 일부 지역까지를 포함한 개념이다. 과거엔
가장 '낙후된 곳', 또는 '숨어 있는 곳'으로 통했고, 지금도
적지 않은 이탈리아 사람들이 그렇게 생각한다.

루카니아의 발견, 〈예수는 에볼리에서 멈췄다〉

예술의 영역에서 말하자면, 루카니아가 발견된 것은
1945년에 발표된 카를로 레비(Carlo Levi)의 자전적 소설
〈그리스도는 에볼리에서 멈췄다〉 덕분이다. 북부 토리노
에서 활동하던 카를로 레비는 반파시스트 경력 때문에
1935년 체포된 뒤, 루카니아 지역에 유배됐다. 그가 가장
오래 머문 곳은 알리아노(Aliano)라는 산악마을이다. 소설
제목은 알리아노 사람들이 종종 하던 말에서 따왔다. 루카
니아 지역이 얼마나 험하고, 고립된 곳인가 하면, 이곳 사
람들은 "그리스도는 에볼리에서 멈췄다"라고 말했다는 것
이다. 에볼리(Eboli)는 나폴리에서 남쪽으로 한 시간가량

떨어져 있는데, 그곳은 과거 루카니아의 입구였다. 곧 이들의 말은 예수도 에볼리까지만 오고, 그 아래 루카니아의 중심에는 오지 않았다는 것이다. 그만큼 루카니아의 산세는 험하고, 문명과는 한참 떨어져 있다는 뜻이다.

프란체스코 로지의 영화 〈그리스도는 에볼리에서 멈췄다〉(1979)는 이 소설을 각색했다. 카를로 레비 역은 이탈리아 진보 배우의 상징인 잔 마리아 볼론테가 맡았다. 로지-볼론테 콤비는 1970년대 '납의 시대'(정치적 문제로 사회가 납처럼 무겁다는 뜻)를 대표하는 영화인이다. 〈마테이 사건〉(1972), 〈럭키 루치아노〉(1973) 등 소위 '사회참여 영화'를 통해 영화의 정치적 역량을 확대했다는 평가를 받는다. 카를로 레비는 토리노대학 의대를 졸업한 뒤, 의사 생활은 하지 않고, 저널리스트와 화가로서의 경력을 열었다. 이때 반파시즘 저널을 만들며, 안토니오 그람시, 체사레 파베제 같은 토리노의 좌파 지식인들과 교류했다. 이런 활동이 문제가 돼, 결국 루카니아의 알리아노에 유배됐고, 매일 아침 현지 파시스트 관청에 가서 신고하고, 감시당하는 생활을 했다.

카를로 레비에게도 처음 본 루카니아 지역은 거의 야만

에 가까웠다. 이곳은 한 번 들어가면 나오지 못할 것처럼 험준한 산으로 둘러싸여 있다. 따로 감옥을 만들 필요가 없을 정도로 외부로부터 철저히 고립된 곳이다. 그래서 파시스트 정부는 이곳을 유배지로 이용했다. 카를로 레비가 도착해보니, 이미 공산주의자를 비롯해 정치범들이 10여 명 유배돼 있다. 곧 북쪽 사람들이 볼 때는 여기는 감옥이나 다름없다. 그리고 이곳 사람들은 문명과는 좀 멀어 보인다. 성직자와 일부 관청 직원을 빼곤 대부분이 문맹이다. 집안엔 닭들이 사람과 함께 뒹굴고, 새끼 돼지를 거세하는 '잔인한' 장면들이 사람들이 많이 모이는 광장에서 버젓이 진행된다. 감독 로지는 레비가 가장 오래 머물렀던 알리아노를 중심으로 루카니아의 다른 지역에서도 촬영했다. 특히 유배지의 고립성을 강조하기 위해 마을의 입구는 거의 폐허처럼 보이는 산악마을 크라코(Craco)에서 찍었다. 실제로 크라코는 이후 1980년대에 사람이 살지 않는 '유령 마을'로 변했다.

카를로 레비는 이런저런 질병에 고통받는 농부들에게 의료활동을 하며 주민들과 어울리기 시작했다. 농부들은 돈이 없어, 근처 도시의 의사들을 만날 엄두를 못 냈다. 설사 만난다 해도, 다른 의사들은 여러 핑계를 대며 가난한 농부들을 보려고 하지 않았다. 레비는 이들의 병을 치료하며 마음을 얻고, 그러면서 낙후된 농촌과 농부의 '비극적인' 삶에 대해 공감하기 시작한다. 레비는 파시스트들의 설명과 달리, 이곳의 농부들이 순응주의자가 아니라, 외부의 압력에 늘 저항했지만 결국 패배하고 마는 운명을 살아왔다고 봤다. 그건 개인의 차원에서 극복하기 어려운 구조적인 문제일 테다.

레비는 유배지에서 농부들의 삶을 관찰하고, 그것을 기록했다. 영화에서도 자주 보는 장면은 레비가 뭔가를 생각하고, 쓰는 순간이다. 유배지에서 레비가 침잠하는 명상의 시간이 조용한 시처럼 그려진 게 이 영화의 가장 큰 미덕이다. 영화의 마지막은 레비가 1년 뒤 유배를 끝내고, 이곳을 떠나는 장면이다. 사람들이 길에 나와 레비의 손을 잡으며, 이별을 몹시 아쉬워한다. 영화는 여기서 끝나지만, 결국 레비는 언론인이자 작가로의 삶을 살며, 루카니아를 이탈리아 전체에 알린 자전적 소설을 발표했다. 그의 묘지는 고향인 토리노도 아니고, 2차대전 이후 주 활동 무대인 로마도 아니고, 바로 유배지였던 알리아노에 있다. 이후에 알리아노는 레비를 기려 마을 안에 '카를로 레비 광장'을 만들었고, 매년 '카를로 레비 문학상'을 시상하고, 또 그의 삶을 기리는 '카를로 레비 투어'도 주선하고 있다(한편 레비라는 성은 이탈리아 유대인에겐 흔한 성이다. 우리에게 유명한 〈이것이 인간인가〉의 저자 프리모 레비, 〈가족어 사전〉의 저자 나탈리아 긴츠부르그의 결혼 전 이름도 나탈리아 레비이다. 거의 동시대 사람인 세 명 모두 유대인이고, 토리노에서 성장했다. 하지만 이들은 직접적인 친척은 아니다).

〈이탈리아 횡단밴드〉, 바실리카타를 자랑하다

이탈리아 남쪽의 세 주, 곧 왼쪽부터 칼라브리아, 바실리카타, 그리고 풀리아는 경제적으로 가장 낙후된 곳이다. 2017년의 1인당 국민소득 통계를 보면, 20개 주 가운데 가장 낮은 곳이 칼라브리아이다. 그리고 시칠리아와 풀리아가 그 뒤를 잇는다. 당시 이탈리아의 1인당 국민소득은 약 3만1천 달러였고, 이곳 남쪽은 2만 달러가 채 되지 않았다. 곧 북부는 4만 달러가 넘고, 남쪽은 2만 달러가 안 되는 불균형이 존재하는 것이다. 루카니아 지역이 대부분 포함된 바실리카타는 상대적으로 최남단의 두 주와 두 섬

(시칠리아와 사르데냐) 가운데는 그래도 가장 소득이 높았다 (약 2만 3천 달러). 최근 들어 관광객이 증가한 게 중요한 이유 가운데 하나다. 여기엔 고대 도시 마테라(Matera) 배경의 영화가 적지 않은 역할을 했다. 고전 〈마태복음〉(1964)부터 최근의 〈원더우먼〉(2017)에 이르기까지, 바실리카타주의 마테라 일대는 자주 영화에 등장했다. 그러면서 관광업이 발전했다. 〈그리스도는 에볼리에서 멈췄다〉의 산악마을들도 대부분 마테라와 가까운 곳에 있다. 그리고 이웃한 다른 주들에 비교해 이곳은 마피아의 피해도 가장 적은 편이다.

〈이탈리아 횡단밴드〉(감독 로코 파팔레오, 2010)는 과거의 루카니아, 곧 바실리카타를 '대놓고' 찬양하는 로드무비다. 실제로 주 정부로부터 제작지원도 일부 받았다. 아마추어 4인조 밴드의 남자들이 음악대회에 참가하는 이야기다. 이들은 예술학교 수학교사, 목수, 의대 자퇴생, 그리고 사실상 실패한 방송지망생 등이다. 네 명 모두 문제를 안고 있다. 교사는 장인에 잡혀 살고(장인이 학교 이사장이다), 목수는 실연 때문에 자발적으로 '벙어리'처럼 행동하고, 의대생도 연인을 잃은 뒤 학업을 중단했고, 그 연인을 뺏은 인물이 '얼치기' 방송지망생 사촌 형이다. 이들은 차를 타면 90분 걸릴 대회장에 걸어가기로 한다. 10일 정도 걸으며, 자신들의 삶을 되돌아보고 싶은 생각에서다. 말하자면 대회참가의 여정은 일종의 '순례'가 됐다. 그 순례 길에 펼쳐지는 곳이 바실리카타의 풍경이다.

'순수한' 자연풍광이 끝없이 이어지는 게 〈이탈리아 횡단밴드〉의 첫째 매력이다. 여기에 밴드가 연주하는 재즈풍의 음악은 이 영화를 뮤지컬로 분류해도 될 만큼 큰 매력을 더한다. 음악과 자연을 묶은 로드무비인데, 여기서도 강조된 곳이 카를로 레비의 유배지인 알리아노이다. 멤버들은 이 지역의 명품 포도주인 '알리아니코 델 불투레'(Aglianico del Vulture)를 들고 카를로 레비에게, 또 레비를 연기한 잔 마리아 볼론테에게 경배를 올린다. 이들의 뒤로, 안개에 둘러싸인 신비한 알리아노가 끝없이 전개돼 있다. 한 명의 작가가 농부들과 어울리며 살았던 유배지가 이제 예술적 찬양의 공간으로 거듭난 것이다. 마치 다산 정약용의 강진처럼 말이다.

38. 칼라브리아주와 풀리아주

망각의 땅

마테오 가로네, 〈테일 오브 테일즈〉, 2015

난니 모레티, 〈4월〉, 1998

미켈란젤로 프람마르티노, 〈네 번〉, 2010

미켈란젤로 프람마르티노, 〈구멍〉, 2021

신비한 영적 기운의 자연

    이탈리아 사람들은 자신의 땅을 종종 장화에 비교한다. 무릎 아래부터 발까지 내려오는 장화와 이탈리아반도의 모습이 닮아서다. 그래서 우스개로 이탈리아가 축구를 잘하는 것은 타고난 운명이라고 말한다. 장화의 끝에는 시칠리아가 있고, 그렇다면 이탈리아 전체가 공(시칠리아)을 차고 있는 다리의 모습을 닮았기 때문이다. 아래의 발 쪽에 있는 세 주가 왼쪽부터 칼라브리아(Calabria), 바실리카타(Basilicata), 그리고 풀리아(Puglia)이다. 그래서 세 주는 발부분과 비교된다. 칼라브리아는 발 앞쪽의 엄지발가락, 바실리카타는 발바닥 가운데의 둥그런 부분(종궁), 그리고 풀리아는 발뒤꿈치라는 것이다. 세 주 모두 경제적으로는 이탈리아에서 가장 낙후된 곳이다. 지세도 험해서, 칼리브리아와 바실리카타는 산이 전체 육지의 80% 이상이다. 그나마 풀리아는 50% 이하다. 어쩌면 이런 점이 지금은 미덕이 되어서, 오염이 덜 된 '순수한 자연'의 땅으로 주목받는지도 모른다. 과거엔 상대적으로 오지여서인지 영화에도 거의 나오지 않았는데, 최근 들어 조금씩 주요배경으로 등장하고 있다. 세 주 모두 고대 그리스 때부터 발전되기 시작한 오래된 땅이다. 특히 오른쪽의 풀리아는 그리스와 가까워 옛날부터 항구가 많은 곳으로 유명했다.

풀리아의 상징 '카스텔 델 몬테'

발뒤꿈치처럼 이탈리아의 오른쪽 아래 끝에 있는 주가 풀리아이고, 이곳의 주도는 바리(Bari)이다. 〈매디슨 카운티의 다리〉(1995)에서 클린트 이스트우드가 그냥 경치에 끌려 무작정 기차에서 내렸다는 곳이다. 자동차를 몰며 이런 말을 하는 이스트우드 옆에 메릴 스트립이 앉아 있었는데, 그는 바로 이탈리아의 바리 출신이고, 그곳에서 미군 남편을 만나 미국으로 왔었다. 자기 고향의 풍경에 반해 무작정 내렸다는 남자를 바라보는 메릴 스트립의 미묘한 미소가 많은 걸 예상하게 하는 순간이었다. 말하자면 '매디슨 카운티의 다리'의 운명은 이탈리아의 바리가 연결한 것이다.

마테오 가로네는 17세기 나폴리 작가인 잠바티스타 바질레(Giambattista Basile)의 50가지 민담에서 3편을 뽑아 〈테일 오브 테일즈〉(2015)를 발표했다. 3편 모두 여성 인물이 주역이며, 남부에서 진행된다. 먼저 '여왕' 이야기는 시칠리아, '두 노파' 이야기는 아부르초, 그리고 '공주와 벼룩' 이야기는 바로 풀리아의 바리 인근에서 촬영됐다. 세 곳 모두 오래되고 유명한 성(城)을 갖고 있는데, 그 건축물들이 영화의 주인공처럼 등장한다. 시칠리아에선 돈나푸가타 성(Castello di Donnafugata), 아브루초에선 로카스칼레냐 성(Castello di Roccascalegna), 그리고 풀리아의 바리에선 아마도 이들 가운데 가장 유명한 카스텔 델 몬테(Castel del Monte)가 강조돼 있다.

8각형 모양의 카스텔 델 몬테(산속의 성이란 뜻)는 바리라는 도시, 더 나아가 풀리아주 전체를 대표하는 건축물로 유명하다. 넓은 들판에 우뚝 솟은 거대한 암석 건축물, 8각형(옥타곤)이라 모든 방향을 감시할 수 있을 것 같은 견고함과 철저함이 돋보이는 성이다. 중세 특유의 수비형 성으로, 거대한 돌들의 질감으로 봐선 난공불락으로 느껴진다. 바꾸어 말하면 한 번 들어가면 절대 나오지 못할 것 같은 폐소공포증도 유발한다. 실제로 성은 한때 일부가 감옥으로 이용되기도 했다. 그래서 아마도 움베르토 에코의 〈장미의 이름〉을 각색한 동명 영화(장 자크 아노 감독, 1986) 속 수도원은 바리의 카스텔 델 몬테가 떠오르게 설계됐을 것이다.

〈테일 오브 테일즈〉의 '공주와 벼룩' 이야기는 바로 이곳 카스텔 델 몬테에서 주로 진행된다. 견고한 혹은 폐쇄된 성에서 '정치에 게으르고 무관심한' 왕은 어이없게도 벼룩 키우기에 여념이 없고, 한편 성에 갇혀 죄수처럼 사는 공주는 늘 바깥을 동경하고 있다. 그런데 하필이면 야만인 같은 남자와 강제로 결혼하게 됨으로써 공주의 모험이 펼쳐지는 내용이다. '공주와 벼룩'은 영화의 마지막 부분이다. 세 이야기는 교차 되며 진행되는데, '공주와 벼룩' 이야기가 종결되며, 전체 영화 〈테일 오브 테일즈〉도 종결되는 구조다. 신비롭고 환상적이며 동시에 폐쇄적인 바로크 특유의 민담이 종결되는 곳은 결과적으로 카스텔 델 몬테가 된 셈이다. 그런 바로크적 상상력, 곧 폐쇄적이고 환상적인 성격을 카스텔 델 몬테만큼 잘 표현해내는 건축물도 드물 것이다. 건물은 13세기 중세 때 지어졌지만, 그 성격은 바로크의 특성을 고스란히 갖고 있어서다.

모레티, 브린디시로 가다

바리, 타란토, 브린디시 같은 풀리아의 항구들은 고대 그리스 때부터 개발됐다. 로마제국 때, 제국의 수도 로마에서 동방으로의 연결을 염두에 둔 '아피아 가도'(via Appia)가 건설됐는데, 그 길의 종착지는 항구 브린디시(Brindisi)였다. 브린디시는 그때부터 동방으로 가는 관문이었고, 또 역으로 동방에서 로마로 들어오는 주요 입구였다. 하지만 근대화 과정에서 이런 남부의 도시들은 조금씩 잊혔는데, 다시 주목을 받게 된 데는 1989년 베를린 장벽이 무너진 뒤 동구에서 소위 '엑소더스'(서구로의 대탈출)가 벌어졌기 때문이었다. 브린디시는 특히 이탈리아의 동쪽에 있는 알바니아인들의 출입구였다. 알바니아는 한때 이탈리아의 식민지였고, 그곳에선 이탈리아 방송이 쉽게 잡히는 이유 등으로 이탈리아 문화를, 또 언어를 잘 아는 사람들이 많다. 이들이 허술한 배를 타고 바다를 건너는 위험을 감수하며 도착한 곳이 주로 브린디시였다.

1998년 난니 모레티는 2차대전 이후 이탈리아 최초의 좌파 정부(1996년, 로마노 프로디 정부)가 집권하는 과정과 그 이후의 전개를 다룬 〈4월〉을 발표했다. 진보의 큰 기대 속에 로마노 프로디(Romano Prodi) 정부가 출범했지만, 세 상은 별로 변한 게 없고, 그래서 자기도 웃고 즐길 수 있는 뮤지컬 영화나 하나 만들겠다는 반어법의 코미디를 발표 했다. 말하자면 진보 영화계의 상징인 모레티의 '진보 비 판, 곧 자기비판'의 작품인데, 여기서 아프게 다루는 부분 이 브린디시의 알바니아 난민 문제다. 알바니아인들은 '엑 소더스' 이후 늘 위험한 배를 타고 바다를 건넜고, 이후 많 은 사람이 이탈리아로 왔거나 그 과정에서 사고로 죽기도 했다(지금도 거의 매일 벌어지는 일이다). 그런데 1997년 봄, 좌파 정부가 들어선 뒤에 이탈리아 해군의 포격 때문에 하 필이면 알바니아 난민 89명이 사망하는 사고가 일어났다. 정부는 '사고'로 발표했고, 모레티는 그 사고가 벌어졌던 브린디시 바다로 향한다. 쌀쌀한 날씨의 브린디시 바다는 을씨년스럽기 그지없다. 모레티는 말한다. "정부의 책임 자 한 명도 오지 않는 건 휴머니즘의 문제 아닌가?" 진보 정부가 들어섰지만, 아쉽게도 수습과정의 '부끄러운' 진행 과 해명은 과거와 별로 다를 바 없었다.

〈네 번〉, 칼라브리아에 스민 종교적 신비

발의 엄지 쪽에 해당하는 칼라브리아는 이탈리아의 20개 주 가운데 1인당 국민소득이 가장 낮은 곳이다. 남쪽에서도 상대적으로 더욱 가난하고 외지다. 게다가 최근엔 이곳의 마피아인 '은드란게타'('ndrangheta)의 악명도 높아, 여전히 지역의 이미지는 좋지 않다. 하지만 칼라브리아도 다른 두 주처럼 빼어난 자연경관을 갖고 있다.

미켈란젤로 프람마르티노 감독은 주로 실험영화들을 발표했는데, 2010년 비교적 스토리를 갖춘 작품 〈네 번〉(Le quattro volte)을 내놓아, 대중 관객의 주목까지 받았다. 프람마르티노는 밀라노에서 성장했고, 부모들이 칼라브리아 출신이다. 그는 부모의 고향을 찾았다. 약간 원시성마저 느껴지는 산악마을 카울로니아(Caulonia)에서 주로 촬영한 '네 번'에서 프람마르티노는 칼라브리아의 빼어난 자연경관에 남부 특유의 종교 친화적인 문화를 섞었다. '네 번'은 네 번의 죽음에 관한 영화다. 먼저 염소와 양을 키우는 노인은 기침약으로 교회의 먼지를 물에 타서 마시는데, 교회의 먼지, 곧 재에는 성(聖)적인 기운이 들어 있다고 믿기 때문이다. 그 노인이 죽는 날, '마구간'에서 어린

염소가 한 마리 태어난다. 그 장면은 마구간이 강조되어서
인지, 예수의 탄생(Nativity)마저 떠오르게 했다. 어린 염소
는 다 크기도 전에 길을 잃고 헤매다 그만 죽고 만다. 그가
죽은 곳에서, 곧 희생한 곳에서 자란 나무는 숲에서 가장
크고 높은 나무가 된다. 축제의 날, 주민들은 영물 같은 그
나무를 베어 신을 위한 제단으로 이용했고, 축제가 끝나자
숯장수들이 찾아와 그 나무를 이용하여 질 좋은 숯을 만든
다. 우리는 그 숯을 다시 이용할 것이다.

영화 '네 번'에는 이렇게 삶과 죽음의 교차, 또는 희생의
죽음이 네 번 연결돼 있다. 말하자면 노인-염소-나무-숯
의 순서다. 마지막의 숯은 다 타고 나면 재를 남길 것이다.
살아 있는 우리가 마지막엔 재가 되듯 말이다. 재는 다시
바람 속을 날아, 노인이 물에 타서 마셨던 교회의 먼지가
될지도 모를 일이다. 이렇게 '네 번'은 사람-동물-식물-
광물의 순서대로 삶과 죽음이 교차하는 구조를 따른다.
그 순서는 영원히 반복될 것 같다. 사람과 자연의 삶이라
는 게 별개가 아니라, 이렇게 필연으로 엮어있는 운명이라
는 점을 프람마르티노는 칼라브리아의 땅에서 펼쳐 놓는
다. '네 번'에 의해 칼라브리아의 땅은 영적인 그 무엇으로

다가왔다. 감독 프람마르티노는 2021년 칼라브리아의 폴리노(Pollino) 산악지대에서 심연과 같은 동굴을 발굴하는 드라마 〈구멍〉(Il buco)을 발표해, 이 지역의 영적인 기운을 다시 탐구하기도 했다(베네치아영화제 심사위원특별상).

39. 파졸리니와 에트나 화산

역사 이전에 대한 성찰

피에르 파올로 파졸리니, 〈마태복음〉, 1964

피에르 파올로 파졸리니, 〈테오레마〉, 1968

피에르 파올로 파졸리니, 〈돼지우리〉, 1969

피에르 파올로 파졸리니, 〈캔터베리 이야기〉, 1972

황무지로의 초대

피에르 파올로 파졸리니는 유럽 문명의 미래를 밝게 보지는 않았다. 아니 그 점에 있어선 그는 비관주의자였다. 말년의 파졸리니와 함께 일했던 사람들이 전하는 그에 대한 인상도 대체로 어두웠다. 젊은 시절에 포효하는 사자 같았던 파졸리니는 나이가 들며 점점 말을 잃었고, 표정도 어두웠고, 촬영현장에서도 주로 혼자 머물렀다. 휴식시간에 식사도 혼자 하는 경우가 많았다. 마르크시스트 파졸리니가 작품에서 가장 문제 삼았던 것은 짐작할 수 있듯 자본주의 시스템, 그리고 이의 바탕이 되는 부르주아의 윤리였다. '돈이 사람보다 우선되는' 부르주아 윤리를 넘어서는 것이 불가능하다고 낙담했을까? 파졸리니는 종종 역사 이전의 시초로 돌아가려 했고, 그럴 때면 등장하는 게 죽음의 땅과 같은 화산이었다. 곧 황무지에서 다시 근본을 생각하려 했다. 시칠리아의 에트나 화산은 그렇게 파졸리니 영화의 주요한 토포스(topos, 자주 등장하는 공간)가 된다. 그는 네 번 에트나 화산을 찾는다. 순서대로 〈마태복음〉 (1964), 〈테오레마〉(1968), 〈돼지우리〉(1969), 그리고 〈캔터베리 이야기〉(1972)에서다.

자본가가 황무지에서 절규하는 이유는?

〈테오레마〉는 파졸리니의 영화 가운데 모호한 비유법이 많이 등장하기로 유명하다. 첫 장면은 밀라노의 어느 공장 앞에서 진행된 인터뷰다. 리포터가 노동자들에게 묻는다. "사장이 공장을 노동자들에게 주려고 한다. 그 이유가 무엇이라고 생각하나?" 여기저기서 답이 툭툭 튀어나온다. "죄의식 때문이다." "다가올 노동자 혁명을 막으려는 것이다." "부르주아는 무엇을 하든 나쁠 것이며 결국 실패할 것이다." 그리고는 화면엔 재로 덮여 있는 에트나 화산이 보인다. 바람에 날리는 화산재 위로 엔니오 모리코네의 비가(悲歌) 같은 재즈가 흐르고, "신은 사막의 길을 통해 사람들을 인도했다"라는 성경 출애굽기의 한 소절이 낭독된다. 모세가 유대인들을 이집트로부터 해방하기 위해 황야를 통해 걸어갔다는 내용이다.

본격적인 이야기는 그 공장을 소유하고 있는 밀라노의 어느 자본가 집안에서 진행된다. 아름다운 저택이 보이고, 그곳엔 남편과 아내, 고교생 아들과 딸, 그리고 하녀가 살고 있다. 여기에 어느 날 신분을 알 수 없는 '신적인 존재'의 청년이 방문한다는 소식이 '작은 천사'(Angelino)를 통해 전달된다. 수려한 외모를 가진 청년은 실제로 나타나고, 가족들은 알 수 없는 신비한 유혹에 이끌린다. 가족들은 모두 이상하게도 그와 관계를 맺기를 원하고, 이후 차례로 각각의 변화를 겪는다. 가족들은 과거에는 하지 않던 기행을 갑자기 하기도 한다. 가족들과 청년 방문자와의 관계는 마치 바로크 조각가 베르니니가 묘사한 '성녀 테레사의 환희'처럼 그려져 있다. 조각은 에로스의 화살을 맞은 성녀 테레사의 절정의 모습을 그리고 있는데, 청년을 만난 가족들의 반응이 그와 비슷해서다. 청년과 누군가가 만날 때마다, 마치 시의 후렴구처럼 에트나 화산의 황량한 이미지가 끼어드는 형식은 영화 내내 반복된다.

가족들 가운데 극단적인 변화를 보여주는 두 인물은 하녀와 가장이다. 제일 먼저 청년과 관계를 맺은 하녀(라우라 베티)는 그가 갑자기 떠난 뒤(이번에도 천사의 전언이 있었다),

가난한 고향으로 돌아가 며칠을 먹지 않으며, 아무 말도 하지 않고, 한 곳에 앉아만 있다. 마치 예수가 40일간 황야에서 금식하며 기도하는 듯하다. 하녀는 예수처럼 병자를 낫게 하는 기적을 일으키더니, 공중으로 부양하고, 사람들은 공중에 떠 있는 그에게 예를 갖추며, 그를 성인으로 받아들인다. 하녀는 스스로 땅을 파 자신을 매장하고, 죽음을 기다리며 울고 있는데, 그 눈물이 하도 넘쳐, 옆의 흙에 가득 고일 정도다. 예수의 수난처럼 하녀는 그렇게 죽는다.

집의 가장인 자본가(마시모 지로티)는 청년과 관계를 맺은 뒤, 이유를 알 수 없는 죽을병에 걸린다. 그는 고통을 잊기 위해 톨스토이의 〈이반 일리치의 죽음〉을 읽고 있는데, 자신도 소설의 주인공처럼 원인도 알 수 없이 죽으리라 낙담한다. 청년의 도움으로 겨우 기운을 차렸는데, 청년이 떠나자, 도입부에 등장했던 그 공장을 갑자기 노동자들에게 기부하고, 그는 집을 나온다. 가장은 밀라노 기차역 한가운데서 입고 있던 양복을 모두 벗어버리고 나체로 선다. 갑자기 화면은 바뀌어 그는 에트나 화산의 황무지 위를 벌거벗은 채 뛰어가며 '절규'를 하고 있다. 모차르트의 '레퀴엠'이 계속 들리는 가운데 그의 절규로 영화는 끝난다.

신적인 존재와의 만남 뒤, 가장은 부르주아 문명을 상징하는 양복을 벗어버렸고, 나체로 황야를 뛰어간다는 것은 파졸리니의 희망일 것이다. 부르주아 윤리의 감옥에서 스스로를 해방한 뒤, 신이 사막의 길을 통해 사람들을 인도했듯 황야에서 새로 시작하자는 절규일 것이다. 그 문명 이전의 시초의 땅으로 파졸리니가 찾아간 곳이 시칠리아의 에트나 화산이다.

'기쁜 죽음'을 기원하며

파졸리니의 영화에서 에트나가 처음 등장한 것은 〈마태복음〉에서다. 예수가 황야에서 40일간 금식하며 기도하는 곳으로 나온다. 여기서도 예수가 새로운 출발을 하는 시발점으로 황야가 제시되고, 파졸리니는 에트나 화산에서 그 장면을 촬영했다. 〈마태복음〉을 찍을 때 파졸리니는 에트나 화산에 매혹돼, 3329m로 유럽에서 가장 높은 화산인 이곳을 종종 오르내렸다. 파졸리니는 한때 에트나 화산 근처에서 영원히 살고 또 죽고 싶다고도 고백했다. 그 죽음은 '평화'가 아니라 '기쁨'이 될 것이라고 말했다. 아마 그 때 그는 새로운 출발로서의 죽음을 상상했을 것 같다.

'죽음의 기쁨'이 주요한 테마로 등장한 게 〈돼지우리〉(1969)이다. 〈테오레마〉와 더불어 파졸리니의 작품 가운데 가장 비유법이 많이 등장한다. 유럽에서 소위 '68혁명'의 기운이 드셀 때 제작됐다. 두 이야기가 병렬적으로 진행된다. 현대의 독일 자본가 집안의 아들, 그리고 16세기의 황야에서 떠도는 어느 청년의 이야기다. '68혁명'이 역사적 세대교체의 갈등을 내포하고 있듯, 〈돼지우리〉에서 다루는 테마도 부자간의 관계다. 아버지 세대는 아들들을 '먹어치우려'하고, 계산적인 아들들은 그런 부계질서에 '어쩔 수 없이' 복종한다. 독일의 아버지 세대는 나치의 전범자나 다름없는 사람들인데 여전히 부를 독점하고 있고, 아들들을 복종의 대상으로 사육한다. 그런 사회적 조건을 파졸리니는 '돼지우리'라고 보고 있다.

에트나 화산의 테마에서 볼 때, 더욱 흥미로운 부분은 16세기 청년의 이야기다. 독일 이야기는 본(Bonn) 근처의 저택에서, 16세기 이야기는 시칠리아의 에트나 화산에서 거의 대사 없이 진행된다. 유럽 문명의 상징인 저택과 야만의 황야가 대조돼 있는 것이다. 황야로 숨어들어온 어느 청년(피에르 클레멘티)은 처음엔 생존을 위해 뱀 같은 파충류들을 잡아먹다가, 나중에는 사람까지 잡아먹는다. 곧 식인종이 된 것이다. 산적들이 출몰하여 사람을 잡아먹는다는 사실이 알려져, 군인들이 출동하고, 이들은 결국 모두 붙잡히고 만다. 청년은 산적의 리더였다. 에트나 화산의 황야에서 산적들에 대한 처형식이 진행되는데, 죽음을 앞둔 청년이 눈물을 머금고 내뱉는 마지막 대사는 지금도 충격으로 남아 있다. "나는 아버지를 죽였고, 사람의 살을 먹었고, 그 기쁨에 몸이 떨린다." 게다가 청년의 대사는 네 번 반복된다. 마지막 장면은 청년이 사지가 꽁꽁 묶인 채, 들개들의 먹이로 황야에 버려져 있는 것이다.

독일의 아들이 돼지우리 같은 세상에서 부친에게 먹혀 죽었다면, 16세기의 아들은 알고 보니 부친살해의 범죄자였다. 부친살해, 누군가에게 그것은 문명을 일으키는 제우스의 행위(아들을 잡아먹는 아버지를 죽인 자)를 떠오르게 할 것이며, 또 누군가에게 그것은 문명의 발판을 부수는 대역죄를 떠오르게 할 것이다. 파졸리니는 두 가지 모두를 염두에 둔 것 같다. 돼지우리로 변한 부르주아의 문명을 부수는 것이기도 하고, 그래서 새로운 문명을 일으키는 출발이기도 할 것이다. 그런 파천황의 공간으로 파졸리니는 에트나 화산을 이용하고 있다.

에트나 화산이 비교적 유머의 대상으로 등장하는 작품은 〈캔터베리 이야기〉다. 육체적 쾌락의 행복을 그린 소위 '생명 3부작'의 두 번째 작품이다(순서대로 〈데카메론〉, 〈캔터베리 이야기〉, 〈천일야화〉). 그래서인지 여기서 에트나는 미소를 머금게 하는 공간이 된다. 제프리 초서의 원작에 실린 24개 이야기 중 8개를 뽑아 영화를 만들었고, 에트나 화산은 마지막에 등장한다. 사람들 앞에선 신심을 강조하지만, 뒤에선 돈을 밝히는 위선자 수도사들이 등장하는데, 이들은 죽은 뒤 전부 지옥으로 끌려간다. 땅은 죽어 있고, 곳곳이 불타고 있는 그 지옥은 에트나 화산이다. 황야의 땅이 여기선 위선자들에게 '고소한' 벌을 주는 공간으로 제시돼 있다.

40. 이탈리아 전국 투어와 영화

이탈리아의 지역성 탐구

마이클 윈터바텀, 〈트립 투 이탈리아〉, 2014
비토리오 데 시카, 〈어제 오늘 그리고 내일〉, 1963
에토레 스콜라, 〈우리는 그토록 사랑했네〉, 1974
주세페 토르나토레, 〈모두 잘 지내고 있다오〉, 1990

사람 풍경

외국인들이 육로를 통해 이탈리아에 들어갈 때는 크게 두 방향이 이용된다. 먼저 영국의 마이클 윈터바텀이 〈트립 투 이탈리아〉(2014)에서 보여준 서쪽인데, 토리노에서 시작하여 제노바, 토스카나 지역, 로마, 그리고 나폴리와 카프리에 이르는 여정이다. 이탈리아 서쪽을 북에서 남으로 종단하는 것인데, 이 여정은 영국 또는 프랑스 쪽에서 들어오는 사람들이 주로 애용한다. 다른 하나는 괴테가 〈이탈리아 기행〉에서 보여준 동쪽인데, 이탈리아 알프스 지역인 돌로미티, 그 아래의 티롤 지역, 베네치아, 가르다 호수, 그리고 로마, 나폴리, 시칠리아에 이르는 여정이다. 이탈리아의 동쪽을 북에서 남으로 내려온 뒤 시칠리아로 향하는 것으로, 독일 쪽에서 들어오는 사람들이 애용하고 있다. 여정에서 알 수 있듯, 지금도 동이든 서든 거의 빠지지 않는 도시는 로마, 피렌체, 나폴리이다. 여정에 따라 북부 지역에선 서쪽의 토리노와 제노바, 동쪽의 베네치아, 그리고 가운데의 밀라노가 강조되는 식이다. 이 도시들이 이탈리아 기행의 가장 인기 있는 목적지들이다. 그런데 이런 여정에서 빠뜨릴 수 없는 경험이 지역마다 약간씩 다른 사람들에 대한 풍경이다. 이탈리아 전국을 배경으로 만든 영화들을 보면, 그 지역 사람들의 특성을 한눈에 볼 수 있을 것이다.

〈어제 오늘 그리고 내일〉, '이탈리아 인류학 입문'

비토리오 데 시카는 로마, 나폴리, 밀라노 세 도시를 선정하여, '이탈리아 인류학 입문' 같은 작품을 내놓는다. 〈어제 오늘 그리고 내일〉(1963)이 바로 그 작품인데, 세 도시에서 전개되는 세 개의 로맨틱 코미디를 묶어놓았다. 먼저 나폴리의 커플(세 곳 모두에서 마르첼로 마스트로이안니와 소피아 로렌이 주연한다)은 도시의 하층민들이 몰려 사는 곳에서, 아내의 담배 밀매로 겨우 살고 있다. 남편은 실업자다. 나폴리는 미군이 주둔하는 곳이어서 부산의 '국제시장'처럼 미제 상품들이 흘러나오곤 했다. 이들 부부는 경찰이 부과한 벌금을 내지 못해 결국 아내가 감옥에 가게 되는 위기를 맞는다. 유일한 수입원이 없어지는 것이다. 그런데 당시의 법에 따르면 임산부는 수형을 연기할 수 있었다. 코미디의 골격은 이들 커플이 감옥행을 연기하기 위해, 계속 임신을 하는 데 맞춰 있다. 커플 모두 배우지 못했고, 어린 나이에 결혼했고, 지금 겨우 입에 풀칠하고 사는데, 생계를 책임진 아내가 감옥행이라니, 무조건 연기부터 하고 보는 것이다. 그래서 종결부에 보면, 결국 낳은 아이가 7남매에 이른다. 가난하지만 '사랑'에 열정적인 나폴리 사람들, 사랑을 표현할 때면 목청껏 노래를 부르는 이들의 낭만성, 게다가 감옥에 가게 된 아내를 보석으로 석방하기 위해 가난한 이웃들이 돈을 모으는 순수한 박애 등이 강조돼 있다. 나폴리에는 사랑이 넘친다.

밀라노 편은 도시의 특성에 맞게 부잣집 부인과 지식인 남자가 주인공이다. 이들 사이의 '일탈'을 다루는 게 주 내용이다. 모피를 걸친 여성은 롤스로이스를 타고, 도로교통법을 깡그리 무시하며 제멋대로 운전을 한다. 사람들은 위세 넘친 고급 차가 두려워 그냥 길을 피해준다. 남자는 밀라노 근교에서 소형차인 '친퀘첸토'를 타고, 귀부인 애인이 도착하길 기다리고 있다. 두 사람은 롤스로이스를 함께 타고, 밀라노 인근을 드라이브하며 사랑을 즐긴다. 여성은 지식과 문화, 그리고 세련된 교양을 찬양하며, 자신의 사랑을 지식인 남자로부터 확인받고 싶어 한다. 그런데 남자가 운전하던 중 교통사고를 내서, 명품 롤스로이스의 앞부분이 찌그러지고 말았다. 화가 난 여성은 돌변하여 남자를 길 한가운데 버려두고, 붉은 페라리를 타고 지나가던 다른 남자의 차에 올라, 혼자 밀라노로 돌아가 버린다. 밀라노의 황금만능주의, 배금주의, 그리고 일탈의 관계가 강조된 셈인데, 데 시카는 '아프게도' 이 에피소드를 '이탈리아의 오늘'로 봤다.

'내일'은 로마에서 펼쳐진다. 남자는 볼로냐 출신의 세일즈맨이고, 여성은 소수 고객과 정기적인 만남을 이어가는 고급 매춘부다. 여성은 로마의 나보나 광장(Piazza Navona)이 내려다보이는 조그만 아파트에 살고 있다. 세일즈맨은 아버지 회사에서, 아버지의 눈치를 보며 일하는 꽁생원 같은 남자다. 일주일에 한 번 로마에 올 때마다 여성을 찾아오는데, 그때마다 무슨 일이 생겨, 사랑은 애가 타도록 자꾸 연기되는 코미디다. 한편 이웃엔 신부 준비과정에 있는 청년이 있는데, 그도 그만 매춘부에 반해 성직자의 길을 포기할 참이다. 로마 배경 영화이면 종종 등장하는 '흔들리는' 성직자, 어느덧 이웃이 돼버린 '아름다운' 매춘부, 그리고 아버지로부터 독립하지 못하는 '찌질한' 아들이 '이탈리아의 내일'을 구성하고 있다. 로마에서는 자기 앞길을 부모에게 의지하는 덜 자란 어른들, 사랑과 매춘이 혼동되는 흔들리는 감정이 강조돼 있다. 데시카는 나폴리에서 열정을(어제), 밀라노에서 배금주의의 위선을(오늘), 그리고 로마에서 혼돈에 가까운 방황을(내일) 읽은 셈이다.

남부의 열정, 북부의 배금주의

1970, 80년대 이탈리아 정치코미디의 대표 감독인 에토레 스콜라는 데 시카처럼 이탈리아 전국을 돌며 '사람 풍경'을 그린다. 〈어제 오늘 그리고 내일〉이 발표된 지 대략 10년이 지난 뒤다. 〈우리는 그토록 사랑했네〉(1974)가 그 작품인데, 파시즘 시절 레지스탕스 동지였던 세 남자의 인생 여정을 따라간다. 북부 파비아(Pavia) 출신 변호사, 로마 출신 간호보조사, 그리고 남부 노체라(Nocera) 출신의 고교 철학교사가 그들이다. 셋 모두 레지스탕스 때는 전투적인

좌파들이었다. 전쟁이 끝난 뒤, 남부의 철학교사는 고향의 지독한 보수주의에 맞서 더욱 진보적인 태도를 보인다. 그러자 학교에서 따돌림을 당하는데, 그는 물러서지 않고 이젠 극단주의로 치닫는 '열정적'인 혹은 '외고집'의 남성으로 변한다. 로마의 간호보조사는 노조 활동에 적극적이다. 웬만하면 정식 간호사가 될 수 있는데, 번번이 정치적 입장을 분명히 내세우다 손해를 보는 '순수한' 남성으로 남는다. 그런데 북부의 변호사는 180도로 변한다. 그는 심지어 파시스트 기업가의 사위가 되어, 동지들과도 멀어지고, 대신 큰 부를 쌓는다. 스콜라 감독도 데 시카처럼 남부인에게선 열정 혹은 외고집을, 그리고 북부인에게선 배금주의의 위선을 읽은 것이다. 스콜라는 이 영화를 데 시카에게 바쳤다.

주세페 토르나토레의 〈모두 잘 지내고 있다오〉(1990)는 약간 다른 방식으로 사람 풍경을 읽는다. 시칠리아의 노인(마르첼로 마스트로이안니)은 아내가 죽은 뒤, 다섯 자식을 찾아 육지로 여행에 나선다. 흥미로운 점은 자식들은 시칠리아 출신인데, 어느덧 자신들이 사는 도시의 사람들을 조금씩 닮아간 것이다. 다섯 자식의 이름은 오페라광인 부친이 전부 오페라 주인공의 이름에서 따왔다. 먼저 나폴리의 아들 알바로(베르디의 〈운명의 힘〉 주인공)는 대학 교직원인데, 노동조합 활동에 적극적이다. 〈우리는 그토록 사랑했네〉의 남부처럼, 나폴리의 완강한 보수주의에 맞서다 보니 점점 더 전투적으로 변했고, 그래서 점점 더 고립된 아들이다. 무슨 일이 생겼는지 아들은 연락이 되지 않는다.

로마의 아들 카니오(레온카발로의 〈팔리아치〉 주인공)는 '로마답게' 정치지망생이다. 진보정당 의원의 보좌관인 그는 부친 앞에서는 마치 자신이 당내에서 큰 역할을 맡는 듯, 허세를 떤다. 피렌체의 딸 토스카(푸치니의 〈토스카〉 주인공)는 패션계에서 일한다. 자신을 디자이너 겸 모델이라고 부친 앞에서 자랑했지만, 사실은 속옷 모델 활동을 가끔 하는 변변치 못한 처지다. '선의의 거짓말'은 부친의 행복을 위한 것이라고 여긴다. 밀라노의 아들 굴리엘모(로시니의 〈윌리엄 텔〉 주인공의 이탈리아식 이름)는 라스칼라 오케스트라의 큰 북 연주자다. 밀라노 아들의 가족은 전통적인 시칠리아의 가족과 달리 이미 붕괴돼 있고, 10대 손자는 여자 친구를 임신시켜 고민 중이다. 끝으로 토리노의 딸 노르마(벨리니의 〈노르마〉 주인공)는 통신공사에서 일한다. 역시 선의의 거짓말을 하여 자신은 회사의 간부라고 말하지만, 사실은 평범한 전보 담당 직원이다. 딸은 아버지에게 알리지 않고 이미 오래전에 이혼했다. 역시 시칠리아에서는 흔치 않은 일이다.

토르나토레는 도시의 특성을 자식들의 직업 문화로 보여준다. 나폴리와 관료주의, 로마와 정치, 피렌체와 패션, 밀라노와 음악, 그리고 토리노와 첨단산업이다. 나폴리의 아들은 고립된 채 결국 자살로 생을 마감했고, 나머지 자식들도 부친의 기대와는 매우 다른 삶을 살고 있다. 부친은 오즈 야스지로의 대표작 〈동경이야기〉(1953)의 부모들처럼, 사실은 자식들에게 대단히 실망했다. 하지만 여행에서 돌아온 뒤, 고향의 아내 무덤 앞에서 "모두 잘 지내고 있다오"라며 선의의 거짓말을 한다. 실상은 기대 이하이지만, '잘 지낸다'라고 말하는 낙관주의, 혹은 선의의 거짓말을 토르나토레는 이탈리아 전체에 대한 '씁쓸한' 풍경으로 읽고 있는 셈이다.

참고 도서

고다르, 장 뤽, 〈고다르 X 고다르〉, 박시찬 옮김, 이모션북스, 2010

곰브리치, 에른스트, 〈서양미술사〉, 백승길, 이종숭 옮김, 예경, 2003

괴테, 요한 볼프강 폰, 〈빌헬름 마이스터의 수업시대〉, 안삼환 옮김, 민음
   사, 1999

괴테, 요한 볼프강 폰, 〈파우스트〉, 이인웅 옮김, 문학동네, 2006

괴테, 요한 볼프강 폰, 〈이탈리아 기행〉, 홍성광 옮김, 펭귄클래식, 2008

그람시, 안토니오, 〈그람시의 옥중수고 1-정치편〉, 이상훈 옮김, 거름, 1999

그람시, 안토니오, 〈그람시의 옥중수고 2-철학, 역사, 문화〉, 이상훈 옮김,
   거름, 1999

기번, 에드워드, 〈로마제국쇠망사〉, 황건 옮김, 까치, 2010

긴스버그, 폴, 〈이탈리아 현대사〉, 안준범 옮김, 후마니타스, 2018

긴츠부르그, 나탈리아, 〈가족어 사전〉, 이현경 옮김, 돌베개, 2016

남인영, 〈파올로 타비아니〉, 본북스, 2015

노웰 스미스, 제프리, 〈루키노 비스콘티〉, 이영기 옮김, 컬처룩, 2018

니체, 프리드리히, 〈차라투스트라는 이렇게 말했다〉, 정동호 옮김, 책세상,
   2000

니체, 프리드리히, 〈바그너의 경우·우상의 황혼·안티크리스트〉, 백승영 옮
   김, 책세상, 2002

니체, 프리드리히, 〈선악의 저편, 도덕의 계보〉, 김정현 옮김, 책세상, 2002

니체, 프리드리히, 〈비극의 탄생, 반시대적 고찰〉, 이진우 옮김, 책세상,
   2005

단테, 〈새로운 인생〉, 박우수 옮김, 민음사, 2005

단테, 〈신곡: 지옥〉, 김운찬 옮김, 열린책들, 2009

드 베크, 앙투안 외, 〈트뤼포, 시네필의 영원한 초상〉, 한상준 옮김, 을유문
화사, 2006

들뢰즈, 질, 〈시네마 II, 시간-이미지〉, 이정하 옮김, 시각과언어, 2002

디킨스, 찰스, 〈이탈리아의 초상〉, 김희정 옮김, B612, 2013

라우드, 리차드, 〈장 뤽 고다르〉, 한상준 옮김, 예니, 1991

레비, 카를로, 〈그리스도는 에볼리에 머물렀다〉, 박희원 옮김, 북인더갭,
2019

레비, 프리모, 〈이것이 인간인가〉, 이현경 옮김, 돌베개, 2007

로젠봄, 조너선, 〈에센셜 시네마〉, 이두희, 안건영 옮김, 이모션북스, 2016

리에베르 조르주, 〈니체와 음악〉, 이세진 옮김, 북노마드, 2016

만, 토마스, 〈토니오 크뢰거, 트리스탄, 베니스에서의 죽음〉, 안삼환 옮김,
민음사, 1998

만, 토마스, 〈마의 산〉, 홍성광 옮김, 을유문화사, 2008

만, 토마스, 〈파우스트 박사〉, 임홍배, 박병덕 옮김, 민음사, 2010

맥길리언, 패트릭, 〈히치콕〉, 윤철희 옮김, 그책, 2016

모란테, 엘사, 〈아서의 섬〉, 천지은 옮김, 문학과지성사, 2007

바르트, 롤랑, 〈사랑의 단상〉, 김희영 옮김, 문학과지성사, 1991

바르트, 롤랑, 〈롤랑 바르트가 쓴 롤랑 바르트〉, 이상빈 옮김, 강, 1997

바쟁, 앙드레, 〈영화란 무엇인가?〉, 박상규 옮김, 시각과언어, 1998

벅-모스, 수잔, 〈발터 벤야민과 아케이드 프로젝트〉, 김정아 옮김, 문학동
네, 2004

베르가, 조반니, 〈말라볼리아가의 사람들〉, 김운찬 옮김, 문학동네, 2014

벤야민, 발터, 〈1900년경 베를린의 유년시절/ 베를린 연대기〉, 윤미애 옮김,
길, 2007

벤야민, 발터, 〈모스크바 일기〉, 김남시 옮김, 길, 2015

벤야민, 발터, 〈아케이드 프로젝트 1〉, 조형준 옮김, 새물결, 2005

벤야민, 발터, 〈아케이드 프로젝트 2〉, 조형준 옮김, 새물결, 2006

보드웰, 데이비드, 톰슨, 크리스틴, 〈세계영화사〉, 주진숙 외 옮김, 시각과
　언어, 2000

부뉴엘, 루이스, 〈루이스 부뉴엘, 마지막 숨결〉, 이윤영 옮김, 을유문화사,
　2021

부르크하르트, 야콥, 〈이탈리아 르네상스의 문화〉, 이기숙 옮김, 한길사,
　2003

브룩스, 피터, 〈멜로드라마적 상상력〉, 이승희 외 옮김, 소명출판, 2013

비스킨드, 피터, 〈헐리웃 문화 혁명〉, 박성학 옮김, 시각과언어, 2001

비에르크만, 스티그, 〈우디가 말하는 앨런〉, 이남 옮김, 한나래, 2006

비토리니, 엘리오, 〈시칠리아에서의 대화〉, 김운찬 옮김, 민음사, 2009

사비아노, 로베르토, 〈고모라〉, 박중서 옮김, 문학동네, 2009

사이드, 에드워드, 〈문화와 제국주의〉, 정정호, 김성곤 옮김, 창, 2011

사이드, 에드워드, 〈오리엔탈리즘〉, 박홍규 옮김, 교보문고, 2015

샤츠, 토머스, 〈할리우드 장르〉, 한창호, 허문영 옮김, 컬처룩, 2014

셰익스피어, 윌리엄, 〈오셀로〉, 최종철 옮김, 민음사, 2001

셰익스피어, 윌리엄, 〈로미오와 줄리엣〉, 최종철 옮김, 민음사, 2008

셰익스피어, 윌리엄, 〈베니스의 상인〉, 최종철 옮김, 민음사, 2010

스베보, 이탈로, 〈제노의 의식〉, 이진희 옮김, 느낌이있는책, 2009

스탕달, 〈스탕달의 이탈리아 미술 편력〉, 강주헌 옮김, 이마고, 2002

스탬, 로버트, 〈자기 반영의 영화와 문학〉, 오세필, 구종상 옮김, 한나래,
　1998

시칠리아노, 엔초, 〈평전 파솔리니〉, 김정미 옮김, 자음과모음, 2005

실버, 알렌 외(엮음), 〈필름 느와르 리더〉, 장서희, 이현수 옮김, 본북스,
　2011

싱어, 벤, 〈멜로드라마와 모더니티〉, 이위정 옮김, 문학동네, 2009

아일런드, 하워드, 〈발터 벤야민 평전〉, 김정아 옮김, 글항아리, 2018

에코, 움베르토, 〈장미의 이름〉, 이윤기 옮김, 열린책들, 2002

에코, 움베르토, 〈가짜 전쟁〉, 김정하 옮김, 열린책들, 2009

에코, 움베르토, 〈민주주의가 어떻게 민주주의를 해치는가〉, 김운찬 옮김,
　　열린책들, 2009

에코, 움베르토, 〈세상의 바보들에게 웃으면서 화내는 방법〉, 이세욱 옮김,
　　열린책들, 2009

이글턴, 테리, 〈셰익스피어 정치적 읽기〉, 김창호 옮김, 민음사, 2018

제임스, 헨리, 〈여인의 초상〉, 최경도 옮김, 민음사, 2012

제임스, 헨리, 〈데이지 밀러〉, 최인자 옮김, 펭귄클래식, 2009

제임스, 헨리, 〈비둘기의 날개〉, 조기준, 남유정 옮김, 아토북, 2022

조이스, 제임스, 〈젊은 예술가의 초상〉, 이상옥 옮김, 민음사, 2001

조이스, 제임스, 〈더블린 사람들〉, 이종일 옮김, 민음사, 2012

지젝, 슬라보예, 돌라르, 믈라덴, 〈오페라의 두 번째 죽음〉, 이성민 옮김, 민
　　음사, 2010

칼비노, 이탈로, 〈나무 위의 남작〉, 이현경 옮김, 민음사, 2004

칼비노, 이탈로, 〈보이지 않는 도시들〉, 이현경 옮김, 민음사, 2007

케치치, 툴리오, 〈페데리코 펠리니〉, 한창호 옮김, 볼피, 2022

쿤데라, 밀란, 〈만남〉, 한용택 옮김, 민음사, 2012

쿤데라, 밀란, 〈커튼〉, 박성창 옮김, 민음사, 2012

쿤데라, 밀란, 〈배신당한 유언들〉, 김병욱 옮김, 민음사, 2013

톰슨, 데이비드, 〈할리우드 영화사〉, 이상근 옮김, 까치, 2007

파베제, 체사레, 〈아름다운 여름〉, 김효정 옮김, 청미래, 2007

파졸리니, 피에르 파올로, 〈폭력적인 삶〉, 이승수 옮김, 민음사, 2010

프로이트, 지그문트, 〈꿈의 해석〉, 김인순 옮김, 열린책들, 1997

프로이트, 지그문트, 〈성욕에 관한 세 편의 에세이〉, 김정일 옮김, 열린책
　　들, 2004

프로이트, 지그문트, 〈예술, 문학, 정신분석〉, 정장진 옮김, 열린책들, 2004

피란델로, 루이지, 〈나는 고 마티아 파스칼이오〉, 이윤희 옮김, 문학과지성
　사, 2010

피오리, 쥬세뻬, 〈안또니오 그람쉬〉, 김종법 옮김, 이매진, 2004

하스미 시게히코, 〈영화의 맨살〉, 박창학 옮김, 이모션북스, 2015

하우저, 아르놀트, 〈문학과 예술의 사회사 2-르네상스, 매너리즘, 바로끄〉,
　반성완, 백낙청 옮김, 창비, 2016

하우저, 아르놀트, 〈문학과 예술의 사회사 3-로꼬꼬, 고전주의, 낭만주의〉,
　반성완, 백낙청, 염무웅 옮김, 창비, 2016

한창호, 〈영화, 그림 속을 걷고 싶다〉, 돌베개, 2005

한창호, 〈영화, 미술의 언어를 꿈꾸다〉, 돌베개, 2006

한창호, 〈영화와 오페라〉, 돌베개, 2008

한창호, 〈트립 투 이탈리아 1: 알려진 도시와 영화〉, 볼피, 2023

헤이워드, 수잔, 〈영화 사전 : 이론과 비평〉, 이영기, 최광열 옮김, 한나래,
　2012

홀링데일, 레지날드, 〈니체, 그의 삶과 철학〉, 김기복, 이원진 옮김, 북캠퍼
　스, 2017

후퍼, 존, 〈이탈리아 사람들이라서〉, 노시내 옮김, 마티, 2017

Bencivenni, Alessandro, *Luchino Visconti*, Il Castoro, Milano, 1995

Bogdanovich, Peter, *This Is Orson Welles*, Da Capo, Cambridge, 1998

Bondanella, Peter, *Il cinema di Federico Fellini*, Guaraldi, Rimini, 1994

Bondanella, Peter, *Italian Cinema from Neorealism to the Present*,
　Continuum, New York, 1990

Braudy, Leo, Cohen, Marshall(ed.), *Film Theory and Criticism*, Oxford
　University Press, Oxford, 2004

Brody, Richard, *Everything Is Cinema: The Working Life of Jean-Luc Godard*, Metropolitan Books, New York, 2008

Brunetta,, Gian Piero, *Storia del cinema italiano 1895-1945*, Editori Riuniti, Roma, 1979

Brunetta, Gian Piero, *Storia del cinema italiano dal 1945 agli anni ottanta*, Editori Riuniti, Roma, 1982

Brunetta, Gian Piero, *Storia del cinema italiano vol. I, II, III, IV*, Editori Riuniti, Roma, 1993

Brunette, Peter, *The Films of Michelangelo Antonioni*, Cambridge University Press, Cambridge, 1998

Capra, Frank, *The Name Above the Title*, Da Capo, Cambridge, 1997

De Bernardinis, Flavio, *Nanni Moretti*, Il Castoro, Roma, 2005

Edwards, Gwynne, *The Discreet Art of Luis Bunuel*, Marion Boyars, London, 1982

Farber, Manny, *Negative Space*, Da Capo, Cambridge, 1998

Ferrero, Adelio, *Il cinema di Pier Paolo Pasolini*, Marsilio, Venezia, 1977

Ferroni, Giulio, *Storia della letteratura italiana*, Vol. III(Dall'Ottocento al Novecento), Einaudi, Torino, 1991

Ferroni, Giulio, *Storia della letteratura italiana*, Vol. IV(Il Novecento), Einaudi, Torino, 1991

Forgacs, David, Lumley, Robert(ed.), *Italian Cultural Studies*, Oxford University Press, Oxford, 1996

Frayling, Christopher, *Sergio Leone: Something to Do with Death*, University of Minnesota Press, Minneapolis, 2012

Gado, Frank, *The Passion of Ingmar Bergman*, Duke University Press, Durham, 1986

Gallagher, Tag, *The Adventures of Roberto Rossellini*, Da Capo, Cambridge, 1998

Gledhill, Christine(ed.), *Home is Where the Heart Is: Studies in Melodrama and the Woman's Film*, bfi, London, 1987

Houston, Penelope, *Keepers of the Frame*, bfi, London, 1994

Klinger, Barbara, *Melodrama and Meaning: History, Culture, and the Films of Douglas Sirk*, Indiana University Press, Bloomington, 1994

Lawrence, D. H., D. H. *Lawrence and Italy*, Penguin Classics, London, 2008

Marcus, Millicent, *Italian Film in the Light of Neorealism*, Princeton University Press, Princeton, 1986

McBride, Joseph, *Orson Welles*, Da Capo, Cambridge, 1996

Miccichè, Lino, *Cinema italiano: gli anni '60 e oltre*, Marsilio, Venezia, 1995

Miccichè, Lino, *Visconti e il neorealismo*, Marsilio, Venezia, !998

Miccichè, Lino, *Luchino Visconti*. Un profilo critico, Marsilio, Venezia, 2002

Murri, Serafino, *Pier Paolo Psolini*, Il Castoro, Milano, 1994

Nichols, Bill(ed.), *Movies and Methods vol.1*, University of California Press, Berkeley, 1976

Rondolino, Gianni, *Luchino Visconti*, UTET, Torino, 2003

Rondolino, Gianni, *Roberto Rossellini*, Il Castoro, Milano, 1995

Rossellini, Roberto, *Il mio metodo. Scritti e interviste*, Marsilio, Venezia, 2006

Schwartz, Barth David, *Pasolini Requiem*, The University of Chicago Press, Chicago, 2017

Schifano, Laurent, *Luchino Visconti: Les feux de la passion*, Perrin, Paris, 1987

Socci, Stefano, *Bernardo Bertolucci*, Il Castoro, Milano, 2008

Tassone, Aldo, *I film di Michelangelo Antonioni*, Gremese, Roma, 2002

Tinazzi, Giorgio, *Michelangelo Antonioni*, Il Castoro, Milano, 2013

Verdone, Mario, *Federico Fellini*, Il Casoro, Milano, 1994

Wollen, Peter, *Signs and Meaning in the Cinema*, Indiana University Press, Bloomington, 1972

Wood, Robin, *Hitchcock's Film Revisited*, Columbia University Press, New York, 1989

Wood, Robin, *Ingmar Bergman*, Wayne State University Press, Detroit, 2013

찾아보기

트립 투 이탈리아 2

발행일   2023년 11월 21일 초판

지은이   한창호
펴낸이   한창호

디자인   여상우
인쇄   다라니인쇄
제본   제이엠플러스

펴낸곳   볼피출판사
주소   경기도 김포시 김포한강11로 328, 더리버뷰 509호
전화   031-982-9540
팩스   031-982-9542
이메일   volpibooks@gmail.com
출판등록 2020년 2월 27일 제409-2020-000014호

값 20,000원
ISBN 979-11-979808-2-4 03920

표지도판   © Gettyimage 볼로냐 시내의 마조레광장

＊잘못된 책은 구입하신 곳에서 바꾸어 드립니다.